現代地方都市の構造再編と住民生活

――広島県呉市と庄原市を事例として――

西村　雄郎
田中　里美
杉本久末子

編

ハーベスト社

現代地方都市の構造再編と住民生活：目次

序章　広島県市町村の構造的位置と地域課題　　西村雄郎・佐藤洋子　　7
　　　──呉市、庄原市を中心に──
　　1. はじめに ………………………………………………………………… 7
　　2. 都道府県別にみた「中心－周辺構造」……………………………… 8
　　3. 広島県自治体の「中心－周辺」構造 ………………………………… 11
　　4. 広島県における周辺地域への政策対応……………………………… 17

Ⅰ部　呉市の研究

1章　「都市縮小」期における呉市の地域課題　　西村雄郎　　27
　　1. 呉市の地域形成過程 ……………………………………………………… 27
　　2. 呉市の人口・家族構造 …………………………………………………… 30
　　3. 産業構造、職業構造の変容と人口流出 ……………………………… 34
　　4. 「都市縮小」期における呉市の地域課題 …………………………… 37

2章　呉市民の「生活」と「定住」志向性　　西村雄郎　　43
　　1. はじめに …………………………………………………………………… 43
　　2. 「定住」志向と「生活」評価 …………………………………………… 44
　　3. 呉市民の生活構造と「定住」志向性 ………………………………… 47
　　4. おわりに …………………………………………………………………… 56

3章　呉市の産業特性と女性の労働　　佐藤洋子　　59
　　　──ホームヘルパーとして働く女性に焦点をあてて──
　　1. はじめに …………………………………………………………………… 59

 2. 呉市女性の就業構造 ……………………………………………… 60
 3. 呉市既婚女性の労働生活 ………………………………………… 62
 4. 呉市で働くヘルパー女性の労働生活 …………………………… 68
 5. おわりに──呉市で女性が医療福祉専門職として働くということ ……… 72

4章　子育て期の女性の職業・家庭生活と「支援」　　佐々木さつみ　77

 1. はじめに ……………………………………………………………… 77
 2. 子育て期における女性のライフコース調整 ……………………… 79
 3. 子どもが保育所・幼稚園に通う時期の母親たち ………………… 81
 4. 保育所・幼稚園で行っている支援 ………………………………… 85
 5. 専業主婦化した時期への支援──子育て支援センターの取り組み ……… 90
 6. まとめの考察 ………………………………………………………… 94

5章　呉市における高齢者の「生活」と「支援」　　田中里美　99
　　　──地域ごとの多様性をふまえて──

 1. はじめに ……………………………………………………………… 99
 2. 呉市の高齢者施策 ………………………………………………… 100
 3. 呉市各地区の高齢者の生活 ……………………………………… 102
 4. 呉市各地域での保健福祉活動、助け合い活動 ………………… 116
 5. 合併後の呉市における高齢者福祉の今後 ……………………… 119

6章　編入合併地域における地域づくり　　西村雄郎　123
　　　──呉市蒲刈町を事例として──

 1. はじめに …………………………………………………………… 123
 2. 蒲刈町の地域特性 ………………………………………………… 124
 3. 住民の地域生活意識とまちづくり ……………………………… 132
 4. 蒲刈町における地域づくりの課題 ……………………………… 138

II部　庄原市の研究

7章　「さとやま文化都市」庄原の地域課題　　杉本久未子　145
1. 平成の大合併と庄原市 …………………………………… 145
2. 庄原市の人口・家族構造 ………………………………… 148
3. 産業構造・就業構造 ……………………………………… 151
4. 合併後のまちづくり ……………………………………… 155
5. 庄原市の地域づくりが持つ意味 ………………………… 159

8章　合併農山村地域における「まちづくり」　　田中里美　161
　　　──庄原市西城町の場合──
1. はじめに …………………………………………………… 161
2. 西城町、旧町時代のまちづくり ………………………… 164
3. 合併後のまちづくり ……………………………………… 168
4. 合併を経た西城町のまちづくり〜その特徴と今後の課題 …… 174
5. おわりに …………………………………………………… 177

9章　農山村で集落を維持するとは　　杉本久未子　181
　　　──グリーンピア大佐村と油木地区──
1. 庄原市の農村と山村 ……………………………………… 181
2. 大佐村の現在 ……………………………………………… 186
3. 油木地区のくらし ………………………………………… 192
4. 集落を誰が維持するのか ………………………………… 194

10章　庄原市の高齢者　　田中里美　197
　　　──農に親しむ暮らしを活かす──
1. はじめに …………………………………………………… 197
2. 庄原市の高齢者施策 ……………………………………… 198
3. 庄原市の高齢者の生活 …………………………………… 199

4. 高齢者に働きかける地域の組織 …………………………………… 209
  5. 合併後10年を経て――庄原市の高齢者の現状と課題 …………… 211

11章　灰塚ダムが地域にもたらしたもの　　　杉本久未子　215
  1. 灰塚ダムとは ………………………………………………………… 215
  2. ダム周辺整備と生活再建地の建設 ………………………………… 217
  3. 生活再建地のその後 ………………………………………………… 221
  4. ダムが地域社会にもたらしたもの ………………………………… 229

おわりに　　　　　　　　　　　　　　　西村雄郎　235

あとがき　　　　　　　　　　　田中里美・杉本久未子　239

序章
広島県市町村の構造的位置と地域課題
——呉市、庄原市を中心に——

西村雄郎・佐藤洋子

1. はじめに

　グローバル化が進展するなかで、日本の地域社会構造は、後進国型の都市と農村という部門間分業の二重構造から、先進国型の同質的な単一の生産体系に基づく地域間産業部門分業を反映した統合構造へ転換している（岡橋1997：79）。この結果、日本の地域社会は、高利潤、高度技術、高賃金、多様化された生産が集中している「中心」地域（巨大都市）と、これに従属する形で、低利潤、低度技術、低賃金で、あまり多様化されていない生産が集中している「周辺」地域（広義の農林漁業地帯）、それらの間に介在しシステムを円滑に機能させる「半周辺地域」（工業地域、地方拠点都市）という三重の分化を示している。

　本書は、このような状況をふまえ、戦前からの重工業都市である広島県呉市と農業都市である庄原市をとりあげ、両市の地域構造変容と地域再編期における住民生活のありようを明らかにし、現代地方都市が抱える困難を示すとともに、新たな地域づくりの方向性を検討することにある。

　この前提として、本章では、1）日本社会のグローバル化がすすんだ1990年以降のデータをもとに、地域間格差という観点から都道府県の類型化を図るとともに、2）広島県内における呉市、庄原市の構造的位置づけを示し、3）この上で、呉市、庄原市がかかえる地域課題と県レベルにおける対応を明らかにしたい。

2. 都道府県別にみた「中心 – 周辺構造」

　図序-1は都道府県別の地域格差のあり方を明らかにするため、2005年の「1人当たり県民所得」と、県別の財政負担構造をみるため各都道府県の総支出額を総徴税額で除した「税の受益・負担率」の関係をみたものである。これをみると1人当たり県民所得は東京都が449.7万円と図抜けて高く、財政負担率も東京都の徴税額の47.1％が他道府県へ移転されている。これに対して、1人当たり県民所得は沖縄県が最も低く204万円、また、財政的な受益率が最も高い鳥取県は徴税額の3.9倍に当たる財政投資を受けている。

　この結果をクラスター分析にかけると表序-1のように6つの地域格差ク

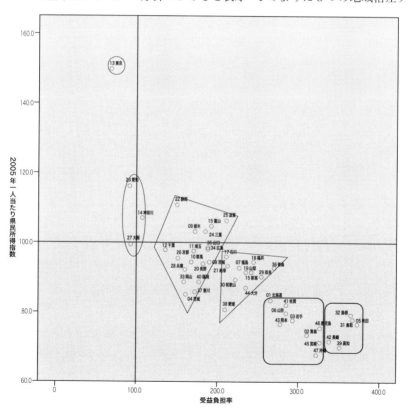

図序-1　1人当たり県民所得と税の受益負担率

表序-1 都道府県別地域格差クラスター特性

クラスター	1	2	3	4	5	6
クラスター名	中心	準中心	半周辺工業	周辺工業	周辺農工業	周辺農業
都道府県名	東京	神奈川、愛知、大阪	宮城、茨城、栃木、群馬、埼玉、千葉、富山、静岡、三重、京都、兵庫、岡山、広島、山口、香川、福岡	福島、新潟、石川、福井、山梨、長野、岐阜、滋賀、奈良、和歌山、愛媛、大分	北海道、青森、岩手、山形、徳島、佐賀、熊本、宮崎、鹿児島、沖縄	秋田、鳥取、島根、高知、長崎
1 2005年財政投資受益・負担率(%)	52.9	87.4	156.6	211.5	286.0	362.6
2 2005年1人当たり県民所得(万円)	454.0	332.6	295.8	277.2	240.8	231.8
3 2005年人口(万人)	1287	839	312	150	171	92
4 2000～2005年の人口増減率(%)	4.20	2.23	0.17	-0.90	-1.17	-2.38
5 2005年 65歳以上人口率(%)	18.3	17.5	20.6	22.3	22.9	25.5
6 2005年就業者人口(万人)	591.6	399.2	151.2	74.7	81.8	45.5
7 2000年～2005年就業者人口増減率	0.961	0.993	0.983	0.970	0.963	0.950
8 2005年第1次産業就業者率(%)	0.4	1.4	5.0	7.1	10.9	10.8
9 2005年第2次産業就業者率(%)	18.7	28.1	28.4	29.4	22.9	23.3
10 2005年第3次産業就業者率(%)	77.4	68.0	65.1	62.5	65.2	65.0
11 2005年 完全失業率(%)	5.6	6.2	5.6	5.4	7.0	6.1
12 2008年高卒者県外就職率(%)	6.8	13.8	19.5	20.6	26.7	25.7
13 2009年東京を100とした賃金指数(男)	100.0	85.4	76.9	74.1	66.8	67.5
14 2004事業所数(所)	701,877	364,745	134,867	76,442	80,990	47,842
15 1999-2004年事業所増減率	0.984	0.946	0.955	0.947	0.951	0.938
16 2004年第2次産業事業所率(%)	15.4	19.0	19.8	21.4	15.9	16.8
17 2004年第3次産業事業所率(%)	84.6	80.9	79.9	78.2	83.3	82.6
18 2004年従業者1～4人の事業所率(%)	57.0	58.4	61.4	64.1	63.6	64.4
19 2004年従業者100人以上の事業所率(%)	1.5	1.2	0.9	0.8	0.7	0.6
20 2006年企業グループ親会社数(所)	4856	1307	308	177	170	96
21 2005年工場総数	382,831	589,818	216,718	122,517	82,397	49,082
22 2000-2005年工場増減率	0.708	0.806	0.827	0.819	0.834	0.811
23 2008年 就業者1人当たり農業生産額(万円)	165.2	227.8	215.9	185.7	358.0	207.1
24 2008年1人当たり製造品出荷額等(万円)	2812.3	4482.8	4471.7	3835.0	2778.5	2510.3
25 2008年1人当たり商業年間商品販売額(万円)	11576.2	5488.7	3540.3	2847.3	2808.3	2537.1

資料 1. 内閣府経済社会研究所『県民経済計算統計』
2. 総務省『2005年地方財政統計年報』
3～11. 各年『国勢調査結果報告』
12 文部科学省『学校基本調査』
13. 厚生労働省『賃金構造基本調査』
14～20. 総務省 各年『事業所・企業統計』
21～22 24. 経済産業省 各年『工業統計』
24. 農林水産省『農業生産所得統計』
25 経済産業省『商業統計』

ラスターを得ることができた。クラスター1（中心）は東京都、クラスター2（準中心）は神奈川県、愛知県、大阪府、クラスター3（半周辺）は東京都、愛知県、大阪府に隣接する府県と、宮城県、広島県、福岡県といった地方中枢都市が所在する3県、および富山県、岡山県、山口県、香川県の16府県、クラスター4（周辺工業）はクラスター3をとりまく福島県、長野県、愛媛県などの12県、クラスター5（周辺農工業）は北海道、北東北、南九州といった地理的周辺に位置する10道県、クラスター6（周辺農業）は秋田県、鳥取県、島根県、高知県、長崎県の5県となった。

　この地域格差クラスターの特性を人口、産業、労働の3局面からみると[1]、クラスター1の東京都は、過去5年の人口増加率が最も高く、高齢化率が低い地域である。第3次産業従業者率が77.4％、賃金指数100、第3次産業事業所率84.6％、1人当たり商業年間販売額11,576万円、企業グループ親会社数4,856所（全国の27％）の値が全クラスターのなかで最も高い値を示し、日本の中枢管理機能が集積した「中心」地域といえる。

　クラスター2の人口増加率は東京都に次いで高く、高齢化率は最も低い。第3次産業従事者率は東京より約10％低いが、第2次産業従事者比率は28.1％と高く、1人当たり製造品出荷額も4,482万円と東京都に比べ1,600万円ほど高い。都市的3次産業従業者率が68.0％、親会社の集積率が3府県平均7％と東京都に次いで高く、都市的サービス業の集積をもつ「準中心」地域である。

　中国5県のうち、岡山県、広島県、山口県の3県が含まれるクラスター3は、中心地域をとりまく地域で、人口はわずかに増加、高齢化率も20.6％にとどまっている。この地域は第2次産業従事者比率が第4クラスター地域に次いで高く、1人当たり製造品出荷額は4,471万円とクラスター2と拮抗するなど、資本集約型の高度な工業が展開されている「半周辺工業」地域といえる。

　4クラスターの人口は減少し、高齢者人口も22％と前3つのクラスターと比べ高くなっている。この地域は第2次産業従事者率、第2次産業事業所率が全クラスターの中で最も高く現れている。しかし、1人当たり製造品出

荷額はクラスター3と比べ約640万円低く、労働集約的な「周辺工業」地域と位置づけられる。

　5クラスターは人口減少率が1.2％、高齢者率が22.9％とクラスター6に次いで高い。この地域は第1次産業従事者率が10％を超え1人当たり農業生産額も358万円と全クラスターの中で最も高い値を示している。これに対して第2次産業従事者比率は22.9％と第2～4クラスターと比べ6％ほど低く、1人当たり製造品出荷額も4クラスターと比べて1,100万円以上低いことから「周辺農工業」地域といえる。

　鳥取県や島根県を含むクラスター6は人口減少率が2.4％、高齢化率25.5％と全クラスターの中で最も高い値を示している。第1次産業従事者率はクラスター5と同じレベルにあるが、1人当たり農業生産額は150万円ほど低い。製造品出荷額、商品販売額も全クラスターの中で最も低い。この地域は公共事業を中心とした建設業や、高齢化率が高いことで医療福祉業従事者率が高く現れている「周辺農業地域」である。

　この結果は、東京一極集中構造のなかで、日本の地域社会構造が「中心-準中心-半周辺-周辺（周辺工業、周辺農工業、周辺農業）」に分化していることを示している。

　中国地方5県は広島県、岡山県、山口県が半周辺工業地域に、鳥取県、島根県が周辺農業地域に区分された。これら5県は全ての県で人口減少と全国平均を上回る高齢化が進んでいるが、この中で広島県は、中国地方5県の県内総生産額の4割を占めるとともに、卸・小売業の中国5県における集積度も広島県が46.3％と岡山県を20％超上回っており、中国地方において最も中心性の高い地域といえる。

3.　広島県自治体の「中心－周辺」構造

　ここでは、前節で「半周辺工業地域」と位置づけた広島県内部の「中心－周辺構造」を市町レベルにおいて明らかにしたい。その方法として、①国勢調査の産業大分類データを用いて主成分分析を行い、②その結果をクラス

表序-2　広島県市町の産業別職業についての主成分分析

	第1主成分	第2主成分	第3主成分	第4主成分	第5主成分
農業、林業	−0.866	−0.068	0.175	0.223	0.309
漁業	−0.141	0.572	−0.678	−0.162	−0.099
鉱業、採石業、砂利採取業	−0.678	0.197	0.094	0.237	0.387
建設業	−0.198	0.658	0.612	−0.002	−0.153
製造業	0.266	−0.660	−0.139	−0.361	−0.474
電気・ガス・熱供給・水道業	0.287	0.603	0.194	0.145	−0.385
情報通信業	0.908	0.111	−0.044	0.058	0.359
運輸、郵便業	0.454	0.335	−0.181	−0.547	0.115
卸売業、小売業	0.951	0.050	0.140	0.004	0.026
金融業、保険業	0.902	0.006	−0.087	0.161	0.104
不動産業、物品賃貸業	0.940	0.016	−0.008	0.159	0.239
学術研究、専門・技術サービス業	0.924	0.153	0.114	0.182	0.097
宿泊業、飲食サービス業	0.697	0.343	0.382	0.164	−0.183
生活関連サービス業、娯楽業	0.188	−0.525	0.213	−0.387	0.377
教育、学習支援業	0.263	0.288	−0.594	0.488	0.010
医療、福祉	−0.551	0.256	0.439	−0.012	−0.189
複合サービス事業	−0.890	0.213	0.024	0.131	0.121
サービス業	0.538	0.466	0.408	−0.321	0.121
公務	−0.186	0.619	−0.621	−0.211	0.024
分類不能の産業	0.373	−0.523	−0.077	0.502	−0.251
固有値	8.057	3.216	2.301	1.502	1.177
寄与率	40.284	16.082	11.507	7.510	5.885
累積寄与率	40.284	56.365	67.872	75.382	81.267

ター分析にかけることにより23市町を類型化し、③人口、産業・労働の側面から各クラスターの特性を示す、という手順で分析を進める。

　表序-2は、2010年国勢調査の産業大分類データを用いて主成分分析を行った結果である。第1主成分は正極に卸売・小売業、不動産業・物品賃貸業、学術研究・専門・技術サービス業、情報通信業、金融保険業などの都市的サービス業と呼べる産業が、対する負極には複合サービス業、農業林業が高い負荷量を示している。第2主成分には正極に建設業、公務、電気・ガス・熱供給・水道業が、負極に製造業、生活関連サービス業・娯楽業が高い負荷量を示している。この2つの主成分得点をクラスター分析にかけると5つのクラスターが得られた。

　2つの主成分得点をプロットした散布図が図序-2、各クラスターの人口、産業・労働の特性を示したものが表序-3である。

　以下、表序-3から各クラスターの特徴をみていく。

序章　広島県市町村の構造的位置と地域課題（西村雄郎・佐藤洋子）

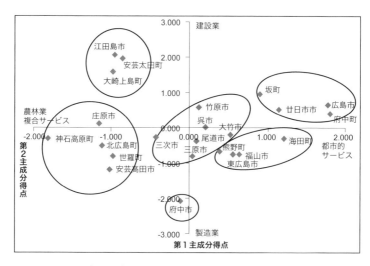

図序-2　第1主成分と第2主成分の得点による散布図

　クラスター1は広島市とその周辺の廿日市市、府中町、坂町からなっており、広島市の117万人を中心として4市町で135万人の人口を有する、最も人口の多いクラスターである。1990年から2010年の20年間の人口は4市町すべてで増加しており、就業者人口増減率もクラスター平均ではプラスの値を示している。高齢化率は20.1％と全クラスターの中で最も低い。産業面では、事業所数が他クラスターに比べて多く、特に第3次産業事業所数が4市町合計で53,347か所と県全体の46.2％を占める点が特徴的である。1人当たりの商品販売額は6,062万円と最も高い。労働面では、就業者のうち73.2％が第3次産業従事者であり、特に情報通信業や金融・保険業、不動産業などの従事者が他と比較して多いことに特徴がある。この地域クラスターは、都市的サービス業を中心とした産業・就業構造をもつ「中核的都市サービス地域」と呼べるだろう。
　クラスター2は福山市、東広島市、海田町、熊野町の4市町からなる。広島県第2の都市である福山市を含み、人口は4町村平均で17.6万人とクラスター1に次いで多い。20年間の人口増減率は東広島市の33.8％増を筆頭にクラスター計で9.5％増加、就業者人口増減率は1.6％増加とクラスター1

表 序-3　広島県市町の産業別職業クラスター特性

	クラスター	1	2	3	4	5	6
	クラスター名	中核的都市サービス地域	工業・準都市サービス地域	工業地域	地場産業地域	農業地域	農業・公務地域
	市町村名	広島市　廿日市市　府中町　坂町	福山市　東広島市　海田町　熊野町	呉市　竹原市　三原市　尾道市　三次市　大竹市	府中市	庄原市　安芸高田市　北広島町　世羅町　神石高原町	江田島市　安芸太田町　大崎上島町
1	2010年人口（人）	337,896	176,125	99,962	42,563	23,920	14,245
2	1990-2010年人口増減率	7.4%	9.5%	-13.0%	-19.2%	-17.7%	-29.2%
3	2010年65歳以上人口割合	20.1%	21.8%	29.7%	31.0%	36.9%	38.8%
4	2010年就業者人口（人）	160,564	81,543	46,091	19,806	11,856	6,419
5	2010年就業者人口増減率	3.5%	1.6%	-17.0%	-27.9%	-28.6%	-33.5%
6	2010年完全失業率（男女計）	5.6%	5.3%	5.1%	4.9%	4.2%	4.8%
7	2010年第1次産業比率（男女計）	1.1%	2.6%	4.9%	3.5%	20.2%	12.6%
8	2010年第2次産業比率（男女計）	21.0%	30.6%	28.8%	35.7%	24.0%	21.8%
9	2010年第3次産業比率（男女計）	73.2%	61.0%	61.6%	53.7%	53.9%	64.7%
10	2010年農業林業比率（男女計）	0.9%	2.5%	4.5%	3.5%	20.1%	8.7%
11	2010年製造業比率（男女計）	12.7%	23.5%	21.6%	30.2%	16.3%	13.2%
12	2010年情報通信業比率（男女計）	2.7%	1.0%	0.6%	0.4%	0.2%	0.3%
13	2010年卸売業,小売業比率（男女計）	19.5%	16.3%	14.9%	15.1%	12.3%	12.4%
14	2010年金融業,保険業比率（男女計）	2.8%	1.7%	1.7%	1.8%	1.0%	1.0%
15	2010年不動産業,物品賃貸業比率（男女計）	2.3%	1.3%	1.0%	0.6%	0.4%	0.4%
16	2010年医療,福祉比率（男女計）	11.1%	10.8%	12.5%	12.5%	12.7%	12.9%
17	2010年複合サービス事業比率（男女計）	0.5%	0.7%	0.9%	0.9%	1.8%	1.8%
18	2010年公務比率（男女計）	3.5%	2.6%	5.5%	2.2%	3.5%	11.4%
19	2009年事業所数	17,101	8,646	5,415	2,782	1,435	942
20	2006年第2次産業事業所数	2,132	1,720	924	808	318	190
21	2006年第3次産業事業所数	13,337	6,540	4,350	2,076	1,095	767
22	1991-2006年第2次産業事業所増減率	-17.6%	-21.3%	-22.6%	-37.0%	-29.0%	-16.9%
23	1991-2006年第3次産業事業所増減率	-4.5%	1.5%	-18.7%	-14.6%	-15.0%	-17.9%
24	2006年1人当たり農業産出額（万円）	91.1	70.3	107.5	63.8	105.3	132.6
25	2006年1人当たり製造品出荷額等（万円）	3911.6	4683.7	4661.1	2357.2	2368.4	4388.3
26	2006年1人当たり商品販売額（万円）	6062.8	3469.3	2454.8	2038.9	1811.4	1389.0

資料　1-18 各年国勢調査　　　　　　24 生産農業所得統計、農林業センサス
　　　19 経済センサス　　　　　　　25 工業統計
　　　20-23 各年事業所・企業統計　　26 商業統計

と同様に人口が拡大傾向にある地域といえる。高齢化率は21.8％と他地域に比べて低い値を示している。産業面では、事業所数が8,646か所とクラスター1に次ぐ規模であり、特に1991年から2006年にかけての第3次産業事業所数が唯一増加している点が特徴的である。ただし中核的な産業は第2次産業であり、第2次産業従事者比率は30.6％とクラスター4に次いで2番目に高い。また、1人当たり製造品出荷額等は4,683万円と最も高い値を示している。この地域は、資本集約型の製造業と一定量のサービス業が集積している「工業・準都市サービス地域」と呼ぶことができるだろう。

　クラスター3は呉市、竹原市、三原市、尾道市、三次市、大竹市の6市からなる。このクラスターの人口は平均10万人とクラスター1、2に次ぐ規模であるが、人口、就業者人口ともに1990年代以降の20年間で減少傾向にあり、クラスター平均で人口は13％、就業者人口は17％減少している。高齢化率も29.7％と上記2クラスターに比べればかなり高い。事業所数は5,415か所であるが、1991年から2006年の第3次産業事業所の減少率は18.7％と全クラスターの中で最も高く、サービス系産業の縮小が顕著である。他方、第2次産業の従事者比率は28.8％とクラスター4、2に次いで高く、1人当たりの製造品出荷額等は4,661万円とクラスター2とほぼ同額の高い金額を示す。この地域クラスターは、資本集約型の製造業が展開している「工業地域」と呼べる。

　クラスター4は府中市1市からなる。人口4.2万人、人口減少率19.2％、就業者人口減少率27.9％、高齢化率31.0％と、人口に関するいずれの値も6つのクラスターの中でほぼ中ほどに位置している。産業面で特筆すべきは第2次産業従事者比率の高さ（35.7％）である。特に製造業比率30.2％は全市町の中で最も高い。ただし1991年から2006年にかけての第2次産業事業所数の減少幅は37.0％と非常に大きく、本地域の第2次産業は縮小傾向にある。また1人当たりの製造品出荷額等は2,357万円と全クラスターの中で最も低い。この地域クラスターは労働集約的な製造業が中心の「地場産業地域」と呼べるだろう。

　クラスター5は庄原市、安芸高田市、北広島町、世羅町、神石高原町の中

国山地側に位置する5市町からなる。平均人口は2.3万人とクラスター6に次いで少なく、1990年から2010年にかけての20年間で人口17.7％、就業者人口28.6％の減少をみている。高齢化率も36.9％と高く、クラスター6に次いで人口減少と高齢化が進んでいる地域である。産業・労働面では、第1次産業就業者の割合が20.2％と全クラスターで最も高いことがその特徴といえる。そのほとんどは農業就業者であることから、この地域クラスターは、農業が地域産業の大きな部分を占めている「農業地域」と呼ぶことができる。農業従事者1人当たりの農業産出額は安芸高田市の76.2万円から世羅町の172.3万円まで幅があり平均は105.3万円である。なお本クラスターの第2次産業就業者割合は24.0％とクラスター2～4に次いで高いが、1人当たり製造品出荷額等は2,368万円であり、この地域で展開している製造業もクラスター4と同様、労働集約的なものといえる。

　クラスター6は、島嶼部の江田島市、大崎上島町、山間部の安芸太田町の3市町からなる。平均人口は1.4万人と最も少なく、20年間の人口減少率は29.2％、就業者人口減少率は33.5％である。高齢化率は38.8％と約4割が高齢者であり、人口減少と高齢化が最も進展している地域といえる。産業・労働面では、第1次産業就業者の割合が12.6％とクラスター5に次いで高い値を示す点と、第3次産業就業者の割合が64.7％とクラスター1に次いで高いことが特徴といえる。第1次産業では農業のほか特に江田島市で漁業の割合が高い。また第3次産業の内訳では、クラスター1のような都市的サービス業ではなく公務や複合サービス業の割合が高いことにその特徴がある。したがってこの地域クラスターを「農業・公務地域」と名付けることができる。

　なお各クラスターの分布を地図に示したものが図序-3である。この図を上述の結果と併せて考えれば、広島県内においては、広島市とその周辺市町からなる中核的都市サービス地域が中心地域として位置し、瀬戸内側に1980年以降に電子機械産業を中心とする先端的な工場が立地し現在も半周辺地域として人口増加を続ける福山市、東広島市などの工業・準都市サービス地域と、戦前からの工業地域で人口減少、高齢化がすすむ呉市などの半周辺的工業地域、さらに、中国山地側と島嶼部に位置し人口減少、高齢化がす

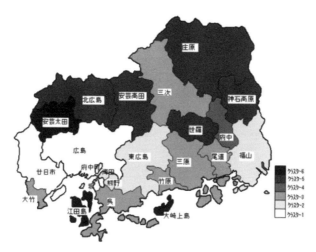

図序-3　広島県市町の産業別職業クラスター

すむ地場産業地域（府中市）、農業地域（庄原市など）、農業・公務地域（江田島市など）が周辺地域として位置しているという構造をみることができる。

4.　広島県における周辺地域への政策対応

　前節の分析によれば、本書で取り上げる呉市は広島県内における半周辺的工業地域、庄原市は周辺的農業地域と位置づけることができる。この両地域は人口減少、高齢化、財政状況の悪化という共通の課題をかかえるとともに、呉市は第2次産業、第3次産業の事業所数と雇用の減少、庄原市は農林業の衰退という問題をかかえている（呉市2011、庄原市2006）。
　これらの課題に対して広島県は、市町村合併による地域再編、工業地域の再編、過疎地域振興策の展開といった政策的対応をとってきた。ここではこれら県の施策と呉市、庄原市の対応をみていくことによってこれらの地域がかかえる地域課題を明らかにしたい。

1）市町村合併による地域再編

1999年7月「地方分権一括法」の施行により、財政上の優遇措置や市制の人口要件緩和などの措置がとられたこともあって、「平成の大合併」は急速にすすんだ。

　中国地方5県は、5,000人未満の小規模町村比率が42.9％（2000年）と高かったこともあり、知事主導のもと市町村合併を強力に推し進め、図序-4のように1999年に中国5県に318あった市町村は114まで減少している。

　市町村削減率73.3％（全国1位）となった広島県は「広島県合併推進要綱」において、合併を推進する理由として「①広域的な視点に立った道路や公共施設の整備，土地利用などにより，計画的で一体的なまちづくりを重点的・効果的に実施することができる。②住民ニーズの多様化，高度化，広域化に対応した専門的かつ高度な行政サービスを直接提供できるようになる。③合併により重複する内部管理部門の効率化が図られ，行政サービスや事業を

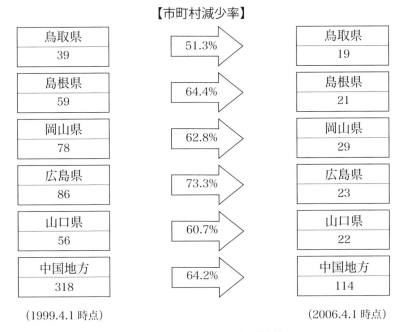

図序-4　中国5県における市町村合併

（資料：日本政策投資銀行（2006:6））

直接行う部門に職員が相対的に多く配置されるとともに，職員数を全体的に少なくすることができる，サービスレベルの向上を図りながら人件費を減すことができる。④合併による財政規模の拡大により，財政基盤が強化されるとともに，重点的な投資による大規模事業の実施や各種事業の計画的な実施が可能となる。」という4つをあげ，197億円もの合併支援金を用意して市町村合併を強力に進めた。

この中で、呉市は2003年から2005年にかけて「1) 生活圏の一体化と住民ニーズの多様化がすすむなかで、2) 少子・高齢化、国際化、情報化など社会経済情勢の変化や、自治体の自主性、自立性を尊重し、地域住民自己決定権を拡充していく地方分権という時代の潮流に対応するために、行財政基盤の整備・強化を推進し、3) 総合的な行政主体として迅速・的確な意思決定や事業展開をするため」(呉市・蒲刈町合併協議会 2005: 7)、川尻、安浦、下蒲刈、蒲刈、音戸、倉橋、豊浜、豊町の8町を編入合併している。

庄原市も、「①備北地域の中核都市の形成、②生活圏の拡大と住民ニーズの高度化に対応できる一体的なまちづくり、③分権型社会を担う行財政基盤の強化」(庄原市・比婆郡5町・総領町合併協議会 2004: 1-8) を目的として、庄原市・西城町・東城町・口和町・高野町・比和町・総領町の1市6町で新設合併している。

しかし、呉市の合併は、2000年9月に呉市が中心となって比較的財政力の高い熊野町、坂町、黒瀬町で広域行政研究会を設置したにもかかわらず、これら3町の日常生活圏が広島市や東広島市に近いこともあって呉市との合併合意が整わず、呉市の合併は人口減少、高齢化問題をかかえる瀬戸内海島嶼部の町を中心とするものとなった。このため呉市は地域住民組織の再編を行い地域各種団体を包括し、協働・連携を図るために22のまちづくり委員会を組織し、これに基づくまちづくりをすすめている (呉市 2011)。

また、庄原市の合併も、この地域全体が激しい人口減少、高齢化の進展にさらされる中で、財政力指数が最も高い庄原市で0.38、これに次ぐ東城町が0.30、これ以外の4町の財政力指数は0.1台という6町との合併となった。さらに、その面積も1,246.6km²と広島県の約14％を占め、近畿以西では面

積の最も大きい自治体となっており、地域運営に大きな難問をかかえた上での新市発足となった。このため庄原市は、合併前に88あった自治振興区を22に再編し、自治振興区に基礎をおいた地域づくりをすすめている(庄原市2013)。

　2)工業地域の再編
　福山市から大竹市を結ぶ広島県瀬戸内海沿岸には戦前期の軍事投資や高度経済成長期の開発投資によって生産基盤を確立させた重化学工業都市が連続的に広がっている。しかし、前節で3クラスターに位置づけられた都市の多くは日本経済の構造転換にともなって急激な人口減少をみせている。旧呉市を例にみると、戦前期の1940年28.4万人と、戦後の1975年24.3万人に旧呉市の人口のピークをみることができるが、日本の産業構造転換がすすんだことで2005年には19.9万人まで減少している。
　この原因は、このクラスターに立地する大手重化学工業資本が設備投資によって労働生産性の上昇を図ったことで、雇用の増加を伴わない生産の拡大が生じたことにある。これを呉市にみると、呉市の製造業の事業所数は1970年1,156所が2005年543所、従事者数は1970年3.53万人が2005年2.0万人と減少している。しかし、製造品出荷額は1970年3,450億円が2008年に約1.2兆円と4倍を超え、1人当たり生産額も5,747万円と高い値を示している。
　このような重化学工業地域の衰退に対して広島県は、1982年の広島大学工学部の移転とセットで、1983年から呉市を「既存の都市集積活用のために連携する母都市」、広島市を「母都市の都市機能を補完し高次の情報機能を提供する父都市」と位置づけ、両市に隣接する東広島市を中心とした「広島中央テクノポリス計画」を推進した。
　この計画について当時の広島県知事は、「テクノポリス地域」として東広島市を選んだ理由として「広島県の工業は、昭和30年代の所得倍増計画の頃までは、大竹から呉にいたる広島湾地域の工業開発を第一に進めてきた。二番目は、昭和30年代の後半から40年代の新産・工特といわれた時代におけ

る、三原から福山にかけての備後の沿岸地域の工業開発が重点地域だった。三番目が中国縦貫道沿線の三次・庄原を中心とした内陸過疎地域の工業開発。最後の四番目に残されたのが加茂台地だった。めぐり合わせがそうなることのほかに県が広島大学の統合移転にいろいろ協力したのは、大学のためではなく、大学の頭脳を利用して県全体の地域開発、もっと大きく言えば中国・四国と瀬戸内海地域の振興・活性化のために、広島大学をできるだけ役立て、利用するのであれば県費を使ってもいいし、協力しようとしたわけだ。(中略)、当時はまだ先端技術産業という言葉はなかったと思うが、第1次・第2次のオイルショックで、それまで発展してきた鉄鋼、造船、石油、石油化学、電力等の瀬戸内海型産業の時代は終わり、あとは内陸部において、きれいで無公害の、小規模の高付加価値型産業をいかに導入・発展させるかが重点になってきたわけだ」(東広島市 2004: 73) と語っている。

　この結果、東広島市には、既に立地が進んでいたマツダ関連企業に加え、新たにシャープ、エルピーダメモリといった大手電子部品、電子機器メーカーや自動車部品の工場など、2000年までの間に100を超える事業所の新規立地がすすみ、人口も1990年の9.4万人が2005年は13.3万人まで増加している。これに対して呉市は「ものづくり技術の高度化と人材の育成」をかかげているものの、新たな企業立地はほとんど進まず、雇用や人口の減少、高齢化といった地域問題がより大きく問題化している。

3) 周辺農業地域における地域振興
　前節で庄原市を含む農業地域と位置づけたクラスター5, 6の地域は広島県が「過疎地域」指定している自治体と重なっている。
　広島県の過疎地域は上記市町に加え三次市、および一部指定を受けている市町を加えて16市町からなり、面積が5,255km²と県全体の約6割を占めている。これら地域では、高度経済成長期に急速な人口減少がみられ、現在も基幹産業の衰退や生活基盤整備などの遅れ年間3,000人を超える人口減少が続き、現在の人口は県全体の1割約30万人にとどまり、高齢化率も2005年データで34.5％と県平均を14％上回っている (広島県 2010a)。

これら地域に対して広島県は1970年度に過疎地域対策緊急措置法が施行されてから40年間に約3.3兆円の過疎対策費を投資し、過疎地域の振興、活性化を図ってきた。しかし、若年者の就業機会の不足から人口減少・高齢化はとどまらず、集落維持の困難が生じるとともに、医師や医療機関、高齢者福祉施設の不足、バス、鉄道といった公共交通路線の縮小が地域生活課題としてあげられるとともに、基幹産業である農業の更なる衰退や農地や山林の荒廃が課題として指摘されている (広島県 2010a)。

　これらの問題について広島県は、①医療、福祉、交通などの生活基盤の整備を今後も進めるとともに、②周辺集落を支える基幹集落への機能集積を図るなど、総合的・重点的な施策を展開し、基幹集落と周辺集落のネットワークづくりをすすめ、両集落が共存共栄できるシステムを構築する、③集落維持・活性化については地域自治組織が行う自主的・自発的活動を促進し、集落支援員や地域おこし協力隊などの人材確保を図る、といった集落機能の再編と集落レベルにおける住民活動の促進による問題解決を目指している（広島県 2010a)。

　また、広島県の農業は、2010年世界農林業センサスによれば、一戸当たりの耕地面積が86アールと狭小で、農業従事者の平均年齢が69.1歳と高く、農業所得が34.9万円と全国の1/3にとどまり、副業的農家が68.4％を占めるなど小規模零細農家によって担われている。このため広島県は農家所得の安定を図るため、高度経済成長期にはこれら地域への工場立地をすすめ、これら地域で製造業就業者率の拡大もみられたが、グローバル化にともなう構造転換のなかで現在は停滞、減少している。さらに、福祉や観光分野の拡大はみられるものの、現在の第三次産業就業者率は55.6％と広島県全体と比べ10％程度低い状況にある (広島県 2010a: 7-8)。

　このため広島県は、今日、農業については効率的で安定的な経営体が農業生産の相当部分を担う生産構造へ転換させるため農業集落法人の育成や企業の農業参入を図り、園芸作物や畜産の導入、拡大をはかるなどの施策を展開している。これらの取り組みを総括した『広島県農林水産業チャレンジプラン』では、①集落法人の経営は効率化が図られているものの産業として自立

するまでには至っていないこと、②集落法人の労働力確保や栽培技術に対する不安から園芸や畜産と言った収益性の高い農業への転換がすすんでいないこと、その中で、③産地化した地域や農業参入企業などの大規模経営体では生産額を伸ばしている事例がみられるもののその成果は十分なものとなっておらず、今後も「地域起点、選択と集中、協働連携」を基本において「産業として自立できる農林水産業の確立を目指す」としている（広島県 2010b）。

庄原市の農業も農業従事者の減少、高齢化、耕作放棄地の増加、農業所得の減少、集落機能の低下という問題をかかえるなかで、「高齢者が生きがいを持って暮らせ、子育て世代が安心して子どもを生み育てられ、若者が将来に希望を持つことができる経済環境、生活環境、コミュニティの形成を進めていく」ため、「農業が支える定住社会の復活」を目標に集落営農組織の強化に軸をおいた農業振興策が展開されている（庄原市 2012a, b）。

注
1) 県レベルのデータ分析では職業分類が1997年, 2007年の2回にわたり改訂されたことで過去のデータに遡って職業変動を分析することが難しく、今回の分析は2000年と2005年の5年間に絞って分析をおこなった。

参考文献
東広島市, 2004,『東広島市30年の歩みと検証』
広島県, 2007,『平成の市町村合併』
広島県, 2010a,『過疎地域自立促進方針』
広島県, 2010b,『広島県農林水産業チャレンジプラン』
広島県, 2010c,『ひろしま未来チャレンジプラン』
日本政策投資銀行中国支店, 2006,『中国地方における合併後の基礎的自治体の課題と展望に関する調査』
呉市・蒲刈町合併協議会, 2005,『呉市・蒲刈町合併建設計画』
呉市, 2011,『第4次呉市長期総合計画』
西村雄郎編, 2009,『蒲刈町に住む人々の生活と意識』広島大学総合科学部社会文化プログラム
西村雄郎, 2011,「グローバル期における地域構造の変容と地方都市－中国地方の都市を事例として－」日本社会学会『社会学評論』62巻4号
岡橋秀典, 1997,『周辺地域の存立構造』大明堂.
世界農林業センサス http://db1.pref.hiroshima.jp/Folder11/Folder1104/Frame1104.htm
総務省, 2009,「合併の相談コーナー」http://www.soumu.go.jp/gapei/

庄原市・比婆郡 5 町・総領町合併協議会，2004,『新市建設計画』
庄原市，2006,『庄原市長期総合計画』
庄原市，2012a,『庄原市農業振興計画』
庄原市，2012b,『「庄原市農業振興計画」実現のための今後の取り組み』
庄原市，2013, 『庄原市の概況』

Ⅰ部

呉市の研究

1章
「都市縮小」期における呉市の地域課題

西村雄郎

　戦前－高度経済成長期にかけて日本最先端の重工業都市であった呉市は、日本社会のグローバル化にともなう地域構造変容の中で半周辺的な工業都市へとその構造的な位置づけを転換させるなかで、1980年以降は人口減少、高齢化の拡大という「都市縮小」期に入っている。
　ここでは構造転換の渦中に巻き込まれた呉市の地域構造の変容に検討を加えたうえで、現在の呉市の地域特性に分析を加え、この中で呉市がかかえる今日的な課題を明らかにして行きたい。

1．呉市の地域形成過程

　広島県西南部に位置する旧呉市は戦前－戦後を通じて日本を代表する重工業都市であった。呉市の旧市域（平成の大合併前の呉市域）の面積は171.8㎢、図1-1の瀬戸内海に面する仁方から天応を結ぶ戦前期からの呉市街地は平坦地が少なく、海まで張り出した山塊によって市街地が分断されている。この地域には港湾と鉄鋼、造船、機械工場が立地し、これをとりまく急傾斜地には階段状に住宅地が造成されている。この地域には戦前期や高度経済成長期などの人口急増期に建設されたこの木造民家が多く、狭く込み入った道路を挟んで老朽化した家屋が密集している。この上部の台地に位置する昭和、郷原地区には高度経済成長期に呉市と合併し大規模な住宅団地が造成されるとともに、1980年代後半に新たな工業団地が造成されている。
　旧呉市の歴史をみると、半農半漁の村落であった江戸期の呉浦が、1889年に呉鎮守府と呉海軍工廠が設置されたことを契機に軍事・産業都市に転

図1-1　呉市の地域区分（支所）配置図
資料：『呉市公共施設白書』(2011年：2)

換している。1902年に宮原、和庄、荘山田、二川の4町村が合併して市制が施行され、1928年に吉浦、警固屋、阿賀、1941年に広、仁方の各町村と合併している。第2次大戦中には日本海軍の拠点都市として人口は40.4万人にまで達したとされる（呉市史編纂委員会2002：241）。しかし、呉市は1945年7月の空襲で軍事・産業・生活施設に甚大な被害をうけ、中心市街地の大半が消失している。

　「軍港都市」であったことでこのような戦災被害をうけた呉市は、1950年に横須賀市、佐世保市、舞鶴市とともに「旧軍港市を平和産業港湾都市に転換することにより、平和日本実現の理想達成に寄与する」ことを目的として制定された「旧軍港市転換法」の対象都市となった。この法律は、「旧軍用財産の転活用を図る場合，国からその財産に関して無償譲渡や無償貸与などの特別支援を受けることができる」と規定しており、呉市は旧軍用財産の転活用を図ることにより，造船，鉄鋼，機械金属，パルプ産業などの誘致を図り、高度経済成長期には瀬戸内海有数の臨海工業都市となった。

また、1954年には海上自衛隊呉地方総監部が設置され、西日本における海上自衛隊の拠点となっている。さらに、1956年には天応、昭和、郷原の3町村との合併により人口が20万人を超え、高度経済成長期には広島県の産業経済をけん引してきた。

　しかし、1973年のオイルショック、円高不況を契機として、重厚長大産業を中心とする工場が徹底した合理化を進め、呉市の製造業従事者数は減少している。さらに、平地が少ないという地理的条件による住宅地、工業用地の不足、鉄道や高速道路網が十分に整備されていないことなどから新たな工場立地も少なく、旧呉市の人口は1975年をピークに減少し、高齢化率も広島県の平均を上回る値を示している。

　現在の呉市は平成の大合併時に、隣接する川尻町、安浦町、倉橋島に位置する音戸町、倉橋町、安芸灘諸島に位置する下蒲刈町、蒲刈町、豊浜町、豊町の8町と合併し市域面積を旧市域の2倍にあたる353.9km²まで拡大している。

　編入合併された8町の特徴を簡単にみると、カキ養殖や輸送機械、一般機械産業の工場が立地する音戸町、筆づくり、造船業という地場産業を持つ川尻町、呉市の郊外住宅地として人口増加させてきた安浦町の三町は製造業従事者比率が30％を超える高い割合を示している。これらの町は、呉市と隣接し、音戸大橋、JR呉線で結ばれていることによって呉市への通勤者の比率が高くなっている。とくに川尻町、安浦町は住宅地開発がすすんだ1960年から1990年までのあいだ人口増加をみせ、人口減少率、高齢化率も他の合併5町と比べて低い水準にとどまっている。

　これに対して、2000年に有料橋である安芸灘大橋（普通乗用車片道通行料720円）によって結ばれるまで離島であった下蒲刈町、蒲刈町や、呉市から音戸町を経由して20kmの距離にある倉橋町には新たな人口流入はみられず、1955年から人口は一貫して減少している。これら三町は、みかん、野菜栽培、漁業といった第一次産業の停滞、縮小によって、人口減少率が高く、1955年と比べて三町とも6割を超える人口減少を示し、2000年の高齢化率も倉橋町34.0％、下蒲刈町34.3％、蒲刈町41.6％ときわめて高く現れて

いる。さらに、2008年に蒲刈島との間に豊大橋が架橋され蒲刈島、下蒲刈島を通して呉市と陸続きになった豊浜町、豊町の人口も、豊浜町の漁業不振、豊町の大長みかんの不振などでピーク時の7割近い人口減少を示し、高齢化率も豊浜町48.5％、豊町48.8％と合併6町の中で最も高い値を示している。

　呉市の「合併建設計画」によれば、この合併は、芸南地域の中核都市である呉市の人口規模、範囲域を拡大させ、「1) 広い視野でのまちづくり施策の展開と個性的な地域づくりの推進、2) 各種サービスの充実による住民の利便性の向上、3) 道路網などの生活インフラの整備促進」(呉市・蒲刈町合併協議会：8) などのメリットをうむとされる。しかし、重工業都市として再編期をむかえている呉市にとって、異なる地域特性をもつ8つの町を含み込んだ新たなまちづくりは多くの困難をかかえている。

2.　呉市の人口・家族構造

　呉市の人口を国勢調査にみると、表1-1のように旧呉市は戦前期の1940年の28.4万人と、戦後の1975年の24.3万人に人口の2つのピークを持っている。1940年は軍港都市「呉」が戦時体制の中で都市拡張がすすんだ時期であり、1975年は戦時期の産業基盤をベースに重工業都市として高度経済成長の波に乗って「都市拡張」すすんだ時期である。

　この一方、日本社会の構造転換が図られ始めた1980年以降、旧呉市の人口は2010年までの30年間に約5万人（率にして21％）の人口減少をみせ19.2万人となっている。さらに、2003年から2005年までに合併した8町を加えた現在の呉市域でみると、これも1975年の31.2万人をピークに7.2万人（率にして23％）もの人口減少をみせ、2010年には24.0万人となっている。呉市はこの人口減少の要因として、「仕事を求めて20～30代の若年人口の市外流出が続いている」(『呉市基本構想』38) ことと合計特殊出生率が低いことをあげている。

　これらの地域別の人口変動を2000年からの10年間でみると、旧呉市域の人口減少が5％にとどまっているのに対して、合併町は合計で約15％の人

表1−1　呉市の人口変動

(人)

市町村名	旧呉市	川尻町	安浦町	音戸町	倉橋町	下蒲刈町	蒲刈町	豊浜町	豊町	合併町合計	合併後市域新呉市
1920年	184,484	4,614	8,922	15,408	14,051	3,015	7,122	4,626	6,821	64,579	249,063
1930年	219,256	4,998	8,896	16,148	15,087	2,993	7,080	4,776	7,869	67,847	287,103
1940年	284,291	6,193	9,036	17,870	14,644	3,038	6,752	5,063	8,410	71,006	355,297
1950年	199,775	8,762	12,840	21,418	20,018	5,001	8,099	7,202	9,654	92,994	292,769
1960年	210,032	8,365	11,643	18,413	16,215	5,083	6,660	7,015	8,461	81,855	291,887
1970年	235,193	8,829	11,097	17,246	12,086	4,689	5,240	5,238	6,604	71,029	306,222
1975年	242,655	9,710	11,339	17,475	11,409	4,259	4,723	4,497	5,719	69,131	311,786
1980年	234,549	10,185	12,040	17,701	10,774	4,091	4,356	4,017	5,053	68,217	302,766
1990年	216,743	10,686	13,232	16,857	9,253	3,536	3,311	3,007	3,824	63,706	280,429
2000年	203,159	10,380	12,913	15,084	7,593	2,223	2,741	2,175	2,956	56,065	259,224
2010年	192,410	9,129	11,763	12,702	6,250	1,635	2,060	1,763	2,261	47,563	239,973
2010/2000	94.7%	87.9%	91.1%	84.2%	82.3%	73.5%	75.2%	81.1%	76.5%	84.8%	92.6%

資料　各年「国勢調査」
注：2010/2000は2010年人口を2000年人口で除したものである。

表1-2　旧呉市の地区別人口変動

(人)

	旧呉市	中央	吉浦	警固屋	阿賀	広	仁方	宮原	天応	昭和	郷原
2000年人口	203,159	60,251	11,690	6,821	18,839	44,515	7,959	9,715	4,714	34,743	3,912
2010年人口	192,410	54,426	10,963	5,347	17,154	46,049	6,893	8,024	4,269	34,238	5,047
2010/200	94.7%	90.3%	93.8%	78.4%	91.1%	103.4%	86.6%	82.6%	90.6%	98.5%	129.0%

資料　各年「国勢調査」注：2010/2000は2010年人口を2000年人口で除したものである。

　口減少がみられ、とりわけ下蒲刈 (-26.5%)、蒲刈 (-24.8%)、豊 (-23.5)、豊浜 (-18.9%) といった安芸灘諸島地域の減少率が極めて高く表れている。ただし、旧呉市域においても表1-2のように郷原、広を除く地域で人口減少がみられる。とりわけ急傾斜地に位置する警固屋 (-21.6%)、宮原 (-17.4%) や阿賀 (-8.9)、「やすり」産業や醸造業といった地場産業地域である仁方 (-13.4%) で10%を超える人口減少がみられ、さらには呉市のなかで生活の利便性が最も良いと考えられる中央地区 (-9.7%) でも10%近い人口減少がみられる。

　図1-2、表1-3は2010年度の呉市の男女別年齢人口をみたものである。呉市の15歳未満人口の比率は11.9%、15〜65歳未満は58.7%、65歳以上人口は29.3%となっている。『呉市基本構想』によれば、呉市の「15歳未満人口はここ4半世紀で半減し、65歳以上人口は1.8倍にまで増加し、国内の15万人以上の都市の中で最も高い高齢化率を示している」(『呉市基本構想』38)。

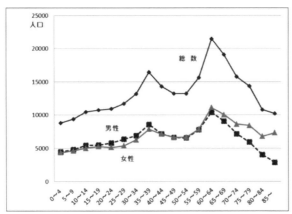

図1-2 2010年呉市の年齢別人口構成

資料：「国勢調査」

表1-3 2010年呉市の地域別年齢構成

(%)

年　齢	旧市域										
	旧呉市計	中央	吉浦	警固屋	阿賀	広	仁方	宮原	天応	昭和	郷原
15歳未満人口	12.7	9.2	13.5	8.5	11.2	15.9	11.6	10.5	12.0	14.8	20.0
15～65歳未満人口	59.7	60.4	57.1	52.3	57.4	63.0	58.8	57.6	58.6	58.7	54.8
65歳以上人口	27.5	30.4	29.3	39.1	31.2	20.9	29.6	31.8	29.3	26.5	25.1
75歳以上人口	13.6	16.1	14.0	22.7	15.7	9.9	14.4	16.7	14.2	10.9	15.0
総　数(人)	192,410	54,426	10,963	5,347	17,154	46,049	6,893	8,024	4,269	34,238	5,047

(%)

年　齢	合併町									呉市全体
	合併町計	川尻	安浦	音戸	倉橋	下蒲刈	蒲刈	豊浜	豊	
15歳未満人口	9.0	10.8	10.3	9.3	7.4	7.5	5.6	5.0	4.8	11.9
15～65歳未満人口	54.8	61.2	59.4	56.6	49.0	53.1	45.0	34.1	36.5	58.7
65歳以上人口	36.2	28.0	30.2	34.0	43.5	39.4	49.4	60.7	58.6	29.3
75歳以上人口	19.3	13.9	15.1	16.8	24.9	22.3	30.6	36.8	36.1	14.7
総　数(人)	47,563	9,129	11,763	12,702	6,250	1,635	2,060	1,763	2,261	239,973

資料「国勢調査」

　ここで特徴的なのは、呉市の年齢別人口構成が15～44歳までの間は男性人口が女性人口を上回り、50歳以上になると女性人口が男性人口を上回るという構造をとっていることである。若年層に男性が多いのは自衛隊員の影響があると考えられ、この年代層についてはこの傾向が今後も続くと考えられる。
　次に地域別に年齢別人口構成をみると、旧呉市域の65歳以上人口は

27.5％であるのに対して、合併町域はこれを約9％上回る36.2％となっている。とりわけ島しょ部に位置する豊浜60.7％、豊58.6％の値は高く、これに蒲刈49.4％、倉橋43.5％、下蒲刈39.4％が続いている。旧呉市内においても警固屋39.1％、宮原31.8％、阿賀31.2、中央30.4％など人口減少率が高い地域で全市平均を上回る高齢化地域が現れている。

また、高度経済成長期に住宅開発が進んだ昭和地区も、今のところ人口減少率は-2％にとどまるものの、高齢化率は26.5％と広島県平均の25.3％を上回る値を示している。国立社会保障・人口問題研究所の推計によれば、2040年の呉市人口は16.2万人（2010年と比べ7.8万人、32％減）まで減少し、高齢者率も37.2％まで上昇するとされ、呉市における全般的な人口減少、高齢化の進展は今後もつづくことになる。

表1-4は呉市の世帯別家族構造をみたものである。全市レベルでみると単独世帯29.9％が最も多く、これに夫婦と子ども26.9％、夫婦のみ25.2％がつづいている。これに対して合併町は夫婦のみ29.4％、単独世帯

表1-4　2010年呉市の家族構造

(%)　（世帯）

	夫婦のみ	夫婦と子供	片親と子ども	3世代世帯	単独世帯	その他世帯	合計	世帯数
旧市域	24.1	27.9	10.2	4.0	30.3	3.5	100.0	78,306
合併町	29.4	23.0	9.2	5.4	28.3	4.7	100.0	20,120
全市	25.2	26.9	10.0	4.3	29.9	3.8	100.0	98,426

資料：「国勢調査」

表1-5　2010年呉市の65歳以上世帯員のいる一般世帯数家族構造

(%)　（世帯）

	夫婦のみ	夫婦と子供	片親と子ども	3世代世帯	単独世帯	その他世帯	合計	世帯数
旧市域	33.3	11.2	9.8	7.5	32.5	5.7	100.0	35,296
合併町	34.3	10.1	9.5	8.1	31.2	6.7	100.0	11,502
全市	33.5	10.9	9.7	7.7	32.2	6.0	100.0	46,798

資料：「国勢調査」

表1-6　2010年呉市の6歳未満世帯員のいる家族構造

(%)　（世帯）

	夫婦と子供	片親と子ども	3世代世帯	その他世帯	合計	世帯数
旧市域	80.4	11.3	7.8	0.5	100.0	6,894
合併町	73.3	5.9	19.5	1.2	100.0	1,061
全市	79.5	10.6	9.3	0.6	100.0	7,955

資料：「国勢調査」

28.3％、夫婦と子ども23.0％となっており、全市と異なった家族構成をとっている。

これを65歳以上世帯員のいる家族のみに限ってみると（表1-5）、夫婦のみ33.5％、単独世帯32.2％となり、高齢者のみで暮らしている家族が旧市域、合併町ともに65歳以上世帯の2/3を占めることがわかる。また、6歳未満の世帯員のいる家族（表1-6）をみると、夫婦と子ども世帯が79.8％となっている。この中で合併町では3世代家族が19.5％みられるのに対して、旧市域では片親と子ども世帯が11.9％みられ、子どもの家族環境に地域差がみられる。

3. 産業構造、職業構造の変容と人口流出

表1-7、1-8は1981年から2004年までの旧呉市域の産業別事業所数、事業所従業員数をみたものである。この間、呉市の事業所数が約2,900事業所、従業員数も約27,000人減少し、1981年の3/4の規模まで縮小している。

産業別に事業所数の変化をみると、不動産業、サービス業、建設業などの事業所数は増加している。しかし、呉市の基幹産業である製造業事業所数が1981年の1,169所から2004年には814所と355所、約30％の減少をみせている。さらに、卸・小売業の減少はこれを大きく上回り、1981年と比べ約3700所、約54％の減少がみられる。

従業員総数をみると不動産業、サービス業で従業員数の増加がみられるも

表1-7　呉市の事業所数の推移 (所)

	総数	農・林・漁業	鉱業	建設業	製造業	電気・ガス・熱供給・水道業	運輸・通信業	卸売・小売業,飲食店	金融・保険業	不動産業	サービス業	公務(他に分類されないもの)
1981年	12,400	8	9	698	1,169	18	363	6,800	266	138	2,854	77
1991年	11,789	5	4	763	996	15	373	6,080	264	184	3,043	62
2001年	9,755	6	2	761	760	13	349	4,615	212	213	2,766	58
2001年（民営）	9,468	6	2	761	760	4	303	4,615	211	209	2,597	(−)
2004年（民営）	9,527	5	3	793	814	3	330	3,102	192	225	3,896	
2004年/1981年	76.8	62.5	33.3	113.6	69.6	16.7	90.9	45.6	72.2	163.0	136.5	

資料：事業所・企業統計
注：2004年/1981年は2004年の事業所数を1981年の事業所数で除したものである

表1-8 呉市の事業所数の推移
(所)

	総数	農・林・漁業	鉱業	建設業	製造業	電気・ガス・熱供給・水道業	運輸・通信業	卸売・小売業,飲食店	金融・保険業	不動産業	サービス業	公務(他に分類されないもの)
1981年	10,6312	19	117	9,149	31,100	632	7,073	27,542	3,464	442	19,167	7,607
1991年	103,828	92	41	8,125	23,688	584	6,422	27,597	5,265	512	24,201	7,301
2001年	94,892	76	23	6,884	19,924	529	5,411	24,553	2,447	710	26,144	8,191
2001年(民営)	80,946	76	23	6,884	19,924	222	4,379	24,553	2,444	699	21,742	(-)
2004年(民営)	79,677	78	27	6,320	19,530	184	4,654	17,826	2,095	685	27,504	
2004年/1981年	74.9	410.5	23.1	69.1	62.8	29.1	65.8	64.7	60.5	155.0	143.5	

資料：事業所・企業統計
注：2004年/1981年は2004年の事業所数を1981年の事業所数で除したものである。

のの、事業所数が増えている建設業の従業員数は1981年と比べ約2,800人、31％の減少となっている。さらに、製造業従業員数は事業所数の減少を上回る約37％、11,570人の減少を示している。この一方、卸・小売業の従業員数の減少率は事業所数の減少率よりも低いものの、この23年間に約1万人、35％の減少となっている。

このような製造業の事業所、従業員数の減少は、呉市製造業の重厚長大産業からハイテクを前提とした新産業への転換の遅れによって生じたものといえる。しかし、工業統計によれば製造品出荷額は1981年6,633億円から2004年には約1.4倍の9,016億円(但し2004年データは4人以上の事業所)に伸びており、1人当たり生産額、1人当たり付加価値額ともに高い生産性を示している。これは、80年代以降の産業構造の転換に対して、呉市に立地する企業が設備の高度化を図るなかで人員の削減を行うという対応をとってきたことによるものといえ、「雇用なき製造業の拡大」という多くの重化学工業都市一般にみられる問題が呉市に現れたものといえる。

このような事態への対応として、1980年代に広島中央テクノポリス計画のなかで呉市が〈母都市〉と位置づけられたことを活かし、広島市、東広島市との連携のなかで呉市が新たな産業技術の集積地として展開する可能性を持っていたと考えられるが、これに地域として十分に対応できず、逆に近畿大学工学部や産業技術総合研究所中国センターの東広島市への移転といった形で、その機能を縮小させている。

この結果、日本政策投資銀行のレポートによれば、呉市は、①産業構造は、全国的に入れ替わりが激しいなかで、1960年頃から大きな変化がなく、②1、2位に常に鉄鋼・輸送用機械が位置し、その集中度が高く、③広島県全体では、東広島市や福山市での新規企業立地や業種転換を主要因として電気機械、精密機械等ハイテク産業中心の産業構造に転換していたのに対して、これに呉市が立ち後れている、という問題をかかえているとされる（日本政策投資銀行中国支店 2006）。

　さらに、卸・小売業についても、呉市の卸・小売業事業所数、従業員数は減少し、その機能を大きく低下させている。とくに、商業統計によれば卸売業は事業所数が1980年723所→2005年528所、従業員数が1980年5530人→2005年3689人、販売額が1980年3434億円→2005年1878億円と大幅な減少を示している。このような卸売業の衰退は、卸売・流通機構の全国的な合理化・再編がすすむなかで、交通網の整備による卸売業者の広島市一拠点化や、立地企業の本社・支店の機能分担見直し、さらには自衛隊の組織再編による物資調達の広島一元化といった物流システムの転換によって生じたものといえる。

　この結果、呉市人口の社会動態をみると1999年から2008年間の呉市への転入者数は55,818人、転出者数69,300人、転出超過者数13,482人となっている。転出者のうち46,839人（転出者総数の67.9%）が15–39歳という若い世代によって占められている。さらに、その転出理由としては転勤、転職、就職といった就業に関わる事情が全体の4割を占めており、呉市に立地する企業の位置づけの変化が地域労働市場の縮小と大量の人口流出を生みだしているといえる。

　表1-9は2011年の呉市の事業所数、事業所従業員数を経済センサスデータによって産業別にみたものである。これをみると事業所数は全市レベルでみると卸・小売業28.0％、宿泊・飲食業11.7％、製造業9.9％、生活関連サービス業9.8％、建設業9.3％の順となっている。従業員数は製造業24.6％、卸・小売業19.3％、医療・福祉サービス14.0％、宿泊・飲食業7.8％、建設業6.2％の順となり、事業所規模が大きい製造業、医療・福祉

表1-9 2011年呉市の事業所数・従業員数

		農・林・漁業	鉱業・採石業・砂利採取業	建設業	製造業	電気・ガス熱供給・水道業	情報通信業	運輸・郵便業	卸売・小売業	金融・保険業	不動産業・物品賃貸業	学術研究・専門・技術サービス業	宿泊業・飲食サービス業・娯楽業	生活関連サービス業	教育・学習支援業	医療・福祉	複合サービス事業	サービス業(他に分類されないもの)	合計(%)	総数(=所・人)
事業所数	旧呉市	0.1	0.0	8.7	8.3	0.1	0.5	2.8	28.3	2.0	4.0	3.8	13.2	10.3	3.1	7.7	0.7	6.3	100.0	7,884
	合併町	1.3	0.1	11.1	15.4	0.0	0.1	8.5	27.0	0.8	1.9	1.3	6.5	8.1	3.3	6.1	2.1	6.3	100.0	2,243
	2011年	0.4	0.0	9.3	9.9	0.1	0.4	4.1	28.0	1.7	3.5	3.3	11.7	9.8	3.1	7.4	1.0	6.3	100.0	10,127
従業員数	旧呉市	0.1	0.0	6.0	23.3	0.3	0.5	5.1	19.7	4.0	1.3	2.5	8.2	4.9	2.2	14.3	0.6	6.9	100.0	78,378
	合併町	2.5	0.2	7.4	31.2	0.0	0.0	11.6	17.0	1.2	0.7	0.4	5.6	2.8	1.0	12.2	2.4	3.6	100.0	14,619
	2011年	0.5	0.0	6.2	24.6	0.0	0.5	6.1	19.3	3.6	1.2	2.2	7.8	4.5	2.1	14.0	0.9	6.4	100.0	92,997

資料:経済センサス活動調査

サービス業の従業員数が相対的に多くなっている。また、旧市域と合併町を比べると旧来から海運業者が合併町に多かったこともあって運輸・郵便事業所、従業員数が相対的に高い値を示している。

表1-10は2010年の呉市民の産業別職業構成を国勢調査データにより旧市域、合併町ごとに男女別にみたものである。全市レベルでみると製造業21.3%、卸・小売業14.3%、医療・福祉サービス12.2%、公務9.3%、建設業6.5%の順になっている。女性との比較で男性をみると製造業、公務、建設業、運輸・郵便業の割合が高くあらわれている。女性は医療・福祉が22.9%、卸・小売業19.7%、宿泊・飲食業7.6%、教育・学習支援業5.8%が男性より多く、製造業従事者が男性と比べ15%少なくなっている。

さらに、これを地域別にみると全市レベルと比べ、合併町は公務労働者の割合が低い一方で、農林業、漁業と言った第1次産業が男女とも1割をこえている。また、男性の製造業、建設業従事者が全市レベルと比べ6%程度高く、逆に第3次産業従事者の比率が14.5%ほど低くなっている。

4. 「都市縮小」期における呉市の地域課題

ここまでみてきたことをまとめみると、

表1-10 2010年呉市の産業別人口構成 (%)

	呉市全体			旧呉市			合併町		
	男女合計	男性	女性	男女合計	男性	女性	男女合計	男性	女性
第1次産業計	2.7	2.9	2.6	0.8	0.9	0.6	10.7	11.3	10.1
農業・林業	2.0	2.0	1.9	0.6	0.7	0.5	7.5	7.7	7.3
漁業	0.8	0.8	0.7	0.1	0.2	0.1	3.2	3.6	2.8
第2次産業計	27.8	36.8	15.3	26.7	35.5	14.2	32.2	42.1	19.5
鉱業, 採石業, 砂利採取業	0.0	0.1	0.0	0.0	0.0	0.0	0.1	0.2	0.0
建設業	6.5	9.2	2.8	6.5	9.1	2.8	6.6	9.6	2.7
製造業	21.3	27.5	12.5	20.2	26.4	11.4	25.6	32.4	16.8
第3次産業計	65.4	56.7	77.6	68.7	60.2	80.9	52.2	42.2	65.2
電気・ガス・熱供給・水道業	0.4	0.7	0.1	0.5	0.7	0.1	0.2	0.4	0.0
情報通信業	0.8	1.0	0.5	0.9	1.1	0.6	0.5	0.6	0.3
運輸業, 郵便業	5.3	7.6	2.1	4.9	7.1	1.8	6.7	9.6	3.0
卸売業, 小売業	14.4	10.7	19.7	15.0	11.0	20.7	12.2	9.5	15.6
金融業, 保険業	2.0	1.5	2.7	2.2	1.7	2.9	1.2	0.8	1.7
不動産業, 物品賃貸業	1.1	1.1	1.0	1.2	1.3	1.1	0.6	0.7	0.5
学術研究, 専門・技術サービス業	2.3	2.5	2.2	2.5	2.7	2.3	1.6	1.7	1.6
宿泊業, 飲食サービス業	4.5	2.3	7.6	4.8	2.4	8.1	3.5	1.9	5.6
生活関連サービス業, 娯楽業	3.2	2.0	4.9	3.4	2.1	5.1	2.7	1.7	3.9
教育, 学習支援業	4.2	3.0	5.8	4.4	3.2	6.0	3.4	2.1	4.9
医療, 福祉	12.2	4.5	22.9	12.4	4.6	23.5	11.2	4.0	20.5
複合サービス事業	0.7	0.6	0.9	0.6	0.5	0.7	1.2	0.9	1.5
サービス業（他に分類されないもの）	4.9	5.5	4.1	5.1	5.7	4.2	4.2	4.7	3.6
公務（他に分類されるものを除く）	9.3	13.7	3.2	10.9	16.1	3.4	3.0	3.5	2.4
分類不能の産業	4.0	3.7	4.5	3.8	3.5	4.3	4.8	4.5	5.2
合計	100.0	100.0	100.0	100.0	100.0	100.0	100.0	100.0	100.0
総数（人）	109,959	64,013	45,946	88,029	51,660	36,369	21,930	12,353	9,577

資料：2010年国勢調査

　第一に指摘できるのは、1980年代に入ってからの日本社会の構造転換のなかで、呉市の構造転換もすすんできたということである。それは、造船、鉄鋼といった重厚長大産業をベースとする呉市の工業の徹底した合理化や、広島県内の流通機構の再編にともなう呉市の卸・小売機能の縮小という形ですすんでいる。

　第二に、これらの合理化、再編は呉市の事業所数、就業者数の減少をもたらすとともに、呉市の人口減少を生み出している。さらに、労働市場の縮小は若年層の市外流出を生み出し、呉市の高齢化を促進させており、呉市は「都市縮小」期における問題に直面しているといえる。

　第三に、平成の合併前の旧市域をみると、戦前の都市拡張期に中心市街地

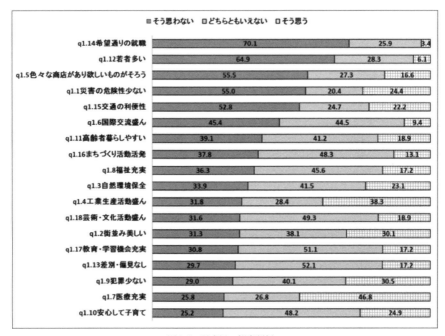

図1-3 呉市民の都市評価

周辺に造成された急傾斜木造密集住宅地域や、高度経済成長期に造成された郊外住宅地域において強く人口減少・高齢化問題が生じており、呉市は「都市拡張期」における負の遺産処理問題に迫られている。

第四に、平成の大合併によって呉市に編入合併された島しょ部の地域は主要な産業である第一次産業の不振、また、呉市へ通勤するには時間距離が遠いことや、有料橋の通行料金の高さなどがあって、架橋、合併後に人口減少に一層拍車がかかり、高齢化率も極めて高いものとなっており、合併後の地域づくりに多くの課題を抱えていることがわかる。

このような「都市縮小」期における問題をかかえる呉市民の都市評価を「そう思わない」、「どちらともいえない」、「そう思う」の三択で尋ねた結果をみたのが図1-3である[1]。これをみると「希望どおりの就職」、「若者多い」、「色々な商店があり欲しいものがそろう」、「災害の危険性が少ない」、「交通の利便性」と言った生活問題に5割を超える人が低い評価(「そう思わない」とい

表1-11 呉市の目指すべき都市像

(%)

		目指すべき都市（MA）	最も目指すべき都市
1	q2.11 高齢者暮らしやすい	71.9	21.2
2	q2.7 医療充実	66.5	10.5
3	q2.8 福祉充実	65.4	10.3
4	q2.1 災害の危険性少ない	65.1	7.8
5	q2.10 安心して子育て	62.9	12.0
6	q2.15 交通の利便性	57.0	5.0
7	q2.9 犯罪少ない	53.0	5.1
8	Q2.14 希望通りの就職	50.5	8.3
9	q2.17 教育・学習機会充実	39.4	1.4
10	q2.3 自然環境保全	35.0	2.1
11	q2.4 工業生産活動盛ん	34.4	5.1
12	q2.13 差別・偏見なし	30.3	0.4
13	q2.2 街並み美しい	29.8	0.8
14	q2.5 色々な商店があり欲しいものがそろう	29.8	0.7
15	q2.12 若者多い	29.3	3.4
16	q2.16 まちづくり活動活発	29.3	2.5
17	q2.18 芸術・文化活動盛ん	29.0	0.7
18	q2.6 国際交流盛ん	14.8	0.3
	回答者数（人）	645	645

注：1）は「あてはまるもの」全てを複数回答してもらった結果である。2）は1）の中から「最も目指すべきもの」を尋ねた結果である。

う回答）を与えている。さらに、「高齢者の暮らし良さ」、「まちづくり活動」、「福祉の充実」と言った問題に対する評価も低いものとなっている。

このような都市評価を示した呉市民に「目指すべき都市像」を尋ねた結果が表1-11である。この表は複数回答の「目指すべきもの」の回答率が高い順に並べたものであるが、これをみると「高齢者が暮らしやすい町」71.9％、「医療充実」66.5％、「福祉充実」65.4％、「災害の危険性少ない」65.1％、「安心して子育て」62.9％、「交通の利便性」57.0％、「犯罪少ない」53.0％、「希望通りの就職」50.5％を5割を超える人が目指すべき都市像としてあげている。さらに、「最も目指すべき都市像」をみても、これら8項目が上位を占めており、呉市民の多くがこれらの生活問題の解決を求めていることがわかる。

これらのことをふまえて、本書「I部　呉市の研究」では、「2章　呉市民の『生活』と『定住』志向性」において「世代」別の生活特性と「定住」志

向性の特徴を明らかにしたうえで、男性と比べ女性に呉市が「希望通りの就職」ができる町になることを望む人が高い割合でみられたことから[2]、「3章　呉市の産業特性と女性の労働――ホームヘルパーとして働く女性に焦点をあてて」において呉市における地域労働市場と女性労働の特質と、「4章　子育て期の女性の職業・家庭生活と『支援』」では呉市における子育て環境の特質を明らかにするとともに、「5章　呉市における高齢者の『生活』と『支援』」では呉市における地域別の高齢者生活の特質と呉市の福祉対応について検討を加えている。さらに、「6章　編入合併地域における地域づくり ～呉市蒲刈町を事例として」では安芸灘諸島に位置する編入合併地域の住民生活と地域づくりの特質に分析を加えている。

注
1)「呉市民の生活と意識調査」は 2010 年 1 月に実施した。調査対象者は呉市に住む 20 歳以上 80 歳までの市民を対象とし、市選挙管理委員会の協力を得て選挙人名簿から 2 段階抽出で 1804 人を抽出した。調査は郵送法で実施し、回収された有効票は 757 票、回収率 42. 0 % であった(広島現代社会学研究会 2011)。
2)「呉市民の生活と意識調査」の結果では女性の 71.9 % が呉市を「希望通りの就職ができない町」と評価し(男性は 68.1 %)、呉市が「目指すべき都市像」(複数回答)でも女性の 53.9 % が「希望通りの就職ができる町」を目指すべきであると回答している(男性は 46.7 %)(広島現代社会学研究会 (2011：8)。

参考文献
中国地方総合研究センター, 2008,『中国地方の工場立地　130 年の歩み』
広島現代社会学研究会, 2011,『呉市民の生活と意識 4』
東広島市企画部企画課, 2004,『東広島市 30 年の歩みと検証』東広島市
日本政策投資銀行中国支店, 2006,「『歴史と共に歩んだ街』：産業構造転換期を迎えた呉地域の課題と方向性」http://www.dbj.jp/reportshift/area/chugoku_s/index.html
呉市, 2011,　『呉市公共施設白書』
呉市史編さん室, 2002,『呉の歩み』呉市役所
呉市編纂委員会, 2002,『呉市制 100 周年記念版　呉の歴史』呉市役所

2章
呉市民の「生活」と「定住」志向性

西村雄郎

1. はじめに

　図2-1は呉市が2014年に呉市が実施した「呉市民意識調査」における「定住」意識の結果を示したものである。この調査では「あなたは、今住んでいる地域に、これからも『住み続けたい』と思いますか」という質問文で調査対象者の「定住」志向を計っている。この結果をみると「現在住んでいるところに住み続ける」63.5％、「呉市内の他地域に移りたい」7.9％、「市外へ移りたい」8.0％となっており、今後も「呉市内で定住」することを71.4％の呉市民が選択している。

　この結果を呉市に隣接する広島市、東広島市の調査結果と比べると[1]、両市の質問が「あなたは、これからも広島市（東広島市）に住み続けたいと思いますか」という質問文になっており単純には比較できないものの、広島市は「住み続けたい」53.3％、「住み続けてもよい」35.5％と広島市での「定住」を志向する人が88.8％、東広島市は「ずっと住み続けたい」47.2％、「当分の間住み続けたい」31.3％、「市内の他の地域へ移りたい」3.6％と東広島市での「定住」を志向する人が82.1％となっており、呉市での「定住」を志向する人の割合が広島市、東広島市と比べ低くなっている。

　図2-2は私たちが2010年に行った「呉市民の生活と意識調査」[2]における「定住」意識にかかわる質問の結果である。この調査の質問文も「あなたは事情が許せば今後も現在の地域に住み続けたいと思いますか」と他の調査の質問文と異なったものとなっている。この調査では「現在の地域に今後も住み

I部　呉市の研究

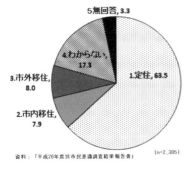
図2-1　呉市民の「定住意識」1

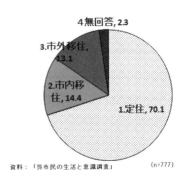
図2-2　呉市民の「定住意識」2

続けたい」71.8％、「呉市内の他の場所に移りたい」14.4％となり、呉市内での「定住」を望むものが85.2％と、広島市と東広島市の中間の値を示している。しかし、「市内他地域への移住」という回答が14.4％あり、これを同様の選択肢が設定されている東広島市と比べると10％以上高い値を示しており、呉市民の現住地への「定住」志向性は高いとはいえない。

そこで本章では2010年「呉市民の生活と意識」調査を用いて、呉市民の「生活」特性を明らかにしたうえで、呉市民の「定住」志向性の特質を明らかにしたい。

2.「定住」志向と「生活」評価

1)「定住」意識と都市評価

図2-3は「定住」志向類型別（「定住」、「市内移住」、「市外移住」）に、呉市の都市生活環境評価をみたものである。この質問は各々の質問項目において「そう思う」、「どちらともいえない」、「そう思わない」のうちから1つを選ぶ回答方式をとっており、ここに示した値は、「そう思わない」と回答した人の割合である[3]。

これをみると、1)「市外移住」志向者の都市評価が、全18項目のうち「犯罪少ない」、「高齢者暮らしやすい」、「若者多い」、「希望通りの就職」の4項目を除く項目で「そう思わない」と回答している人の割合が最も高いこと、2)

2章　呉市民の「生活」と「定住」志向性（西村雄郎）

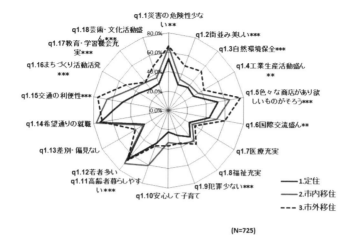

(N=725)

＊はχ^2検定の結果を示す。＊は5％有意、＊＊は1％有意、＊＊＊は0.1％有意を示す。

図2-3　呉市の生活環境評価
（「そう思わない」との回答者の割合）

「定住」志向者は「希望通りの就職」以外の17項目で呉市の生活環境を最も高く評価しているのに対して、3)「市内移住」はほとんどの項目で「市外移住」と「定住」の中間的な値をとっている。

さらに、質問項目ごとのカイ2乗検定の結果をみると「災害の危険性の少なさ」、「街並み美しい」、「自然環境保全」、「工業生産活動盛ん」、「色々な商店があり欲しいものがそろう」、「国際交流盛ん」、「犯罪少ない」、「安心して子育て」、「高齢者の暮らしやすさ」、「交通の利便性」、「まちづくり活動活発」、「学習機会充実」、「芸術活動盛ん」の13項目でこれら3類型間に有意な差がみられる。

図2-4は「定住」志向類型別に「居住地に対する意識」をみたものである。これをみると、1)「定住」志向の高い人々は全ての項目で地域に対する高い愛着、評価、地域づくりへの積極的な関与を示しているのに対して、2)「市外移住」を志向する人は、「生活の場としてだんだんよくなる」という項目を除く全ての項目で「そう思う」と回答する人の割合は三類型のなかで最も低く、3)「市内移住」志向者はこの中間の値をとっている。

また、カイ2乗検定の結果をみても全ての項目で有意な差があることが示

I部　呉市の研究

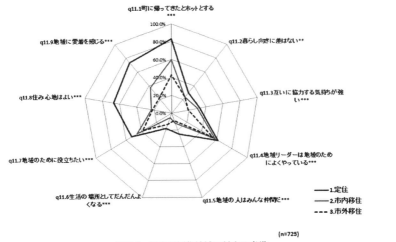

図2-4　呉市の居住地域に対する意識
(「そう思う」と回答した人の割合)

されており、「定住」類型と「居住地に対する住民の意識」の間にも有意な差があることがわかる。

　これらの事から「定住」志向性と「都市生活環境評価」、「地域意識」には強い関連性があり、「定住」志向性が高いほど「生活環境評価」、「地域意識」が高いのに対して、「市外移動」を志向している人の評価は低いということがわかる。

2)「定住」意識と生活満足度

　表2-1は「定住」志向類型別にみた、「生活満足」度の結果である。これをみると「現在の生活に満足している」人が全体で13.9％、「そう思わない」人が34.9％と、呉市民の「現在の生活に対する満足度」が低いことがわかる。この中で、「定住」志向の人の16.4％が「生活に満足」と答えているのに対して、「市内移住」志向者で「生活に満足」している人は8.4％、「市外移住」志向者は4.1％と、「移住」志向性が高いほど「生活満足」度を低下させている。

　図2-5は④「生活満足度」と関係する、①「現在の仕事に満足」、②「現在の収入では生活が苦しい」、③「これからの生活はだんだんよくなる」といっ

表2-1 定住意識別にみた現在の生活満足度 ***
(%)

	1. そう思う	2. どちらともいえない	3. そう思わない	計 (N)
1.定住	16.4	52.6	31.0	100.0 (477)
2.市内移住	8.4	47.0	44.6	100.0 (83)
3.市外移住	4.1	47.3	48.6	100.0 (74)
計	13.9	51.3	34.9	100.0 (634)

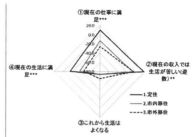

図2-5 「定住」志向別にみた「生活」評価

た「生活」評価項目をとりあげ、「定住」志向類型別に各項目の「そう思う」という回答から「そう思わない」という回答を減じた値を示したものである。

これをみると、①「仕事に満足」に対する「定住」志向層の回答を除き、上記の計算結果がマイナスの値を示し、現状の「生活」に不満を示している人の割合が多く高く「定住」類型を問わず呉市民の「生活」評価が総じて低いこと、その中でも②「これからの生活はだんだんよくなる」はすべての類型で-65％を下回り、呉市民の将来展望が悲観的なものであることがわかる。このなかで、「定住」志向層は「現在の仕事に満足」、「現在の生活に満足」、「現在の収入では苦しい」（逆数）では他の2類型と比べ相対的に高い満足度を示しているのに対して、③「市外移住」志向層は現状への満足度は低いものの「移住」することを前提としていることもあってか、「これからの生活はだんだんよくなる」が他の二類型と比べわずかばかりであるが高くなっている。「市内移住」志向層はすべての項目で他の二類型の中間的な値をとっており、これらの質問間に「定住」志向が低下すれば「生活」評価が低下し、「生活」評価が低いから「定住」志向性が低下するという関係をみることができる。

3. 呉市民の生活構造と「定住」志向性

1）「基本属性」別にみた「定住」志向性

表2-2は「定住」志向性と「基本属性項目」の間のカイ2乗検定結果をみたものである。これをみると、「年齢」、「居住地中区分」、「居住歴」、「居住住宅」

表2-2 「定住」志向と基本属性項目のカイ2乗検定結果

q12定住志向 *f1 性別	5％有意
q12定住志向 * 年齢（10歳、20歳区分）	1％有意
q12定住志向 * 家族類型	非有意
q12定住志向 *f8 学歴	非有意
q12定住志向 * 居住地中区分	1％有意
q12定住志向 *f6.2現住地居住歴	1％有意
q12定住志向 * ｆ7 居住住宅	1％有意
q12定住志向 *f9 s q 1　職業	非有意

表2-3　世代別にみた「定住」志向 ***　　　　　　　(%)

	1.定住	2.市内移住	3.市外移住	計(N)
1.20-30歳代	55.3	17.3	27.3	100.0(150)
2.40-50歳代	70.8	14.4	14.8	100.0(264)
3.60-70歳代	80.1	13.6	6.2	100.0(337)
全体	71.9	14.6	13.4	100.0(751)

が1％水準で有意な関係を示している。また、性別が5％水準で有意である一方、家族類型、学歴、職業といった項目とは有意な関係はみられない。

　このうち表2-3は世代別の現住地への「定住」志向をみたものである。これをみると、世代別では若い世代ほど「定住」志向性が低く、とりわけ「20-30歳代」で「定住」を志向する者が55.3％にとどまり、しかも3割近くが「市外移動」を志向していることが注目される。「定住」を志向する者は「40-50歳代」で7割、「60-70歳代」で8割みられるが、両世代とも市内他地域への移住を志向する者が1割強みられ、さらに「40-50歳代」には「市外地」への移住を志向する者が14.8％みられる。

　表2-4は居住地別の「定住」志向の違いをみたものである。これをみると「阿賀」、「中央」、「広」といったJR呉線の平坦地住民の「定住」志向性が高いのに対して、同じ呉線沿線でも戦前期に斜面地に住宅が形成された「宮原・警固屋」や、旧漁村集落の谷地に住宅造成がされた「吉浦・天応」の「定住」志向性は6割台にとどまっている。また、呉市郊外の台地に形成された郊外住宅地域である「昭和」、「郷原」地区の「定住」志向性も低い。このなかで「市外への移動」を志向する者が「郷原」で42.1％、「吉浦・天応」で25.9％もみられ、「昭和」も15.9％の者が「市外への移住」を志向している。これに

表2-4 居住地別にみた定住志向 ***

(%)

	1.定住	2.市内移住	3.市外移住	計(N)
1 中央	75.5	14.8	9.7	100.0(155)
2 宮原警固屋	66.7	25.9	7.4	100.0(54)
3 吉浦天応	66.7	7.4	25.9	100.0(27)
4 昭和	67.2	17.6	15.3	100.0(131)
5 阿賀	80.0	13.3	6.7	100.0(45)
6 広	73.9	11.1	15.0	100.0(153)
7 郷原	52.6	5.3	42.1	100.0(19)
8 仁方	85.7	14.3	0.0	100.0(21)
9 音戸川尻安浦	71.3	15.6	13.1	100.0(122)
全体	71.9	14.9	13.2	100.0(727)

表2-5 性別にみる定住志向 **

(%)

	1.定住	2.市内移住	3.市外移住	計(N)
1. 男性	70.5	12.7	16.9	100.0(332)
2. 女性	73.0	16.1	10.9	100.0(423)
全体	71.9	14.6	13.5	100.0(755)

対して「宮原・警固屋」は「市内移住」を志向する者が25.9％みられ、「昭和」も17.6％が「市内移住」を志向している。他方、旧漁村集落の中に小規模工場や住宅地区が混交している「仁方」の「定住」志向性は85.7％と高い。この一方で、平成の合併編入地区である「音戸・川尻・安浦」の「定住」志向性は全体平均を0.6％下回っている。

さらに、表2-5で男女別の「定住」志向をみると、女性の「定住」志向が高く、移住するにしても「市内移住」を志向している人が多いのに対して、男性は「市外移住」を望む人が多い事がわかる。

これらの結果をふまえて、以下では、「世代」の違いに焦点をあてて「定住」志向の差異に検討を加えていきたい。

2)「世代」別にみる呉市民の生活構造

表2-6は呉市民の特性を「世代別」別にみた総括表である。

「世代」ごとの性比をみると、「20-30」代の男性回答者の比率が他世代に比べ高いことがわかる。

家族類型をみると「夫婦と子ども」世帯が「20-30歳代」で6割超あるの

表2-6 呉市民の「世代」別特性総括表

		1.20-30歳代	2.40-50歳代	3.60-70歳代	全体
回答者人数		149人	254人	309人	712人
①年齢		19.6%	35.4%	45.0%	100.0%
②性別 **	男性	48.7%	43.0%	43.3%	44.3%
	女性	51.3%	57.0%	56.7%	55.7%
③家族類型	一人	9.3%	5.1%	13.4%	9.7%
	夫婦	8.0%	23.9%	48.7%	31.9%
	夫婦と子供	63.3%	48.2%	16.0%	36.7%
	三世代	10.7%	11.8%	8.2%	9.9%
	夫婦と親	1.3%	4.4%	5.2%	4.2%
④誕生地 ***	呉市生まれ	64.0%	58.6%	61.3%	60.9%
	広島県内生まれ	11.3%	20.1%	17.6%	17.2%
	広島県外生まれ	24.7%	21.3%	21.1%	21.9%
⑤呉市居住年 ***	1. 5年未満	14.8%	1.2%	0.6%	3.8%
	2. 10年未満	7.4%	2.0%	0.6%	2.5%
	3.20年未満	13.4%	10.2%	2.6%	7.6%
	4.30年未満	28.9%	8.7%	2.9%	10.4%
	5.50年未満	35.6%	50.0%	23.9%	35.7%
	6.80年未満	0.0%	28.0%	69.3%	40.0%
⑥居住地域居住年 ***	1. 5年未満	28.5%	8.1%	3.1%	10.2%
	2. 10年未満	16.7%	6.5%	2.0%	6.7%
	3.20年未満	25.0%	26.3%	8.1%	18.2%
	4.30年未満	13.9%	21.9%	11.2%	15.6%
	5.50年未満	16.0%	27.9%	45.1%	32.8%
	6.80年未満	0.0%	9.3%	30.5%	16.5%
⑦居住住宅 ***	1.持家	48.3%	74.4%	82.9%	73.1%
	2. 分譲マンション	10.7%	6.8%	3.2%	6.0%
	3. 公営住宅	4.7%	1.1%	4.7%	3.4%
	4. 借家・民間アパート	28.2%	14.3%	9.1%	14.7%
	5. 社宅	8.1%	3.4%	0.0%	2.8%
⑧学歴 ***	1.中学校	2.8%	3.8%	22.4%	11.9%
	2. 高校	33.1%	46.6%	57.7%	48.9%
	3. 専門学校	13.8%	9.8%	3.9%	8.0%
	4. 短大	18.6%	17.0%	6.3%	12.6%
	5. 大学	31.7%	22.7%	9.7%	18.6%
⑨仕事の有無	1. 有職	74.7%	72.5%	30.8%	54.4%
	2. 無職	20.0%	27.5%	69.2%	44.5%
	3. 学生	5.3%	0.0%	0.0%	1.1%
⑩職業 ***	1. 事務職	17.1%	21.2%	15.5%	18.7%
	2. 販売職	9.0%	7.8%	8.2%	8.2%
	3. サービス職	8.1%	7.3%	20.6%	10.7%
	4. 生産職	17.1%	11.9%	11.3%	13.2%
	5. 専門職	16.2%	19.7%	8.2%	16.0%
	6. 技術職	13.5%	5.2%	6.2%	7.7%
	7. 管理職	1.8%	7.3%	8.2%	6.0%
	8. 保安職	8.1%	5.7%	6.2%	6.5%
	9. 農林漁業職	0.9%	1.0%	2.1%	1.2%
	10. その他	8.1%	13.0%	13.4%	11.7%
	回答者人数	111人	193人	97人	401人
⑪就労上の地位 ***	1. 正規職員	72.3%	55.7%	23.5%	52.5%
	2. パート・アルバイト	21.4%	23.4%	38.8%	26.6%
	3. 自営・家族	2.7%	14.6%	31.6%	15.4%
	4. 内職・その他	3.6%	6.4%	6.1%	5.5%
⑫世帯収入 ***	1.200万円未満	4.0%	5.3%	17.5%	10.0%
	2.200-400万円未満	29.0%	17.1%	44.2%	30.6%
	3.400-600万円未満	37.1%	26.3%	23.8%	27.5%
	4.600-800万円未満	17.7%	22.8%	10.8%	16.9%
	5.800-1000万円未満	8.1%	13.2%	1.3%	7.3%
	6.1000万円以上	3.2%	10.1%	2.1%	5.4%
	7. 無収入	0.8%	5.3%	0.4%	2.4%

たいして、「40–50歳代」では、子どもの他出により「夫婦と子ども」世帯が5割弱、「60–70歳代」では2割弱まで減少し、その分「40–50歳代」で「夫婦のみ」世帯が2割強、「60–70歳代」では4割強を占めている。また、さらに「一人暮らし」世帯は「20–30歳代」で1割弱みられるとともに、死別などの要因によって「60–70歳代」では「20–30歳代」を上回る13.4％をが「一人暮らし」世帯となっている。

「誕生地」をみると呉市生まれは各世代とも6割前後の値を占める。呉市以外の誕生地をみると「20–30歳代」は「広島県内」生まれが11.3％、「広島県外」生まれが24.7％、これ以降の世代は「県内」2割、「県外」2割の構成をとっている。呉市での居住年をみると「20–30歳代」には10年未満の居住者が22.2％いるのに対して、「40–50歳代」は3.2％、「60–70歳代」は1.2％にとどまっており、中高年世代の呉市流入率が低いことがわかる。

また、「居住住宅」をみると、「持ち家」「分譲マンション」に住む「20–30歳代」は59％なのに対して、「40–50歳代」以降は8割を超えている。これに対応する形で現住地の居住年をみても、「20–30歳代」は10年未満居住者が45.2％を占めるのにたいして「40–50歳代」は14.6％、「60–70歳代」は5.1％にとどまっており、若年層と比べ中高年世代の居住暦が長いことがわかる。

「学歴」をみると「20–30歳代」は「高卒」33.1％、「大卒」31.7％を占めるのに対して、「40–50歳代」は「高卒」46.6％、「大卒」22.7％という構成をとり、「60–70歳代」では「高卒」57.7％、「中卒」22.4％という構成となっており、世代間の学歴構成が異なっていることがわかる。

「就労」をみると「20–30歳代」、「40–50歳代」の有職者は7割を超えるのにたいして、「60–70歳代」以降は3割にとどまっている。「就労上の地位」は「20–30歳代」の「正規職員」は7割を超え、「パート・アルバイト」が2割を占めるのにたいして、「40–50歳代」は「正規職員」が55.7％に減少し、「自営・家族従業者」が14.6％を占めている。さらに、「60–70歳代」になると「パート・アルバイト」が33.8％、「自営・家族従業者」が31.6％となり、「正規職員」は23.5％にとどまっている。

「職種」をみると「20–30歳代」は「事務職」、「生産職」が17.1％、「専門職」

16.2％、「技術職」13.5％が主要な職種となっている。「40-50歳代」は「事務職」21.1％、「専門職」19.7％、「その他」13.0％、「生産職」11.9％という構成をとり、「60-70歳代」は「サービス業」20.6％、「事務職」15.5％、「その他」13.4％、「生産職」11.3％という構成をとっている。

最後に「世帯収入」をみると「20-30歳代」は「400-600万円未満」37.1％、「200-400万円未満」29.0％、「600-800万円未満」17.7％という構成をとるのにたいして、「40-50歳代」は「400-600万円未満」が26.3％、「600-800万円未満」が22.8％、さらに「800万円以上」が合わせて23.3％みられ、三世代の中で最も高い所得構成をとっている。「60-70歳代」は「200-400万円未満」が44.2％、「400-600万円未満」が23.8％、「200万円未満」が17.5％を占め、三世代の中で最も低い所得構成をとっている。

ここまでみてきたことをまとめると、30年以上呉市に居住する人が8割をこえ、安定的な所得のもと「持家」で家族生活を営む「40-50歳代」、リタイアしたことによって所得は3世代の中で最も低いものの、呉市に30年以上居住し、「持家」に「夫婦」で暮らすことによって比較的安定的な暮らしを営んでいる「60-70歳代」、これに対して居住歴が短く、「夫婦と子ども」世帯が64％を占めるものの、「持家」居住が5割にとどまる「20-30歳代」という、「世代」ごとの生活上の特質をみることができる。

さらに、表2-7で世代別の「生活」評価をみると、「20-30歳代」は現在の仕事に対する満足度が最も低く、3割の人が「生活が苦しい」と感じ、「これからの生活がよくなる」と感じている人は3.7％にとどまり、現在の生活に対する「満足度」が最も低い。「40-50歳代」の「現在の仕事に対する満足度」は「20-30歳代」を約10％上回り、「現在の生活に対する満足度」も高くなっているが、「これからの生活がよくなる」と感じている人の割合は2.5％にとどまっている。これに対して、所得が最も低かった「60-70歳代」の「仕事への満足度」、「生活の将来展望」は相対的に高いものとなっているが、「現在の生活満足度」については「40-50歳代」より低いものとなっており、世代ごとの生活の特質と「生活」評価に一定の関係性を読み取ることができる。

表2-7 世代別にみた「生活」評価（「そう思う」と回答した者のみ）総括表

	q30.3 現在の仕事に満足している**	q30.4 現在の収入では生活していくのが苦しい	q30.5 これから生活はだんだんよくなる**	q30.6 現在の生活に満足している
1.20-30歳代	18.4%	31.2%	3.7%	8.7%
2.40-50歳代	28.9%	30.5%	2.5%	16.3%
3.60-70歳代	31.0%	26.1%	4.6%	14.2%
全体	27.4%	28.7%	3.6%	13.9%

3）「世代」別にみる「地域生活」評価

表2-8は「世代」別に「居住地域生活環境」評価で「そう思わない」と回答した者の割合をみたものである。これをみると「移動の利便性」(48.1％)、「安心して老後を過ごせる」(45.7％)、「買い物の利便性」(36.4％)、「他の地域と比べ魅力的」(36.0％)、「よい病院があって安心」(35.7％)、「スポーツ、趣味を楽しめる環境」(35.3％) といった事項に対する評価が低く現れている。

これを「世代」ごとにみると「40-50歳代」「60-70歳代」は全体順位と概ねかわらないのに対して、「20-30歳代」は「移動の利便性」(59.8％)、「買い物の利便性」(40.9％)、「趣味、スポーツを楽しめる環境」(47.0％)、そして「他の地域と比べ魅力的」(46.2％) に対して4割を超える人が否定的な回答を示しており、他世代と比べて地域「生活環境」評価が低くなっている。

表2-9は「世代」別に「居住地域に対する意識」をみたものである。この全体をみると、「町に帰ってきてホッとする」(75.5％)、「地域に対して愛着を感じる」(63.5％)、「地域のリーダーはよくやっている」(59.5％)、「住み心地はよい」(56.5％)、「地域のために役立ちたい」(50.3％) の5項目に5割を超える人が「そう思う」と回答している。一方で、「生活の場所としてよくなる」(15.7％)、「地域の人はみんな仲間だ」(21.4％)、「暮らし向きに差はない」(28.3％)、「互いに協力する気持ちが強い」(31.1％) といった「まちづくり」の将来性や意欲に関する項目で「そう思う」という回答が低く現れている。また、「世代」間の差をみても、「20-30歳代」の「地域に対する愛着」や「まちづくりに対する意欲」は「60-70歳代」、「40-50歳代」と比べると有意に低くなっている。

表2-10は「世代」別に「居住地域に整備を求める」事柄を尋ねた結果であ

表2-8 世代別にみた居住地域の生活評価(「そう思わない」と回答した者のみ)総括表

	q9.1買い物に便利	q9.2事件事故が少なく安全***	q9.3どこに出かけるにも便利***	q9.4日射しや緑に恵まれている	q9.5住宅が立て込んでいる***	q9.6教育環境がよい**	q9.7よい病院があって安心***	q9.8安心して老後を過ごせる	q9.9趣味スポーツを楽しめる**	q9.10他の地域と比べ魅力的**
1.20-30歳代	40.9%	31.1%	59.8%	19.7%	38.6%	34.8%	36.4%	38.6%	47.0%	46.2%
2.40-50歳代	34.6%	17.7%	48.5%	13.0%	46.8%	26.8%	40.3%	45.5%	33.3%	31.2%
3.60-70歳代	35.8%	14.9%	42.2%	12.4%	57.8%	23.8%	31.6%	49.3%	31.6%	35.1%
全体	36.4%	19.2%	48.1%	14.1%	49.9%	27.1%	35.7%	45.7%	35.3%	36.0%

表2-9 世代別にみる居住地域に対する意識(「そう思う」と回答した者のみ)総括表

	q11.1町に帰ってきたとホットとする***	q11.2暮らし向きに差はない	q11.3互いに協力する気持ちが強い	q11.4地域リーダーは地域のためによくやっている	q11.5地域の人はみんな仲間だ***	q11.6生活の場所としてだんだんよくなる**	q11.7地域のために役立ちたい***	q11.8住み心地はよい	q11.9地域に愛着を感じる**
1.20-30歳代	68.2%	24.2%	29.5%	51.5%	10.6%	24.2%	34.1%	56.1%	60.6%
2.40-50歳代	75.2%	27.7%	30.2%	59.5%	17.8%	14.0%	50.4%	55.0%	62.0%
3.60-70歳代	78.9%	30.5%	32.5%	63.0%	28.9%	13.3%	57.1%	57.8%	65.9%
全体	75.5%	28.3%	31.1%	59.5%	21.4%	15.7%	50.3%	56.5%	63.5%

表2-10 世代別にみた「地域整備」要求総括表

	q21.1子育て環境整備***	q21.2教育環境整備	q21.3公園・緑地整備	q21.4道路整備	q21.5公共交通機関整備	q21.6商店・商業施設整備***	q21.7防災施設整備**	q21.8福祉施設サービス整備***	q21.9医療施設整備	q21.10犯罪防止対策整備	q21.11働く場の確保**
1.20-30歳代	56.1%	33.1%	25.0%	41.2%	39.9%	37.8%	18.2%	34.5%	48.0%	27.7%	49.3%
2.40-50歳代	37.3%	29.2%	16.2%	38.7%	41.0%	25.8%	27.3%	47.6%	48.7%	34.7%	48.0%
3.60-70歳代	34.2%	25.5%	20.1%	35.1%	35.4%	22.5%	31.2%	54.7%	47.1%	28.5%	38.7%
全体	39.6%	28.3%	19.7%	37.6%	38.3%	26.7%	27.3%	48.1%	47.9%	30.6%	44.1%

る。全体をみると「福祉施設サービス」(48.1%)、「医療施設整備」(47.0%)、「働く場の確保」(44.1%)、「子育て環境の整備」(39.6%)、「移動環境の整備」(「道路整備」、「公共交通機関整備」)に高い整備要求があることがわかる。「世代」別では「定住」志向性が高い「60-70歳代」「40-50歳代」では「福祉施設サービス」、「医療施設整備」、「移動環境の整備」といった老後の生活に向けた生活環境整備要求が高く現れている。これに対して「20-30歳代」は「子育て環境の整備」、「働く場の確保」や「商店・商業施設の整備」といった現在の生活条件の改善を求める要求が他世代と比べ高くなっている。

4)居住地域別にみた「生活」環境評価と「定住」志向

表2-11は居住地域別の「世代」構成をみたものである。表2-4でみたよう

表2-11 地域別にみた「世代」構成
(%)

		1.20-30歳代	2.40-50歳代	3.60-70歳代	計 (n)
1	中央	21.3	29.0	49.7	100 (155)
2	宮原警固屋	12.3	36.8	50.9	100 (57)
3	吉浦天応	22.2	37.0	40.7	100 (27)
4	昭和	15.2	37.9	47.0	100 (132)
5	阿賀	22.2	33.3	44.4	100 (45)
6	広	23.4	39.9	36.7	100 (158)
7	郷原	35.0	30.0	35.0	100 (20)
8	仁方	10.0	35.0	55.0	100 (20)
9	音戸川尻安浦	18.4	34.4	47.2	100 (125)
	全体	19.6	35.2	45.2	100 (739)

に「居住地」と「定住」志向の間には有意な差がみられた。しかし、「居住地」と「世代」構成の間には有意な差はみられず、「世代」構成の差がそのまま地域ごとの「定住」志向の差として現れたものではないといえる。たとえば、「宮原・警固屋」地区や「昭和」地区は高齢世代率が高いにかかわらず「定住」志向率は6割台にとどまっているし、これとは逆に若い世代が相対的に多い阿賀や広地区の「定住」志向率は全体平均を上回っており、2-2)でみた各地域の地域特性が「定住」志向率に影響を与えている。

表2-12は居住地域別の「地域生活環境評価」(「そう思わない」)をみたものである。これをみると、最も評価の低かったのは「出かける利便性」で「郷原」、「音戸・川尻・安浦」、「昭和」、「吉浦・天応」の5割の住民が否定的にとらえているのに対して、「中央」から「仁方」にいたるJR呉線沿線の評価は相対的に高いものとなっている。また、「よい病院があって安心」という質問についてJR呉線沿線の評価は高いのに対して、「郷原」「音戸・川尻・安浦」「昭和」の5割を超える住民が「そう思わない」と答えており、地理的な条件の差が、「生活環境評価」に影響を与えていることがわかる。さらに「買い物の便利」差についても「郷原」、「音戸・川尻・安浦」、「宮原・警固屋」と「仁方」、「中央」、「広」との格差は大きくなっており、このような中心地域と周辺地域の地域格差が「定住」志向性に影響を与えていると考えられる。

さらに、表2-13地域別に「生活環境改善」要求事項をみると、「福祉施設サービス」の充実のようにほとんど全ての地域で整備を求める項目と、「医療施設整備」や「公共交通機関整備」「道路整備」については「郷原」、「音戸・川

表2-12 地域別にみた「地域生活環境評価」(「そう思わない」と回答した者のみ) 総括表

	q9.1 買い物に便利***	q9.2 事件事故が少なく安全***	q9.3 どこに出かけるにも便利***	q9.4 日射しや緑に恵まれている***	q9.5 住宅が立て込んでいる***	q9.6 教育環境がよい***	q9.7 よい病院があって安心***	q9.8 安心して老後を過ごせる	q9.9 趣味スポーツを楽しめる**	q9.10 他の地域と比べ魅力的***
1 中央	17.8%	17.8%	27.7%	14.1%	26.0%	23.7%	11.0%	35.7%	25.8%	24.5%
2 宮原警固屋	42.9%	10.7%	32.1%	12.7%	33.9%	24.1%	14.3%	37.5%	28.6%	32.7%
3 吉浦天応	25.9%	22.2%	42.3%	11.5%	37.0%	11.5%	38.5%	50.0%	42.3%	42.3%
4 昭和	25.0%	12.9%	48.1%	9.2%	49.6%	27.3%	48.5%	40.8%	26.5%	25.8%
5 阿賀	22.7%	33.3%	26.7%	11.1%	31.1%	20.5%	26.7%	35.6%	40.0%	44.4%
6 広	19.9%	16.7%	32.7%	18.7%	35.5%	13.0%	14.2%	36.5%	24.4%	25.0%
7 郷原	80.0%	15.0%	75.0%	5.0%	90.0%	30.0%	65.0%	45.0%	60.0%	50.0%
8 仁方	14.3%	14.3%	23.8%	0.0%	52.4%	20.0%	19.0%	42.9%	35.0%	35.0%
9 音戸川尻安浦	59.1%	14.3%	61.4%	7.9%	65.6%	30.2%	52.8%	40.9%	33.3%	37.3%
全体	30.7%	16.5%	40.2%	12.1%	42.8%	22.7%	29.4%	38.7%	29.8%	30.5%

表2-13 地域別にみた「地域整備」要求総括表

	q21.1 子育て環境整備	q21.2 教育環境整備	q21.3 公園・緑地整備	q21.4 道路整備*	q21.5 公共交通機関整備***	q21.6 商店・商業施設整備***	q21.7 防災施設整備	q21.8 福祉施設サービス整備	q21.9 医療施設整備***	q21.10 犯罪防止対策整備	q21.11 働く場の確保*
1 中央	43.7%	35.1%	23.2%	28.5%	23.8%	35.8%	29.1%	45.7%	35.8%	32.5%	37.7%
2 宮原警固屋	50.0%	39.3%	16.1%	37.5%	26.8%	37.5%	23.2%	37.5%	32.1%	23.2%	53.6%
3 吉浦天応	37.0%	25.9%	18.5%	33.3%	40.7%	18.5%	40.7%	44.4%	40.7%	37.0%	22.2%
4 昭和	38.6%	25.2%	13.4%	46.5%	46.5%	15.7%	22.0%	45.7%	57.5%	29.9%	43.3%
5 阿賀	37.8%	24.4%	26.7%	42.2%	24.4%	22.2%	28.9%	33.3%	35.6%	28.9%	46.7%
6 広	42.7%	27.4%	22.9%	33.8%	35.0%	28.0%	29.9%	55.4%	50.3%	34.4%	45.2%
7 郷原	26.3%	10.5%	5.3%	47.4%	47.4%	26.3%	15.8%	42.1%	52.6%	15.8%	57.9%
8 仁方	35.0%	30.0%	15.0%	30.0%	10.0%	35.0%	10.0%	60.0%	65.0%	15.0%	60.0%
9 音戸川尻安浦	34.4%	25.6%	19.2%	44.0%	57.6%	27.2%	23.2%	52.0%	56.8%	32.8%	44.8%
全体	40.1%	28.6%	19.5%	37.6%	37.9%	26.8%	26.8%	47.7%	47.4%	30.8%	43.8%

尻・安浦」、「昭和」、「吉浦・天応」といった周辺地域とJR呉線の周辺地域との間に有意な差がみられる。また、「働く場の確保」については「仁方」「郷原」「宮原・警固屋」地区の5割を超える住民が整備を求め、「商店・商業施設整備」は「宮原・警固屋」、「中央」地区、「子育て環境整備」については「宮原・警固屋」、「中央」、「広」地区で整備要求が高く現れている。

4. おわりに

ここまで「世代」ごと、「居住地域」ごとの住民の「定住」志向についてみて

表2-14 誕生地別、世代別にみた定住志向
(%)

		1. 定住	2. 市内移住	3. 市外移住	計 (n)
呉市内生まれ ***	1.20-30歳代	60.4	16.7	22.9	100.0 (96)
	2.40-50歳代	75.0	14.5	10.5	100.0 (152)
	3.60-70歳代	82.3	12.8	4.9	100.0 (203)
	合計	75.2	14.2	10.6	100.0 (451)
広島県内生まれ	1.20-30歳代	52.9	17.6	29.4	100.0 (17)
	2.40-50歳代	64.8	18.5	16.7	100.0 (54)
	3.60-70歳代	78.2	16.4	5.5	100.0 (55)
	合計	69.0	17.5	13.5	100.0 (126)
広島県外生まれ **	1.20-30歳代	43.2	18.9	37.8	100.0 (37)
	2.40-50歳代	64.8	9.3	25.9	100.0 (54)
	3.60-70歳代	74.3	14.3	11.4	100.0 (70)
	合計	64.0	13.7	22.4	100.0 (161)
総計 ***	1.20-30歳代	55.3	17.3	27.3	100.0 (150)
	2.40-50歳代	70.8	14.2	15.0	100.0 (260)
	3.60-70歳代	79.9	13.7	6.4	100.0 (328)
	合計	71.7	14.6	13.7	100.0 (738)

きた。

　ここで明らかになったのは、若い世代の「現在の仕事の満足度」の低さ、現在の生活に対する低い「生活満足」と、悲観的な将来展望のなかでの「若い世代」の「定住」志向性の弱さである。表2-14は誕生地別世代別に「定住」志向をみたものであるが、呉市生まれの「20-30歳代」の22.9％が「市外移住」を望むという結果は、相当深刻な問題であり就労環境の整備が急がれるといえる。さらに、学齢期の子どもをもつことで、この「世代」は「子育て環境」「教育環境」の整備も求めていることにも注意を払う必要がある。

　「定住」志向性が強い「60-70歳代」については、低い収入と、「夫婦」のみ世帯の「一人暮らし」化がすすみ生活の不安定化の兆しがみえる。また、「40-50歳代」についても、その家族類型をみると、「夫婦と子ども」世帯から「夫婦のみ」世帯への移行がすすみ、年数をへることで「一人暮らし」化がすすむことが予測され、これら「世代」の生活に対応するため、「福祉施設、サービス整備」や「医療施設」の整備をすすめ、高齢者が安心、安全な生活を実感できるまちづくりが求められている。

　さらに、「居住地」間の「定住」志向をみると、JR呉線の呉駅から広駅を結ぶ「定住」志向の高い地域（「中心部」）と「定住」志向の低い地域（「周辺部」）の

地域間格差は大きく、この格差をどう解消していくかが住民の「定住」志向を高めるためには必要な事柄といえる。「周辺」地域は、戦前の人口集中期に市「中心部」の傾斜地に開発された地域、高度経済成長期に郊外に住宅団地として開発された地域、平成の合併によって呉市に編入された地域があり、その地域課題は各々異なっている。近年、呉市は市民協働による地域づくり活動を強化しているが、これら地域のかかえる課題は市民レベルの活動で解決できる課題ではなく、「生活の場所としてだんだんよくなる」という希望がもてる地域を形成するための行政による積極的な関与が求められている。

注
1）これらの市民意識調査については、呉市『平成26年度呉市民意識調査』、東広島市『平成26年度東広島市民満足度調査報告書』、広島市『平成26年度広島市民調査結果報告書』を参照のこと。
2）この調査については1章の注1）を参照のこと。なお、この調査ではサンプリングの関係で呉市が吸収合併した旧倉橋町、旧下蒲刈町、旧蒲刈町、旧豊浜町、旧豊町の回答者数が少なく、本章における分析においてはこれら住民の回答結果は除いている。なお、呉市島嶼部地域における住民生活と地域づくりの課題については第6章を参照のこと。

3章
呉市の産業特性と女性の労働
――ホームヘルパーとして働く女性に焦点をあてて――

佐藤洋子

1　はじめに

　近年、女性の働き方が地域によって異なる点に注目が置かれるようになってきた。例えば『平成27年版男女共同参画白書』では、地方の政治・行政・経済分野での女性の活躍状況や就業・労働時間などについて、都道府県別の状況が明らかにされている (内閣府男女共同参画局 2015)。また以前から、子育て期の女性の就労に焦点をあて、都道府県ごとのM字カーブの谷の深さや有業率を比較した分析は複数なされてきた (厚生労働省雇用均等・児童家庭局 2005、全国知事会 2012、男女共同参画会議基本問題・影響調査専門委員会 2014)。だがそうした地域差の要因として挙げられるのは、主として同居親族の有無や保育所など地域の保育資源が中心であり (滋野・大日 1999、平田 2007)、その地域の産業や雇用の動向に着目した研究はほとんどなされていない[1]。序章では産業構造に着目して広島県内の自治体を分類し、呉市を資本集約型の製造業が展開する「工業地域」と定義した。この地域特性は呉市女性の働き方にどのような影響をもたらすのだろうか。本章では既存の統計データと呉市で実施した調査データの分析によって、この点を明らかにしたい。

　結論を先取りすることになるが、上の問いに対して、呉市では重厚長大型の製造業が中心であるために女性の就労の場が限定され、医療・福祉分野の専門職として働く女性が多いという特徴がある。看護師やホームヘルパーといった女性の多い医療福祉専門職は、専門的技能・知識が比較的短期間で獲得でき、仕事の自立性が低い「準専門職」と位置づけられ、専門職の中でも

結婚や出産を経ても働き続ける傾向が強いと言われている(松信 2000、中井 1998)。医療福祉専門職として働く呉市の女性たちは、子育てと就労をどのように調整しているのだろうか。それらの職業は女性が働きやすい職業と言えるのだろうか。本章後半では、ホームヘルパーを対象に行った調査データの分析からそれらの問いについて考えたい。

使用するデータは、広島大学呉コミュニティ調査チームが実施した一連の女性調査のうち、2007年に実施した「呉市に住む女性の生活・意識調査」(以下「女性調査」)、2008年に実施した「呉市で働く専門職女性の生活・意識調査」のうちホームヘルパーを対象にした調査(以下「ヘルパー調査」)の2つである[2]。

2. 呉市女性の就業構造

すでに序章で述べたように、呉市は資本集約型の製造業が展開している「工業地域」に位置づけられる。西村雄郎はこの呉市の産業について、「立地する大手重化学工業資本が設備投資による労働生産性の向上を図ったことで、雇用の増加をともなわない生産の拡大が生じた」点と「呉市の卸売業は流通機構の合理化・再編のなかでその機能を大きく低下させている」点を特徴として挙げている(西村 2012: 470-471)。

こうした呉市の産業特性は、呉市女性の就業構造にも大きな影響をもたらしている。2010年国勢調査から呉市の女性労働力率をみると、未婚者60.1%、有配偶者47.6%と、どちらも広島市(未婚66.7%、有配偶50.8%)や福山市(未婚64.2%、有配偶53.8%)、広島県平均(未婚63.7%、有配偶51.7%)と比較して低い。

また表3-1から呉市の産業別就業者の割合を男女別にみると、呉市男性の製造業就業者比率は27.5%と広島県平均や広島市に比べて高く福山市と同程度であるのに対して、呉市女性の製造業就業者の割合は12.5%と、同じく資本集約型の製造業が展開している福山市女性の16.0%と比べて低く、広島県平均の11.3%と比べても決して高い値ではない。代わって医療・福

表3-1 産業別就業者割合

	男性				女性			
	呉市	広島県	広島市	福山市	呉市	広島県	広島市	福山市
建設業	9.2%	11.3%	12.3%	11.7%	2.8%	3.0%	3.3%	3.0%
製造業	27.5%	22.4%	15.6%	28.1%	12.5%	11.3%	7.7%	16.0%
運輸業，郵便業	7.6%	8.1%	8.5%	8.4%	2.1%	2.3%	2.3%	2.2%
卸売業，小売業	10.7%	14.9%	17.6%	15.1%	19.7%	20.5%	22.3%	20.0%
宿泊業，飲食サービス業	2.3%	3.3%	3.9%	2.9%	7.6%	7.9%	8.5%	7.4%
生活関連サービス業，娯楽業	2.0%	2.4%	2.6%	2.4%	4.9%	4.9%	5.1%	5.2%
教育，学習支援業	3.0%	3.4%	3.5%	2.8%	5.8%	6.2%	6.6%	5.5%
医療，福祉	4.5%	4.4%	4.5%	4.2%	22.9%	20.7%	19.6%	20.1%
サービス業	5.5%	6.1%	6.6%	5.7%	4.1%	4.5%	5.3%	3.8%
公務	13.7%	5.1%	4.6%	2.8%	3.2%	2.2%	2.1%	1.6%
分類不能の産業	3.7%	4.6%	4.7%	6.0%	4.5%	5.1%	5.3%	6.8%

出典：2010年国勢調査　就業者割合が5%以上の産業を抜粋した。

祉従事者の割合が他市に比べて高いことが呉市女性の特徴と言える。呉市で女性就業者が多いのは医療・福祉（22.9%）、卸売小売業（19.7%）の順だが、卸売小売業従事者の割合は2005年の22.7%から3.0%減少している。2006年事業所・企業統計と2012年経済センサスから呉市の卸売小売業従事者数をみると、女性は11,128人から9,329人へと16.2%減少しており、男性の5.5%減（9,053人→8,556人）に比べて減少幅が大きく、卸売小売業縮小の影響が女性により大きく及んでいることを確認できる。職業別就業者の割合をみても同様に、呉市男性の生産工程・労務作業者の割合（24.9%）に比べて女性のそれは9.8%と高くなく、事務職（24.7%）やサービス職（18.8%）、専門職（17.5%）の比率が高くなっている。

　すなわち、呉市が資本集約型の重化学工業を中心とした都市であること、さらに近年の合理化によって卸売小売業でも労働需要を減少させていることが、呉市女性の労働力率を低く推移させるとともに、女性が働く場が医療・福祉専門職に限定される状況を生み出していると言えよう。

　なおこの傾向は呉市だけでなく序章3節で示した「工業地域」の特徴と言える。表3-2のとおり、製造業のさかんな「地場産業地域」と「工業・準都市サービス地域」では女性の製造業従事者比率が高いものの「工業地域」では高くなく、医療・福祉の比率が高い。

表3-2 各クラスターの産業別就業者割合と女性労働力率 (%)

	中核的都市サービス地域	工業・準都市サービス地域	工業地域	地場産業地域	農業地域	農業・公務地域
農業，林業	0.8%	2.2%	4.3%	2.6%	18.9%	8.6%
製造業	8.1%	16.0%	12.2%	21.4%	12.3%	7.8%
卸売業，小売業	22.3%	19.4%	19.3%	17.6%	14.2%	17.5%
宿泊業，飲食サービス業	8.5%	7.5%	7.7%	5.8%	5.9%	7.5%
生活関連サービス業，娯楽業	5.1%	5.0%	4.5%	5.4%	5.0%	3.5%
教育，学習支援業	6.6%	6.1%	5.6%	4.3%	5.0%	5.3%
医療，福祉	19.8%	19.9%	22.9%	21.9%	23.4%	25.1%
サービス業	5.2%	3.9%	4.1%	3.5%	3.0%	3.8%
分類不能の産業	5.0%	6.0%	4.9%	7.4%	1.8%	0.9%
労働力率（配偶関係計）	51.5%	46.2%	51.5%	51.1%	47.6%	39.4%
労働力率（未婚）	66.4%	60.0%	62.1%	61.5%	55.5%	55.3%
労働力率（有配偶）	50.7%	50.0%	53.8%	57.4%	58.4%	45.8%

出典：2010年国勢調査

3. 呉市既婚女性の労働生活

3.1 配偶関係別にみる働き方の違い

　前節で確認した呉市女性の働き方の特徴は、独身者、既婚者、離別者のうち、特にどの層の女性に顕著に表れているだろうか。女性調査データのうち20〜59歳の回答の分析を通してその点を明らかにしていこう[3]。

　まずそれぞれの属性を確認しておきたい。平均年齢は独身者31.2歳、既婚者46.6歳、離別者46.3歳である。既婚者と離別者は概ね同じような年齢分布を示し、50代が4割台と最も多い。独身者は20代が約5割である。最終学歴では、既婚者と離別者ではともに「中学・高校卒」が最も多いが、離別者にやや「中学・高校卒」が多く（既婚42.4％、離別56.0％）、既婚者では「短大卒」がやや多い（既婚26.5％、離別8.0％）。独身者では「大学・大学院卒」が36.0％と高く、「短大卒」23.3％、「中学・高校卒」22.1％と続く。出身地はどの層も「呉市生まれ呉市育ち」が最も多く、他地域での居住経験がある者も含めれば、呉市生まれの女性は既婚者で58.7％、離別者で70.3％、独身者で84.9％に上る。平均居住年数も既婚者で34.5年、離別者37.5年、独

表3-3　配偶関係別就業形態 ***

(%)

	正規従業員	派遣・パート	自営・家族従業者	計 (N)
既婚	37.7	48.3	14.0	100.0 (207)
離別	58.3	37.5	4.2	100.0 (24)
独身	71.4	25.4	3.2	100.0 (63)
計	46.6	42.5	10.9	100.0 (294)

表3-4　配偶関係別就労地域 ***

(%)

	自宅・呉市内	呉市外	計 (N)
既婚	91.5	8.5	100.0 (213)
離別	80.0	20.0	100.0 (25)
独身	68.7	31.3	100.0 (67)
計	85.6	14.4	100.0 (305)

表3-5　配偶関係別通勤時間 ***

(%)

	15分以内	15〜30分	30〜45分	45分以上	計 (N)
既婚	55.0	30.1	10.0	4.8	100.0 (209)
離別	36.0	36.0	16.0	12.0	100.0 (25)
独身	30.3	31.8	9.1	28.8	100.0 (66)
計	48.0	31.0	10.3	10.7	100.0 (300)

身者27.1年とかなり長く、女性調査の回答者は各層とも、呉市で生まれ長く呉市に暮らしている女性たちと言える。

　就労状況は各層で大きく異なる。有職者の割合をみると、離別者92.6%、独身者87.0%に対し、既婚者は64.3%にとどまる。有職者に限定してその働き方を比較するとさらに違いが明確になる。まず就業形態では独身者の71.4%が正規従業員であるのに対し、離別者の正規従業員比率は58.3%、既婚者は37.7%にとどまる。代わりに既婚者と離別者では「派遣・パート」が多い（表3-3）。

　また既婚者の91.5%が「自宅・呉市内」で働き、55.0%が通勤時間「15分以内」であるのに対し、離別者の2割、独身者の3割は「呉市外」で働き、通勤時間が30分以上の比率が離別者で28.0%、独身者で37.9%と高い（表3-4、表3-5）。独身者や離別者に比べ、既婚者はより限られた範囲で就労する傾向にあると言えるだろう。

　週当たりの平均労働時間は、既婚者34.7時間、離別者39.4時間、独身者44.3時間である。既婚者の場合、週35時間未満で働く人が44.1%と短

時間の勤務が多い。離別者と独身者では週35～42時間が最も多く（離別者48.0％、独身者31.3％）、独身者では週60時間以上の割合が11.9％と他に比べて高い。

このように就業範囲が限られ労働時間の短い既婚女性の働き方は、彼女たち自身が望んだものでもある。現在の職を選んだ際に最も重視した理由をみると、離別者や独身者では「仕事内容に興味があった」が最多であるのに対し（離別者26.7％、独身者23.4％）、既婚者では「労働時間・休日」(23.4％)、「通勤距離」(14.6％) が多い。

本人年収では、既婚者の年収は「103万円未満」(36.5%) が多く、「130万円未満」(12.3%) を合わせると半数近くが配偶者の扶養家族となる範囲で働いている。離別者は既婚者に比べれば年収が高く「130～200万円」(33.3%) が最多、独身者は「200～400万円」が最も多い。世帯年収では、既婚者は「400～600万円」(29.5%) が最多で「600～800万円未満」(19.9%)や「800～1000万円未満」(15.8%) も多く、比較的収入の高い世帯が多い。対して離別者は「200～400万円」(40.0%)、「200万円未満」(28.0%) と収入が低い世帯が多く、厳しい経済状況にあることがうかがえる。

以上でみてきたように、配偶関係によって呉市女性の働き方は大きく異なっている。独身者は正規従業員として働く人が比較的多く、呉市外へ通勤する人も多い。離別者は、独身者ほどではないものの正規従業員として働き、労働時間も長い。だが本人年収も世帯年収も低く、経済的な面では最も不利な位置にある層と考えられる。一方、既婚者は、派遣・パートの割合が高く、労働時間や休日を重視して仕事を選び、年収を130万円未満に抑える女性が多い。就労の場が限られた呉市では、独身者や離別者は、自発的にせよやむなくにせよ、広島市など他地域に就労の場を求めることがある。だが多くの既婚女性は家庭生活との調整を行いながら労働生活を送っていることから、呉市内で就労することがほとんどであり、その際に年収の少ないパートとして働く選択をする者が多い。呉市の産業構造の影響を最も大きく受けるのは、就労の場を居住地近くに限定する既婚女性であると言えるだろう。

3.2 職業別にみる既婚女性の働き方

本項では、呉市で暮らす既婚有業女性の働き方について、雇用形態・職業別にその特徴を示したい。その際、正規雇用者を事務／生産／専門の3つのカテゴリーに、パートを事務／販売／サービス／生産／専門の5つのカテゴリーに分けて分析を行う。

まず各カテゴリーの学歴分布をみておこう（表3-6）。中学・高校卒の場合、3つの正規職の割合は26.5％と、他の学歴で5割を超えているのに対して明らかに低い。職業では、専門学校卒は正規・パートを問わず専門職、短大卒は事務職、大学・大学院卒は専門職と事務職が多いことが指摘できる。

続いて各雇用形態・職業の女性がどのような働き方をしているのかみてみよう。まず初職を継続しているか否か、結婚出産退職の経験があるかどうかをみると、パートではいずれの職種でも初職を継続している人はごく少なく、結婚・出産での退職経験は9割に上る。正規の場合、生産職はパートと同様、初職を継続しておらず、結婚・出産退職経験の割合も高い。それに対し専門職と事務職では、初職を継続している人の割合が高く、結婚・出産退職経験がある人の割合も半数程度にとどまる（表3-7、表3-8）。

現在の仕事を選んだ理由では、正規の場合、職種によって選択理由が大きく異なる。事務職では「家族・知人の紹介」（44.8％）、「通勤距離」・「安定」（ともに41.4％）が、専門職では「資格を生かせる」（77.4％）、「仕事内容」（48.4％）、「技術や能力を生かせる」・「一生続けられる」（ともに45.2％）が、生産職では「通勤距離」（87.5％）、「労働時間・休日」（62.5％）が多い。一方パートの場合は、専門職で「資格を生かせる」（70.6％）が高いほかは「労働時間・休日」と「通勤距離」を理由とする者が多い[4]。

表3-6 既婚者・学歴別・雇用形態職業カテゴリー＊＊＊

(%)

	正規事務	正規生産	正規専門	パート事務	パート販売	パートサービス	パート生産	パート専門	計 (N)
中学・高校卒	17.6	7.4	1.5	19.1	16.2	19.1	14.7	4.4	100.0 (68)
専門学校卒	7.5	2.5	40.0	5.0	12.5	12.5	2.5	17.5	100.0 (40)
短大卒	35.3	0.0	14.7	20.6	2.9	2.9	8.8	14.7	100.0 (34)
大学・大学院卒	11.1	0.0	44.4	27.8	5.6	0.0	0.0	11.1	100.0 (18)
計	18.1	3.8	18.8	16.9	11.3	11.9	8.8	10.6	100.0(160)

表3-7 既婚者・雇用形態職業別初職継続の有無 *** (%)

	継続	退職	計 (N)
正規事務	46.4	53.6	100.0(28)
正規生産	0.0	100.0	100.0(7)
正規専門	76.7	23.3	100.0(30)
パート事務	10.7	89.3	100.0(28)
パート販売	0.0	100.0	100.0(17)
パートサービス	5.6	94.4	100.0(18)
パート生産	0.0	100.0	100.0(14)
パート専門	26.7	73.3	100.0(15)
計	28.0	72.0	100.0(157)

表3-8 既婚者・雇用形態職業別・結婚出産退職経験 *** (%)

	ある	ない	計 (N)
正規事務	55.2	44.8	100.0(29)
正規生産	87.5	12.5	100.0(8)
正規専門	45.2	54.8	100.0(31)
パート事務	88.9	11.1	100.0(27)
パート販売	94.4	5.6	100.0(18)
パートサービス	88.9	11.1	100.0(18)
パート生産	92.9	7.1	100.0(14)
パート専門	94.1	5.9	100.0(17)
計	75.9	24.1	100.0(162)

　週当たりの平均労働時間は、正規の場合、事務職41.1時間、生産職42.4時間、専門職48.5時間である。専門職では週60時間以上働く人が13.3％と、やや長時間労働の傾向がある。パートではいずれの職種でも多くが35時間未満で働いている。

　職場環境に関する質問（複数回答）の回答からは、正規の事務職と生産職で有休が取りやすい一方、昇進や昇格で女性が不利だと感じていること、正規専門職では、育児休業の取りやすさや企業内保育所の整備は比較的整っているものの、残業が多いと感じていることがわかる（表3-9）。

　本人年収は、正規の場合、事務職と生産職では「200-400万円」（事務職51.7％、生産職75.0％）、専門職では「400-600万円」(38.7％) が最も多い。パートの場合は職種による差はみられず、多くが「103万円未満」、「130万円未満」といった配偶者の扶養家族となる範囲内で働いている。

表3-9 既婚者・雇用形態職業別・職場環境 (複数回答)　　　　　　　　　　　　(%)

	有休とりやすい	育休とれる	企業内保育所あり	残業多い	男女で仕事内容異なる	昇進昇格で女性不利	セクハラあり	目標女性いる	N
正規事務	61.5	57.7	3.8	15.4	23.1	42.3	0.0	15.4	26
正規生産	62.5	25.0	0.0	12.5	0.0	37.5	0.0	12.5	8
正規専門	29.6	70.4	22.2	48.1	0.0	3.7	3.7	22.2	27
パート事務	62.5	25.0	6.3	18.8	12.5	6.3	6.3	31.3	16
パート販売	61.5	7.7	0.0	0.0	0.0	0.0	0.0	38.5	13
パートサービス	0.0	0.0	0.0	14.3	0.0	0.0	0.0	85.7	7
パート生産	60.0	0.0	0.0	0.0	10.0	30.0	10.0	30.0	10
パート専門	70.0	0.0	0.0	10.0	0.0	0.0	0.0	20.0	10
計	51.3	35.0	6.8	19.7	7.7	16.2	2.6	27.4	117

　以上で述べてきたことをまとめよう。正規の場合、事務職と生産職では共通する部分が多い。その特徴として、フルタイムで働き年収が200〜400万円程度であること、有休を取得しやすいが昇進や昇格などで女性が不利である職場環境にあることを挙げることができる。正規専門職では、初職を継続しており、職業選択にあたって「資格を生かせる」、「仕事内容に興味」など、仕事に着目して仕事を選んでいること、また労働時間が他職に比べて長いが、その分年収も400万円から600万円と他の正規やパートに比べて高いことが特徴と言える。特に収入面では、呉市既婚有業女性の中で最も安定的な層とみることができよう。それに対しパートの場合は、いずれの職業でも初職を継続する人は少なく、結婚出産退職の経験がある女性が多い。労働時間・休日や通勤時間を重視して仕事を選び、配偶者の扶養家族となる範囲内で短時間の勤務をしている。

　このようにみてくると、呉市に多くみられる医療福祉専門職とは、労働時間はたしかに長いものの、種々の労働条件がよく、年収も高く、比較的安定的な仕事と言えそうである。はたして、医療福祉専門職は、呉市で女性が働きやすい職業と言えるのだろうか。女性たちは実際に働く中で、どのような問題に直面しているのだろうか。次節以降では、ヘルパー調査の結果を通して、その点について考えていく[5]。

4. 呉市で働くヘルパー女性の労働生活

4.1 呉市でホームヘルパーとして働く女性たちの横顔

　国勢調査によれば、呉市の2010年の高齢化率は29.3%と、合併後すぐの2005年の値（25.7%）に比べ3.6ポイントもの上昇がみられる。それに伴い、介護が必要な要介護認定者数（要支援を含む）は2005年の11,552人から、2012年の12,647人と9.5%増加している。では介護の担い手となっている人々はどのような生活をしているのだろうか。

　ヘルパー調査の回答者の平均年齢は50.0歳である。年代別には50代（35.1%）、40代（25.3%）、60代（18.4%）で約8割を占める。平均居住年数は34.0年と長く、呉市に長く暮らしている女性たちがヘルパーとして働いている。学歴では高卒が56.3%と学歴がやや低い層が多い。有配偶者が80.2%、末子年齢は19歳以上が半数を超えていることから、回答者の多くは、子育てがほぼ終了した既婚者であると言える。世帯年収は「400〜600万円」が27.8%と最も多いが、「200〜400万円」（24.7%）も次いで多く、女性調査の既婚回答者に比べ世帯年収は低めに分布している。

　彼女たちは初めからヘルパーを目指していたのではない。学校卒業後最初の職としてヘルパーとして働いたのは8人（3.3%）にすぎず、多くは他の職種で働いた経験を持ち、うち66.0%が「結婚・出産のため」にその仕事をやめている。ヘルパーを選択した時期は「子育て後」(50.4%)が最も多く、ヘルパーを選択した理由は「いつか自分の家庭生活の役に立つと思ったから」(49.4%)、「技術を身につけたり能力を生かしたりすることができるから」(47.0%)が多い。

　続いてヘルパーの労働実態に目を向けてみよう。雇用形態では、正規職員は12.9%にすぎず、登録ヘルパー50.6%、パートヘルパー24.0%、常勤ヘルパー12.4%と非正規職員が大半である。週当たりの労働時間は20時間未満が多く47.2%で、週35時間以上働く人は30.4%にとどまる。通勤時間は「15分〜30分未満」が46.5%、「15分未満」が27.6%とごく短い。ただし通勤手段は「自分で運転する車」(64.5%)が多いため、移動範囲はかなり広

いと思われる[6]。中心業務は「身体介護と生活援助を両方とも同じくらい」50.0%、「生活援助中心」33.0%、「身体介護中心」12.2%で、担当利用者数の平均は11.2人である。本人年収は「103万円未満」が49.6%、「103～130万円未満」が16.5%と配偶者の扶養家族となる範囲で働く人が3分の2を占めている。

4.2 30代、40代のホームヘルパー

上述のようにヘルパー女性の多くは子育て終了後の女性たちである。だが30代や40代でヘルパーとして働く女性の中には、未就学児や小学生、中学生の子どもを抱える女性が含まれている（表3-10）。ヘルパーとしては比較的若い世代の彼女たちは、なぜヘルパーの仕事を選択し、今後どのように働きたいと考えているのだろうか[7]。以下、既婚ヘルパーに限定してその点をみていこう。

既婚ヘルパーの働く理由を年代別にみると、どの年代でも「家計の足しにするため」という理由は多いが、特に30代で82.1%、40代で74.1%と高い（50代62.0%、60代以上41.7%）。「生活を維持するため」も40代で44.8%と多いことから、30代や40代といった比較的若い層では、経済的な理由で働くヘルパー女性が多いと言える。一方60代では、「生きがい・社会参加のため」(61.1%)、「自由な時間を活用するため」(44.4%)といった理由が多い。ヘルパーを選択した理由では、前述のように「いつか自分の家庭生活の役に立つと思ったから」、「技術を身につけたり能力を生かしたりすることができるから」という回答がすべての年代で多いが、30代や40代では「資格を取り手に職をつけたかったから」(30代44.8%、40代42.1%)、「一生続けられる仕

表3-10 既婚ヘルパーの年代と末子年齢

(%)

	子どもなし	末子の年齢					計(N)
		0～6歳	7～12歳	13～15歳	16～18歳	19歳以上	
30代以下	3.6	28.6	53.6	14.3	0.0	0.0	100.0 (28)
40代	1.7	3.4	29.3	27.6	19.0	19.0	100.0 (58)
50代	0.0	0.0	0.0	1.5	10.4	88.1	100.0 (67)
60代以上	2.7	0.0	0.0	0.0	0.0	97.3	100.0 (37)
計	1.6	5.3	16.8	11.1	9.5	55.8	100.0 (190)

表3-11　既婚ヘルパー年代別最終学歴
(%)

	中学卒	高校卒	専門学校卒	短大卒	大学卒	計 (N)
30代以下	3.6	60.7	17.9	14.3	3.6	100.0 (28)
40代	0.0	43.1	17.2	34.5	5.2	100.0 (58)
50代	1.4	62.0	5.6	22.5	8.5	100.0 (71)
60代以上	10.8	64.9	13.5	8.1	2.7	100.0 (37)
計	3.1	56.7	12.4	22.2	5.7	100.0 (194)

事だから」(30代31.0%、40代36.8%) という回答が多く、50代や60代では「自分や家族の介護経験から」(50代36.6%、60代37.6%) という回答が多い。つまり、未就学期から高校生までの子どもを抱える30代や40代の比較的若いヘルパー女性は、「生きがい」よりも「生計維持」、「家計補助」といった経済的な理由によって働いていること、資格を取り今後一生働き続けようと考えてヘルパーという職業を選んでいることがわかる。

　こうした若い世代のヘルパーの就労理由には、呉市の労働市場の影響が関わっていると考えられる。表3-11は既婚ヘルパー女性の年代別最終学歴をみたものだが、特に着目したいのは、若い年代にもかかわらず30代の高卒割合が60.7% と、50代や60代と同程度の値を示していることである。先に女性調査の結果から、学歴別の雇用形態・職業の違いを確認したが (前掲表3-6)、高卒者では正規の職に就きにくい呉市の状況の中で、高卒者が比較的継続的に働ける職として、ヘルパーの仕事がとらえられていると推測できよう。彼女たちは今後もヘルパーとして働きたいと考え、「専門的な能力や高度な知識・技術を身につけ、それを生かしたい」と考えている (30代43.5%、40代44.4%)。それでは、彼女たちが経済的な条件を満たしながら、キャリアアップし、ヘルパーの仕事を続けていくことは可能なのだろうか。

4.3　ホームヘルパー女性の自己評価と就労継続

　ヘルパーの経験年数を3つに区分し、ヘルパーが仕事で得る喜びを示したものが表3-12である。ここからはまず、経験年数にかかわらず「利用者やその家族から感謝されたとき」、「利用者やその家族から頼りにされたとき」

表3-12　既婚ヘルパー経験年数別・仕事の喜び（複数回答） (%)

	利用者・家族から感謝されたとき	利用者・家族から頼られたとき	自分の技能が利用者の自立に生かされたとき***	利用者と会話しているとき	仕事を通して成長を感じるとき*	仕事を通して社会に貢献していると感じるとき	職場の仲間とのつながりを感じるとき	N
3年未満	69.4	56.5	32.3	41.9	46.8	24.2	19.4	62
4-5年	80.8	50.0	48.1	38.5	36.5	26.9	25.0	52
6年以上	63.2	64.5	63.2	34.2	26.3	36.8	32.9	76
計	70.0	57.9	48.9	37.9	35.8	30.0	26.3	190

表3-13　既婚ヘルパー経験年数別・「ヘルパーは高度な知識技術を必要とする専門職」 (%)

	そう思う	ややそう思う	あまりそう思わない	計（N）
3年未満	22.6%	54.8%	22.6%	100.0（62）
4～5年	43.1%	45.1%	11.8%	100.0（51）
6年以上	43.6%	41.0%	15.4%	100.0（78）
計	36.6%	46.6%	16.8%	100.0（191）

表3-14　既婚ヘルパー経験年数別・「自分の仕事に誇り」 (%)

	そう思う	ややそう思う	あまりそう思わない	そう思わない	計（N）
3年未満	32.8%	47.5%	14.8%	4.9%	100.0（61）
4～5年	47.2%	37.7%	15.1%	0.0%	100.0（53）
6年以上	50.0%	41.0%	5.1%	3.8%	100.0（78）
合計	43.8%	42.2%	10.9%	3.1%	100.0（192）

に喜びを感じるヘルパーが多いことがわかる。一方、有意差が確認できる項目では、経験年数が短いヘルパーでは「仕事を通して自分が成長していると感じたとき」に喜びを感じている人が多いこと、経験年数が長いヘルパーほど「自分の知識・技能が利用者の生活の自立に生かされたとき」に喜びを感じる人が多いことを指摘できる。また「仕事を通して社会に貢献していると感じるとき」、「職場の仲間とのつながりを感じるとき」に喜びを感じる人も、経験年数が長いヘルパーで多くなる傾向がみられる。ヘルパーに対する考え方では、「ヘルパーの仕事は高度な知識や技術を必要としている専門職である」という意見に「そう思う」と回答する割合が経験4年以上で高く（10％有意）、「自分の仕事に誇りを持っている」人も経験年数が長いほうが多くなる傾向にある（表3-13、3-14）。

だが経験年数を重ねてもヘルパー女性の多くは変わらず「登録ヘルパー」や「パートヘルパー」として働き、役職にもついていない。つまり役職の有

無や正規／非正規の別にかかわらず、ヘルパー女性は経験を重ねる中で喜びの対象を自分から利用者、そして仲間や社会へと広げ、ヘルパーという職業に対する自己評価を高めているのである。

しかしながら、経験を重ね自己評価を高めることができるヘルパー女性は、あくまで順調にヘルパーの仕事を継続できた層に限られる。「平成26年度介護労働実態調査」によれば、ヘルパーを含む介護職の1年間の離職率は16.5％と高く（介護労働安定センター 2015）、ヘルパー調査の自由記述でも、ヘルパーの仕事内容に対する社会的評価や賃金の低さを指摘する内容、周囲にやめていく人が多いことを指摘する意見が多くみられる[8]。

さらにここで指摘しておきたいのは、ヘルパーの仕事はけっして子育てとの両立が容易な仕事ではないということである。もちろん登録ヘルパーやパートヘルパーであれば時間の融通をつけることは可能である。しかしヘルパーの多数が子育て後の既婚女性であるため、事業所内で「育児休暇があたりまえと考えられている」、「育児休暇の代替要員が確保されている」、「施設内保育所がある」という回答はいずれも2％に過ぎない。子どもを育てながらヘルパーとして働く女性は、「一番困るのは、子どもが熱を出したとき、急に休みを取らなくてはなりません。会社に迷惑をかけてしまうという申し訳ない気持ちと、子どもが一番大事だという気持ちとの間をいつもいったりきたりしています」（既婚、33歳、登録ヘルパー）という言葉に典型的に示されるように、他の職業で働く女性と同じく、子育てとの両立で困難を抱えている。

5．おわりに──呉市で女性が医療福祉専門職として働くということ

本章では、呉市の女性たちがどのように労働生活を展開しているのか、また特にホームヘルパーとして働く子育て世代の女性が、就労と子育てをどのように両立しているのかをみてきた。

明治期以来の重化学工業都市である呉市は、現在でも鉄鋼・輸送用機械といった重厚長大産業が中心であるため女性の製造業従事者は少なく、さらに

近年の合理化によって卸売小売業でも労働需要が減少しており、女性の就労の場が限られた地域である。そうした中、独身者や離別者は他地域に就労の場を求めることもあるが、既婚女性の場合は家庭生活との調整を行いながら働くことが多いため、呉市内で就労する者がほとんどである。すなわち、呉市の産業構造の影響を最も強く受けるのは、就労の場を居住地近くに限定する既婚女性と言える。

　そのような既婚女性たちが働ける職業は、呉市の場合、パートのほか、医療・福祉専門職を中心とした一部の正規職に限られている。そのうちホームヘルパーという職業は、高卒の既婚女性を主に吸収している。彼女たちの多くは「子育て後」に「いつか家庭生活に役立つ」、「技術を身につけられる」という理由でヘルパーを選択し、登録・パートヘルパーとして週20時間未満、収入で言えば130万円未満で働いている。ただし呉市では高卒者が継続的に働ける職は限られているため、30代や40代の比較的若く子育て中の女性たちもヘルパー職に参入してきている。彼女たちは経済的な理由からヘルパーの仕事を一生続けたいと考えて参入し、この先、専門的な能力や高度な知識・技術を身につけたいと考えている。だが実際には、ヘルパーの仕事は子育てとの両立が容易ではなく、仕事のきつさや社会的評価、賃金の低さからヘルパーの仕事をやめる女性も多い。

　呉市でヘルパー調査を実施して8年が経つ。この間介護職では、キャリアパスを明確にし、キャリアアップを促す仕組みが作られようとしてきた[9]。個々の介護職の実践的スキルに焦点があてられ、現場で働きながら研修を受けやすい環境が整えられていけば、介護職女性がキャリアアップを目指すことは容易になるだろう。だが一方で、現状では相変わらずヘルパーを含む介護職の「子育てとの両立」という視点は薄いように思われる。またキャリアアップによる処遇改善が念頭に置かれる一方、特に非正規のホームヘルプ労働に対する労働条件の改善という点はあまり表だって議論されていない。本章で示してきた、経験年数の高まりによる関心の広がりや自己評価の高まりを評価するような仕組みも必要ではなかろうか。

　少子高齢化が進み、医療福祉の現場では今後も女性が働いていくことが求

められるに違いない。その際、女性が自立して働くという観点から考えれば、子育てと仕事の両立の問題を解決すること、また正規・非正規にかかわらず一人で生計を立てることのできる労働条件が必要であることは言うまでもない。これは呉市のように女性の労働市場が狭いゆえに医療福祉専門職に参入する女性が多い地域ではより重要な点であると思われる。

注
1) 保育資源以外の要因に着目したものには、日本労働研究機構が1996年に実施した「女性の就業意識と就業行動に関する調査」のデータを用いて女性の勤続年数を説明する要因を分析し、賃金と就業形態の影響を指摘した小倉祥子の分析(小倉2004)、M字カーブの深さの要因として「保育環境」の他に「雇用環境」、「社会の意識」、「女性の意識」、「男性の意識」を挙げた全国知事会の分析(全国知事会2012)がある。
2) 「女性調査」は呉市在住女性(20〜65歳)1,461名を対象に2007年11月〜12月にかけて行った。対象者は選挙人名簿を用いた2段階抽出によって選出し、郵送法で実施した。有効回収は620票、有効回収率は42.4%である。「ヘルパー調査」は呉市内64訪問介護事業所で働く全女性ヘルパー1,045名を対象に、2008年7月〜8月にかけて、調査票を各施設を通じて配布し回収は直接本人から郵送する形で実施した。有効回収数は251票、有効回収率は24.0%である。
3) 20〜59歳の回答は計459票であるが、本項では死別者10名と配偶関係未記入の2名を除く447名のデータで分析を行っている。
4) ただし実際の就業地域と通勤時間では、雇用形態・職種を問わず、ほとんどの女性が呉市内、通勤時間30分未満の場所で働いている。
5) 呉市で働く医療福祉専門職女性の調査として、ヘルパー調査のほかに看護師女性を対象とした調査を2008年に行った。看護師調査の分析は佐藤2010、佐藤2014を参照のこと。
6) 利用者宅への移動にも自家用車を利用するヘルパーは多いが、交通費を全額支給していない事業所も多い。回答者のうち、交通費、駐車場代、携帯代などの「諸経費」に不満を感じている回答者は64.0%に上り、自由記述でもガソリン代高騰の中で移動にかかる経費が出ないことに対する不満が複数みられた。
7) 「平成26年度介護労働実態調査」によれば、介護訪問員のうち50歳未満の者の割合は36.3%であり(30歳未満4.2%、30歳代11.0%、40代21.1%)、呉市で特に若年層のヘルパーが多いというわけではない。ただし以下の分析で述べるように、呉市の若年層ヘルパーは比較的学歴が低く経済的な理由でヘルパーの仕事をしているという特徴を示している。
8) 例えば以下の2つの回答を挙げることができる。
「医療事務をし、介護、看護にも興味をもち、資格を取り働き始めました。……最初はケアマネまで頑張ろうという気持ちで始めたが、現実は体がきつく、自分も入院したり、仕事で(清拭、おむつ交換、トイレ掃除、調理、入浴介助、ゴミ出し)疲れた上、家でも掃除…となると体もきつい。仕事終わって1時間半の間に家事、買い物などめまぐるしく動き、子どもの習い事の送り迎えに飛び出し、時間に追われる。やりがいがあれば忙しいのはかまわない。

働くこともしたい。しかし、実際ヘルパーは、きつく、汚く、低賃金で、家政婦扱いでやりがいはまだない…そんな位置づけだと思ってしまいます」（既婚、41歳、パートヘルパー、ヘルパー歴2年）

「この先が見えず、皆仲間が辞めていく中、まだ頑張っているのは、損得なしで働いているからだと思います。生活が苦しくてどうしてもお金がいるとしたら、スーパーのレジで働いた方が楽で収入が多いと思います」（既婚、33歳、常勤ヘルパー、ヘルパー歴3年）

9）「介護人材を安定的に確保していくため……介護の世界で生涯働き続けることができるという展望を持てるようなキャリアパスを整備することが重要」（今後の介護人材養成に関する検討会 2011 :6）という考えから、介護分野における実践的なキャリアアップの仕組みとして「介護プロフェッショナルキャリア段位制度」が2012〜2014年度に内閣府の事業として実施され、2015年度からは厚生労働省が引き継ぐ形で実施されている。

参考文献

男女共同参画会議 基本問題・影響調査専門調査会，2014，「地域経済の活性化に向けた女性の活躍促進について――多様な主体による女性活躍のための支援ネットワークの構築を」．
平田周一，2007，「女性の就業と地域資源」労働政策研究・研修機構編『プロジェクト研究シリーズ No.7 仕事と生活――体系的両立支援の構築に向けて』，252-265．
介護労働安定センター，2015，「平成26年度介護労働実態調査結果について」http://www.kai-go-center.or.jp/report/h26_chousa_01.html （2016年5月24日アクセス）
今後の介護人材養成の在り方に関する検討会，2011，『今後の介護人材養成の在り方について（報告書）：介護分野の現状に即した介護福祉士の養成の在り方と介護人材の今後のキャリアパス』
厚生労働省雇用均等・児童家庭局，2005，『平成16年度版女性労働白書――働く女性の実情』．
松信ひろみ，2000，「就業女性にとっての職業と子育て――『子育てよりも仕事』は本当か？」目黒依子・矢澤澄子編『少子化時代のジェンダーと母親意識』新曜社，149-168．
内閣府男女共同参画局，2015，『平成27年版男女共同参画白書』
中井美樹，1998，「女性の職業階層とライフスタイル――専門職女性のライフイベントのタイミング」白倉幸男編『1995年 SSM 調査シリーズ17 社会階層とライフスタイル』，83-100．
西村雄郎，2012，「グローバル期における地域構造の変容と地方都市」『社会学評論』62 (4)，459-475．
小倉祥子，2004，「女性の就業年数に及ぼす地域の条件」本田由紀編『女性の就業と親子関係――母親たちの階層戦略』，勁草書房，80-94．
佐藤洋子，2010，「看護師女性のワーク・ライフ・バランス」『社会文化論集』第11号，29-49．
佐藤洋子，2014，「現代日本における既婚女性の労働生活――広島県を事例として」（博士論文）
滋野由紀子・大日康史，1999，「保育政策が出産の意思決定と就業に与える影響」『季刊社会保障』35(2)，192-207．
全国知事会，2012，『女性の活躍の場の拡大による経済活性化のための提言――M字カーブの解消に向けて』．

4章
子育て期の女性の職業・家庭生活と「支援」

佐々木さつみ

1. はじめに

　本章では呉市に住む子育て期の女性、特に就学前の子どもを持つ女性の生活に焦点を合わせてみていくことにしよう。

　私事で恐縮であるが、1970年代後半から90年代の呉市で働きながら3人の子どもを育てた。「仕事は一生続ける」と決めながら、子どもが病気を繰り返すときなど、仕事と子どもの間でいつも葛藤を繰り返した。幸いだったのは、同じ悩みを抱える友人が周りにいたことと、「母親が安心して働き続けられる自分たちの保育所を作ろう」という運動に参加できたことだった。子育てしながら仕事や運動を続ける中で、大人も子どもも人間関係のつながりの中で成長すると実感した。娘たちの世代が成人して職業人になり始めたとき、その働き方をみて、私たちの世代よりも仕事と子育ての両立が困難になっているのではないかと思うようになった。子育て期にあんな思いまでして続けたのにと仕事には後ろ髪をひかれたが、「女性が普通に働きながら子どもを産み育てるこがどうしてこんなに難しいのだろう、『子育て中でも働く』ではなく、『働き続けながら子どもを持つ』ことがなぜ普通に選択できないのだろう」との問題意識をもって研究の道に進むことにし、調査に参加する機会を得た。

　広島大学呉コミュニティ調査チームが行った一連の女性調査[1]からは、子育て期の母親の多くが働いていることが明らかにされた。保育所に入れないため育休から復帰できないと困難を訴える声が全国で上がっているが、調査でみた呉市の母親たちの就労は、育休からの復帰ではなく結婚や出産で退職

した後の再就職であり、その働き方の多くは保育所の母親であってもフルタイムの正規ではなくパートタイマーである。幼稚園の母親も3人に1人は働いており、近年のグローバル化の潮流に家庭経済も大きな影響を受け、退職した後の女性が専業主婦を続けることも難しい状況がみえてきた（佐々木 2012: 108-109）。

戦前からの軍港都市・工業都市として早くに都市化の諸問題が現れた呉市では、生活問題への対処として保育所の設置は早かった。戦時中には公立保育所が急増、戦後も児童福祉法による保育所が、高度成長期より早い時期に多く設置された。この時期には戦中の公立保育所の再建の他、宗教家らによる私立の施設が多く設置された。PTA立や婦人会立という施設も複数みられ、地域の人たちが児童の福祉に強い関心を寄せていたことがうかがえる。その後の増設は多くなく、呉市では保育所は不足していないと長く認識されてきた（佐々木 2012: 62-73）[2]。

保育所が足りていても母親たちが仕事を続けられない状況がある。この状況を示すために、まず2節で、ライフステージによって女性たちが働き方を調整していることと、調整の時期や選択の仕方にいくつかのタイプがあることを整理する。その後で、子どもが保育所、幼稚園に通う時期の母親たちについて3・4節で検討していく。3節では就労形態ごとに母親たちの生活や困難に差異が表れていることを明らかにし、それを受けて4節で、母親たちの困難に対し保育所・幼稚園という子育て施設がどのような支援をしているのか、またどういう課題が残されているのかを検討する。課題を明確にするために、無認可保育所の事例を取り上げ、まだ支援が制度化されていない部分も明らかにする。5節では子どもが保育所・幼稚園に通い始める前（以後「未就園」）の母親に焦点を当て、この時期の母親たちへの子育て支援と、そこから遡ってみえてくる「子育て期の困難」を明らかにする。6節では、子育て期に女性が抱える困難と支援の在り方について考察する。

なお、分析カテゴリーは「ライフステージ」と「ライフコース」[3]「就労形態」を用いた。「ライフステージ」は子育てとの関連で「未婚」「子はいない」「末子未就学」「末子小学生」「末子中・高生」「末子大学生」「子は成人」の7カ

テゴリーに分けた。「ライフコース」は、現時点での「就労形態」を、「フルタイム正規雇用（以下「正規」）」「パート・非正規雇用・派遣社員（「パート」）」「専業主婦」の3カテゴリーに分けた。

2. 子育て期における女性のライフコース調整

2.1 ライフステージによる女性のライフコース選択の大きな流れ

日本の女性の年齢別労働力率はM字型で知られるが、呉市の場合も例外ではなく、「女性調査」でみると20歳代後半から30歳代の労働力率が6割強、2010年国勢調査では30歳代前半の労働力率が64.8％と、前後の年齢に比べて格段に低い（表4-1）。

これをライフステージで比べてみると、「未就学児がいる」ステージでは40.7％と、年齢別でみたのよりも低い数値を示し、「末子小学生」のステージの73.1％と大きな落差を示している（表4-2）。

就労形態もライフステージによる違いが大きい。「正規」の比率は、「未婚」期が最も高いが（52.9％、学生を除いて計算すると68.7％）、結婚・出産で激減する。その後は子育て期を通じて20％台で推移しており、結婚・出産で就労を継続した層は、その後も正規で働き続けていると考えられる。「専業主婦」は「未就学児がいる」時期に最も多くなるが、「末子小学生」で激減し、「末子中高生」ではほぼ1割にまで減少する。「パート」は、「未就学児がいる」

表4-1　年齢別労働力率

	呉女性調査2007		国勢調査2010	
	労働力率(％)	人数(人)	労働力率(％)	人数(人)
20-24歳	88.2	27	66.2	3,401
25-29歳	65.6	32	73.1	3,933
30-34歳	67.3	55	64.8	4,062
35-39歳	61.7	47	68.4	5,384
40-44歳	71.6	67	72.5	5,169
45-49歳	83.1	56	76.1	5,042
50-54歳	73.1	52	72.0	4,800
55-59歳	64.2	117	60.7	4,776
計	70.3	453	69.1	36,567

表4-2　ライフステージ別労働力率
呉女性調査2007

	労働力率(％)	人数（人）
未婚	77.0	87
子はいない	58.3	36
未就学	40.7	54
小学生	73.1	52
中・高生	89.5	57
専・短・大	76.9	39
成人	66.4	128
計	73.7	453

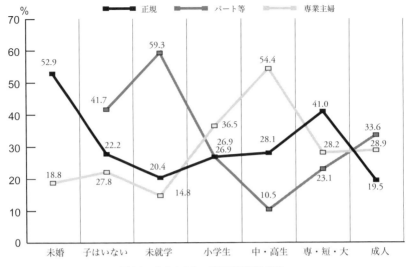

図4-1　ライフステージ別就労形態（％）

14.8％だが、「末子小学生」で36.5％と急増し、「末子中・高生」では54.4％にまで上昇する。多くの女性が「結婚・出産で離職した後、末子が小学校に上がるのを機に」「パートとして再就職する」様子が浮かび上がってくる（図4-1）。

　こうみていくと、呉市で暮らす女性のライフコース選択には、「結婚・出産」「末子小学校入学」「末子進学（高校卒業）」の3つの大きな分岐点があり、「結婚・出産」で大多数が専業主婦化し、その層から「末子小学校入学」で多くがパート層へと移行し、「末子中・高校生」で最もパート化するという大きな流れがあることがみえてくる。その後末子の大学進学（高校卒業）でパートは減っていくのであるが、本章では「末子未就学」つまり未就学児がいる時期に焦点を合わせて検討していきたい

2.2　女性のライフコース選択上の4つの分岐点

　未就学児がいる時期を、「（保育所にも幼稚園にも通っていない）未就園児がいる」時期と、「未就園児がいない」時期に分けて、もう少し詳しくみていこう。「未就学児がいる」と回答した54人のうち、「未就園児がいる」のは20人で、

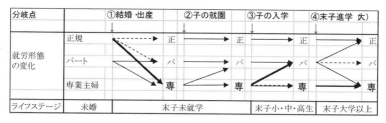

図4-2 ライフコース選択の4つの分岐点

その有職率は10.0％であった。「未就園児はいない、保育園児・幼稚園児がいる」場合の有職率は45.9％、「保育園児がいる」だけに限ると80.0％にのぼっている。

「未就学児がいる」という最も専業主婦率の高い時期にも「子どもの就園」というもう1つの分岐点があり、早い時期にパートへと移行する層がかなりの割合で存在することがわかる(図4-2)。入園は入学・進学と違って子どもの年齢が一律ではないため②の分岐点ははっきりした形では見えにくい。が、子の入園で再就職する層にとっては、離職・再就職の動きはかなり短期間のうちに起こっている。合わせて4つの分岐点のうち、子どもの就学までという早い時期に3つの分岐点がある。女性たちが子育て期に職業生活と家庭生活の調整を余儀なくされていることは明らかである。

3. 子どもが保育所・幼稚園に通う時期の母親たち

3.1 不平等が顕在化する時期

未就園の子どもがいる時期を「女性が専業主婦化する時期」、子どもの小学校入学以降を「女性がパート化する時期」とすると、その間の「子どもが保育所・幼稚園に在籍する時期」は、母親たちの働き方や生活の差異が最も大きく現れる時期である。この時期には、女性たちは「結婚・出産でも就業を継続し正規雇用で働く」、「いったん退職し早い段階でパートとして再就職する」、「退職後子どもが小学校に入るまでは専業主婦として家庭にとどまる」という3つの層に分かれている。各層の間には働き方だけではない様々

表4-3　保育所・幼稚園児をもつ母親の就労形態別に見た生活・意識・困難

		正規	パート	専業主婦
子育て	子育て時間	短	中	長
	時間の過不足感	足りない	足りている・わからない	わからない
	よかったこと	楽しい	楽しい・友人増えた	楽しい・友人増えた
	いやなこと	時間がない	時間がない・お金かかる	時間がない・取り残される
家庭生活	世帯年収	高	中・低	中・高
	家族形態	核家族	核家族	核家族
	夫の家事育児参加	中	低	低
	親族・近隣資源			少
職業生活	就労理由	経済・自己実現	経済	
	職業経歴	継続	中断・再就職	中断・無職
	産休・育休の使用	あり	なし	
	職種	事務・専門	事・専・販売・サービス・生産	
	有償労働時間	長	中・長	
支援	施設	保育所	保育所・幼稚園	幼稚園
	保護者ネットワーク	弱	中	強
	支援制度の利用	産休・育休・両立支援	経済的支援	
抱えている困難		長時間労働・時間的制約・両立困難	経済的困難・社会的に不利な立場	保護者ネットワーク以外の支援なし

な差異が存在しており、この時期は不平等が可視化できる時期ということができる。差異を概観すると表4-3のようになる(佐々木2012: 112)。この表をもとにそれぞれの層の生活について、共通点や違いを述べることにしよう。

3.2　子育て・家庭生活

まず子育てについて言えば、使える時間に大きな違いはあるものの、子育ての受け止め方には共通点の方が多い。70.2％が「子どもとの接触自体が楽しい」と答え、「視野が広がった(59.1％)」「張り合いがある(57.9％)」と答え、「子育てをしていてよかったと感じるとき」は多いという回答である。

「いやだと感じるとき」は共通して「自分の時間が持てない(52.6％)」「お金がかかる(29.1％)」が挙げられている。「特にいやだと感じることはない」の回答は22.1％にのぼる。なお「友人が増えた」と「取り残される感じ」の回答が専業主婦層に多い。専業主婦層の人間関係の希薄さと、ネットワークの形成が子どもを介したものであることをうかがわせる。

次に家庭生活をみると、経済面で大きな差異が現れている。世帯収入をみ

ると、「正規」で最も多いのは「600万〜800万」(31.9％)で、これは2人分の稼得で世帯収入が高いのだといえる。「パート」と「専業主婦」では、「400万〜600万」がともに最多だが、「パート」世帯の方がやや下方に偏った分布を示している。「専業主婦」世帯が夫1人の稼得であるのに対し、「パート」世帯は2人分の稼得であることを考えると、パート層が経済的に厳しい状況にあると言わざるを得ない。

家族形態は、呉市の「6歳未満親族のいる世帯」の79.5％が「夫婦と子」世帯、10.6％が「ひとり親と子」世帯と、9割強が核家族である(2010国勢調査)。「母親調査」によると就労形態に関係なく約5割が「同居・近居の親族がいない」。また、専業主婦には「社宅・公務員住宅」住まいが有意に多く、「居住年数の短さ」や「妻が呉市以外の生まれ」も同じ傾向である。専業主婦の多くが、大企業や公務員の夫の転勤による呉在住で、家族・親族・近隣の支援が受けにくい状況にあると考えられる。

家事・育児の「援助者」は、「普段から家事育児を手伝ってくれる」「急用の際の子どもの送迎を頼める」のはだれか(複数回答)の問いに「夫」という回答が最も多く、次が「妻の父母」と「該当者なし」である。「該当者なし」は特に専業主婦層に多い。

夫の家事育児の分担は、「家事」のみでいえば、パートと専業主婦では夫は「ほとんど行わない」が最多で、6-8割を占める。妻が正規の場合は参加が比較的多いが、その層でも3-4割の夫は「ほとんど行わない」と答えている。「育児」では参加の割合がやや上昇するが、多いのは「子どもの遊び相手」であり、「子どもの世話」で多いのはこれも妻が正規の場合に限られている。それでも、どの層でも妻の8割が「夫が手伝ってくれるので助かる」と答えている(佐々木2012: 112-119)。

3.3 職業生活

次に有職層の職業生活を見ていこう。就労理由は「家計維持・補助」が圧倒的に多い(正規86.3％、パート81.0％)が、正規は「充実感(同順52.6％、40.9％)」や「能力を生かす(35.8％、19.0％)」もそれに次ぐ。経済的理由で

働くという傾向は、パートにおいてより鮮明に表れているといえる。

就労形態は、「結婚・出産」時に就業を継続したか否かと強い相関がある。「正規」の83.2％は「継続」、「パート」の91.4％は「再就職」である。就労形態は職種や本人・夫の学歴とも相関があり、分岐は進路選択、職業選択の時点でも起こっている。

産休・育休の制度が継続のために機能しているとも言えない。産休を使ったのは正規で88.4％、パートでは20.2％、育休は正規で70.5％、パートで12.1％である。「子育てのために転・退職した」経験は、正規で5.3%、パートで49.2％になる。「出産→退職すると次の職に就きにくいので、2人目を躊躇……（パート）」との意見[4]もある。

労働時間は、正規では8割が「8-10時間」、2割がそれ以上であるが、パートでも「6時間以上」が6割になる。全体的に長時間労働である上、「残業が多く定時に帰れない（正規51.6％、パート16.7％）」、「子どものことで有休がとりにくい雰囲気（同順49.5％、29.2％）」など、家庭生活と両立しにくい実態もある。

3.4　抱えている困難と利用した支援制度

呉市で提供されている公的な子育て支援サービスはおおまかに言って、A児童手当、乳幼児医療費助成、幼稚園就園奨励費などの「経済的支援」、B保育所・幼稚園・放課後児童健全育成偉業・児童館等の「子育て施設」C主に未就園児の母親に焦点を合わせた「地域子育て支援事業」の3つの領域に分けることができる。

Aの経済的な支援の利用は、児童手当がパート層に92.2％と多い（正規74.7％、専業主婦68.9％）。乳幼児医療費助成はどの層にも7割前後で共通している。就園奨励費は幼稚園だけなので専業主婦に多いが、利用は5割程度である。

B「保育所・幼稚園などの子育て施設」C「地域子育て支援」については後に詳しく述べるが、ここまでみてきただけでも母親たちの抱える困難や受けている支援が就労形態によって異なることが明らかである。

母親たちは、時間・経済・社会的ネットワークの点で共通の困難を抱えているが、困難の現れ方は一律ではない。正規層は、学歴や専門性を持って職業に就き、出産時にも職場の制度を使って就業を継続し、家族・親族の協力や保育所などの公的な支援を受けて家庭と仕事を両立させている。しかし労働時間の長さや施設の時間的制約など、常に両立を危うくする状況、母親役割との葛藤状況に置かれることが多い。パート層は、職場、公的支援、家族のいずれからも支援が届きにくい状況に置かれ、個々の対応を余儀なくされている。パートといえども長時間労働であるにもかかわらず、夫の助力も少ない。収入も多くなく、経済的支援の利用が多い。職場の支援制度はほぼ使えないうえに、公的な支援の保育園の入園なども、求職時は一番下のランクで入園しにくい状況に置かれる。専業主婦は家族・親族の支援は極端に少なく、子育ての任をほとんど一人で担っている。地域子育て支援が近年作られているが、子どもや施設を通じたネットワークを自ら作っていくより他にない状況に置かれている。「働きたくても働けない（専業主婦）」状況であるとの意見も出ている[5]。

　正規層は「長時間労働・時間的制約・両立困難」、パート層は「経済的困難・社会的に不利な立場」、専業主婦層は「保護者ネットワーク以外支援者なし」と要約できる。

4. 保育所・幼稚園で行っている支援

4.1 保育所・幼稚園の持つ機能

　母親たちの抱える困難に対して早い時期から支援を開始しているのが保育所であるが、幼稚園も働く親に対応していることが明らかになったので、保育所・幼稚園を地域の子育て施設として、合わせて検討することにしたい。

　保育所の機能について、山縣文治は、「子どもの発達と生活を保障する」という基本的な機能に加えて、1975年前後〜1990年前後に「親の就労・両立を支援する」方向へ、それ以降「家庭育児を支援するため地域子育て支援」という方向へと機能を拡大していったと整理している（山縣2002: 71-82）。ま

た村山祐一は、保育所や幼稚園という施設の持つ機能として、「子どもの発達と生活を保障する機能」「保育への親の参加や大人の相互交流という機能」「子育てネットワークを形成する機能」を挙げている（村山 2004: 61）。

　これらの先行研究から、保育所や幼稚園がそれぞれの特色とする機能の違いはあるが、共通点として以下の4つの機能を持っているといえる。第1は「子どもの発達と生活を保障する」という基本的な機能、第2は「親の就労・両立を支援する」という機能、第3は「家庭育児を支援する」という機能、第4は「親や地域のネットワークを作る」という機能である。この4つの機能を柱として、施設の支援活動の状況を検討していきたい。なお調査時点（2005年）で呉市には63の保育所（定員4,335人）、33の幼稚園（同4,560人）、13の認可外保育施設があり、3歳以上児では51.9％が幼稚園に、35.3％が保育所に在園している（佐々木2012: 134-136）。

4.2　保育所・幼稚園の支援活動と親のニーズ

　4つの柱のうち、第1「子どもの発達と生活を保障するという基本的な活動」からみていこう。「日々の取り組みで気をつけていること」として、「抱っこや声かけ」、「発達に応じた自立の促し」、「散歩・外遊び」、「泥んこ遊び・水遊び」、「絵本の読み聞かせ」などの項目は、どの施設でもほぼ8割をこえて実施されている。保育の質を確保するための「設備や職員配置」については、「一人ひとりの発達と課題についての情報交換と研修」、「保育環境の整備」、「虐待への対応」などが、どの施設でもほぼ8割を超えて配慮されている。保育所の「給食の自園方式」も実施率が高い（87.5％）。「一人ひとりの子どもに対応できる職員数の配置」の項目で保育所の肯定回答がやや低いが、これは近年の「年度途中に定員を超えた入所を認める」という実態について、問題意識を持っていることの反映であると考えられる[6]。幼稚園で「教育」という面が強く、保育所で「生活」「集団」という面が強いという違いはあるが、保育・教育活動への気配りは共通してなされているといえる。

　この機能は子育ての担い手が少ないという母親たちの困難にも対応している。親が施設を選んだ理由は、「家の近く」が最も多いが、親は「保育内容」

に対して88.3％という高い満足度を示している（「母親調査」）。保育所や幼稚園の「子どもの発達と生活を保障する」機能は母親たちから評価を受けているといえる。

　第2の「親の就労・両立を支援する」という機能については、両立支援で最も日常的にニーズの高いのが「延長保育」だが、実施している施設は保育所では35.4％である。かなり多くの保育所で「延長保育」は使えない。施設の時間をみると、保育所の閉所時間の最多は「5:00-5:59」で55.3％、最も遅いところは「7:00」である。幼稚園は最多が「3:00-3:59」で50％、最も遅いところが「6:00」である。一方、親の退社時間は「5:00-5:59」が最多であるが（37.0％）、6時以降も労働している母親は22.3％（正規43.1％、パート6.9％）いる（「母親調査」）。保育所までの所要時間を入れると、親たちの夕方の時間はさらに厳しいものになる。

　両立支援のうち、「乳児保育」は保育所の85.1％で、「3歳未満児保育」は保育所の95.7％、幼稚園の57.9％で、「障害児保育」は保育所の80.9％、幼稚園の76.5％で実施されている。「子どもの発達と生活の保障」につながるものは、実施率が比較的高いといえる。仕事をしている母親たちが充実を希望しているのは、「病児・病後児保育（正規39.9％、パート16.2％）」「休日保育（26.1％、27.0％）」「学童保育[7]（25.0％、18.9％）」などで、これらのニーズ充足率が低いことをうかがわせる。

　第3の「家庭育児を支援する」という機能については、どの施設も「親の子どもに対するしつけ」や「親の子どもとのかかわり」等親の責任を重視する意見は多く、「個別の支援を必要としている親」や「家族・親族の助力が得られない親」がいることも認識されている。在園児の家庭に対しては、保護者会81.1％、連絡帳89.2％、園便り97.3％、個人面談78.4％と、施設による差はあるが、様々な方法で家庭との連携がなされている。在園児以外の家庭に向けた支援は、必要性を肯定する意見は多いが、実際の支援活動は、園庭開放、体験入園等、園を中心としたものが多く、相談活動や他の支援組織との連携等は活発ではない。

　第4の「親や地域のネットワークをつくる」機能であるが、施設を利用し

ている親は、そこで自分たちのネットワークを形成し、互助組織ともいうべき仲間作りをすることができる。保護者会がある施設では、保護者会の位置づけは「行事への協力」が93.3％で最も多いが、「親のつながりづくり」も43.3％と意識されている。

　施設を媒介にして、送迎時のおしゃべりや相談・協力等のインフォーマルな交流も生まれている。交流は幼稚園の親に多く、保護者会の組織されているところほど送迎時のおしゃべりもよくされており、おしゃべりをしているところほど相談もしあっているという傾向もみられる。特に転勤家族の多い専業主婦層が、施設のこの機能を使ってネットワークを形成している。一方、子どもが在園していてもこれらのネットワークに参加していない層は保育所母に多い。仕事を持つ母親の時間的な余裕のなさや、社会的関係の希薄さも問題として指摘できる（「母親調査」）。保護者会の組織化と位置づけがもっと積極的に評価・活用されてよいのではないかと考えられる。

4.3　無認可共同保育所D園の取り組みからみえてくる親たちのニーズ

　制度の外にあるD園の取り組み[8]から、制度化されていない支援と親たちのニーズについても検討してみよう。この園は1978年に親と保育士と支援者が直接運営に当たる共同保育園として出発した。出発点では2つのニーズが認識されていた。

　1点目は既存の保育所では産休明け保育がないことだった。保育所は子どもが100日に達しないと預かってくれず、職場で取れるのは産休（産後は6週間）だけで、制度のはざまの2か月間を、母親たちは親族や近所の人に頼るしかなかった。

　2点目は、「保育園が子どもにとって楽しい場になっているだろうか、子どもの人権や発達に目をとめてもらっているだろうか等、保育園で子どものことを保母さんたちと話し合う場がほしいと…」と創立者の1人が語るように、保育内容に関するニーズであった。「母親が安心して働ける保育園」であるためには保育内容の充実は不可欠で、産休明け保育を必要とする母親だけでなく、園の姿勢に共感する親たちもこの園に集まった。

その後もD保育園は、障害児保育、延長保育、アレルギー対応給食、一時保育、在園児以外への子育て支援、学童保育等、当時まだ一般的でなかった保育にも次々と積極的に取り組んでいった。
　この園の取り組みをみると、時代時代の子育て支援で何が欠落していたのかがみえてくる。今では当たり前になっているこれらの機能が、子育ては母親がすべきものとして長い間制度化に至らず、当事者である母親たちが、制度の外で対処するしかなかった。無認可のため財政は常に厳しい状況で、メンバーは子育ての学習会の他に、県や市との交渉、街頭での署名集め、バザーや募金活動などの資金集めの活動にも取り組んだ。活動の中からOB会、後援会が生まれ、さらにNPO法人設立に至った。
　D園の活動は「出産・子育て期に就労継続が難しい」ことへの対応であったが、保育所に「両立支援」の機能が重視されてきた現在、その役目を終えたかというとそうではない。いくつかの事例を検討してみよう。
　近年の傾向としては、D園でも少子化の影響で園児が減少する一時期もあった。フルタイムの利用者は減少し、短時間保育や一時保育の要望が増えるという変化もあった。短時間保育の事例は、親がパートタイム勤務である場合以外に、「親が働いていないので認可保育所には入れないが子どもを集団の中で育てたい」という人たちもいる。働いていない親の中には、障害を持つ子どもを育てている人もいる。
　障害児を育てながら働き続けることを選ぶ親もいる。その場合、療育施設の送迎バスの時間は、親の勤務時間より朝は遅く、帰りは早い。そこで、朝はD園に来てお迎えのバスまでの時間を過ごし、夕方はまたD園に帰ってきて母親のお迎えを待つという方法をとった。保護者、D園、療育施設の三者が連携することで、子どもも安定した時間を過ごし、親の就労継続も可能になった。さらにD園では隣接して障害児の児童デイも立ち上げ、連携して障害児と親への支援も広げている。
　短時間保育が多くなる一方で、延長保育の要望も多くなっている。D園では2000年から、朝7時から夜8時までと、時間をさらに延長した。延長保育と一時保育を組み合わせた事例では、日常的には別の認可保育所に在籍

し、月2、3回、母親の夜勤のときに父親が2人の子どものケアをし、翌朝は父親の出勤時間に間に合うようにD園を一時保育として利用するという家庭もあった。

学童保育は各小学校に増えてきたが、卒園して地元の小学校に通うようになった児童が、日常的には地元の放課後児童会（学童保育）に通い、夏休みなどの長期休業中、通常の放課後より長い時間を過ごすときにはD園の学童保育を利用するという事例もある。また4年生以上や障害を持つ子の学童保育のニーズも生まれている。

いずれの事例も、親の働き方や家族の変化に従って保育ニーズが多様化してきていることを如実に示している。急速に多様化するニーズに制度が対応することは難しい。D園の場合は親たちが運営に参加しており意見が反映されていること、継続して勤務している保育士が常に学習を続けていること、支援者に保育・教育・障害者福祉・医療の関係者もおりニーズの変化についての情報交換が常になされていること等が、ニーズに敏感であることの要因になっていると考えられる。

5. 専業主婦化した時期への支援 —— 子育て支援センターの取り組み

5.1 子育て支援センターの設立

ここでは子育て期の最も早い時期、子どもが未就園の時期、女性が最も専業主婦化している時期に焦点を当てて検討していくことにしよう[9]。

2000年前後から就園前の子どもと母親に対して支援の必要性が議論されるようになった。保育現場からは、子どもの育つ環境に問題がある場合も「保育に欠ける」条件にあたり、保育所入所を認めるべきだとの声もあったが、国の施策はその方向へは進まず、家庭保育への支援、「地域子育て支援事業」の枠組みを作る方向に動いた。2003年度の児童福祉法改正で、実施が市町村の責務として位置づけられた。

呉市の「地域子育て支援事業」は、a「つどいの広場事業（ひろば、サロン、

サークル、ボランティア育成、情報発信など）」、b「ファミリー・サポート事業（会員組織による一時預かり等）」、c「相談活動」を3つを柱として運営されている。「地域子育て支援事業」の中枢的な役割は「くれくれ＊ば」「ひろひろ＊ば」と名付けられた2つの子育て支援センターが担っている。

　センター設立の準備段階から活動をリードし、センター長も務めたEさんは、元教員で、市・県・全国のPTA役員、民生委員・主任児童委員、心の教室相談員等の活動経歴を持ち、地域で児童館の設立にも関わった。活動の中で家庭が子どもたちの居場所になっていないことに気づき、0・1・2歳児やその親たちから始めることを考えた。活動を通じて、行政、医師会、大学の先生たちと、広く繋がりもできていた。

　Eさんたちは1998年、市民活動で「子育て支援ネットワークくれ」を立ち上げ、民生委員、児童委員、サークル代表者らに声をかけ、「呉市すこやか子育て協会」の基礎を作った。協会は半官半民の任意団体で、「中間組織で柔軟な活動を」目指したという。「行政の中に同じ視点を持った人がいて一緒に行動してきた」という意味での連携はあったが、行政からではなく、行政に働きかけ「行政を動かした」のだと言う。

5.2　子育て支援を利用して活動の幅を広げる母親たち

　Eさんはひろばの活動を通じて「母親たちのエンパワーメント」にも力を注いでいるという。「やってあげるのでなく、（母親たちを）育てていく」「子どもに向かい合う時期をチャンスととらえ、楽しみながら活動する」というビジョンを持っている。

　子育て支援センターの利用者の多くは「ひろば」や「サロン」で子どもを遊ばせたり交流したりと「支援される側」にいる。しかし、これらの制度を利用して、支援される側にとどまらない活動を展開している母親たちもいる[10]。

　Fさんたちのサークルは、子育て情報「呉子育てネット」のホームページを作る仕事やサロンの企画運営の仕事をしている。呉市の広報（ちらし）で知らない同士が集まり、パソコンの教えあい、取材の仕方の勉強などの準備期

間を経て2005年に発足した。Fさんはじめ多くは「夫の転勤で」呉に来た人たちで、核家族の専業主婦である。Gさんは呉出身だが公務員だったのを退職し、「友達はみんな働いていて会えない」と言う。彼女たちは、夫の転勤・退職・出産によってそれまでの社会関係を遮断された経験を持っている。さらに母子セットでの行動となるため、子どもが排除される様々な場所（例えば講演会）から排除されている。「移動して急に一人になった」「出産後人とのつながりがなく閉鎖的だった。子どもには一方通行だし」と、「困っていることは山ほどあって」、「だから集まった」のだと彼女たちは言う。「仲間意識が強い」、「悩みも話し合えるし精神的な支えになっている」と彼女たちは口をそろえる。活動は「大変だけど楽しい」、「したいこと、子どもが喜ぶことをしている」、「普通のママが思っていることをパイプ役になれたらいい」という感想である。

　母子セットのまま活動できる領域を、子育ての枠を超えて広げたのが次のHさんたちの事例である。Hさんは幼稚園と未就園の2人の子どもを育てつつママバンドを組んでいる。中・高でブラスバンド部、短大も音楽に進み、卒業後は消防音楽隊で5年間活動した。結婚で呉に移ってからも市内のアンサンブルに所属していたが、上の子の妊娠で辞めた。2人目が1歳の時定期演奏会への参加を頼まれたが、子どもを預けることができず参加を断念した。「今だめなら一生無理、もうフルートは吹けないと悶々とした日々だった」という。そのころ広島市にママバンドがあることを知り、Fさんたちの「呉子育てネット」の掲示板でメンバーを探した。こうして2008年、最初2人で発足したママバンドは、保育所等での演奏活動に定期演奏会に、人気を集めている。メンバーは28人で、全員未就園児を育てている。結婚や夫の転勤で呉に来た人は半数くらいいる。練習のとき子どもは「ママの膝や横で遊んだり、仲間の子どもと遊んだり」している。合奏の隊形は前を広く開けて子どものスペースを作るとか、練習の前に「キッズタイム」や「ハグタイム」をとるなどの工夫もしている。「同じ事情の人で、子どもが熱を出して急に休む、その立場も分かる。とても活動しやすいし、音楽以外の話もする。」ともHさんは言う。他の人も、「今までは閉じこもりがちで社会から隔絶さ

れている感じだった」が「明るくなった、イライラしなくなった、夫にやさしくなった」と言っているそうだ。Hさんたちの活動は直接子育て支援にかかわるものではないが、結果的に子育て中の母親のサポートし合う関係を作り出している。

　FさんたちもHさんたちも、制度による支援を受けながら、母子セットのままでも活動できる領域を獲得し、活動を通じて新しい社会関係を構築することもできている。

5.3　母親たちの就労希望

　ひろばやファミリー・サポートを通じて聞き取り[11]をした11名の母親のうち、7名が再就職を希望していると述べた。再就職の時期は「子どもが3歳になったら」が4名、「できるだけ早く」が1名。7名のうち2名は具体的な求職活動中で、2名はすでに就職先が決定している。ママバンドのHさんは就職後も「音楽活動もバランスとって続けたい」と言ったが、他の人たちは「就職したら今の活動は続けられない」と「就職しないで今しかできないこの活動を続ける」とに分かれた[12]。

　求職中のIさんは、産休前に仕事を辞め、夫の転勤で呉に来た。「子どもと2人っきりというのはきつい」とインターネットで探して「くれくれ＊ば」を知った。サークルに入り、ファミ・サポの会員にもなった。「ほんとうに助かる」と言う。春には子どもが3歳になるので、子どもをファミ・サポに頼んでハローワークに通っている。保育所か幼稚園かは決めていないが、働き方はパートにするつもりである。

　Jさんもハローワークに通っている。育休をとるつもりだったが取れなかったため、仕事を辞めざるを得なかった。産休を取るのも大変で、それまで職場に産休を取った人がいなかったため、自分で調べなければならなかった。「子どもが成人するまでに夫が定年を迎えるので」「できるだけ早く働きたい」と思っている。「フルタイムは無理なので」「7時間くらいのパートにするつもり」である。両親はそれぞれに忙しいが、「いざというとき送り迎えを頼めるよう」弟の子どもと同じ保育所に通わせる予定である。「ファミ・サポ

もあるし、何とかなるだろう」と思っている。

IさんやJさんは、再就職の職探しのために、また、再就職後の「いざというときのため」にファミリー・サポートを活用し、またその活用を計画に組み込んでいる。

5.4 支援から遡ってみる「子育て期の困難」

母親たちが活用した子育て支援のあり方から遡って検討すると、Fさんたちのように子どもを連れたままで活動する場を得た人たちも、Iさんたちのように子どもを一時的に預けて職業生活への復帰を図る人たちも、日常的に「子どもとセットでの行動を余儀なくされている（自分で選択した場合であっても）」ため、社会的、文化的、経済的なさまざまの活動の場から排除されるという、共通の困難を抱えていることがみえてくる。「子育ての困難」とは区別されるべき「子育て期の困難」である。「子育て期の困難」への支援が始まっていることは評価されねばならない（表4-4）。

しかし、専業主婦化した時期に手厚い支援を受けて生き生きと活動している彼女たちも、この後子どもの入園を機にパートと専業主婦に分岐していく。働き始めた彼女たちは、ここで築きあげた社会関係とも再び断絶されることになるのである。

表4-4 子育て期の困難と支援の方向

困難	支援の方向	具体的な支援
子育ての悩み等、子育てそのものにかかわる問題がある	①親の育児のスキルアップ	ひろばやサークルでの交流、相談活動等
子どもとセットであるため、母親も様々な活動の場から排除される	②子連れで活動できる領域の拡大	ひろばやサークルでの交流、主体的な活動の場の情報提供等
	③母子セットの一時的な解除	ファミリー・サポート、ひろばの託児等

6. まとめの考察

女性の働く場が限定されている呉市では、これまでみてきたように出産・子育て期に多くの女性は就業継続できない。男性の育休取得が議論される時

代に、現実の職場では女性も育休はおろか、産休さえ取ることが難しい。産休・育休をとって就業継続できるのは専門職等一部の女性に限られる。退職の道を選んで専用主婦化した時期の母親は、常に子どもとセットでの行動を余儀なくされるため、子どもが排除されるさまざまの活動の場から母親も排除されるという困難を抱えることになる。これは「子育て期の困難」であり「子育ての困難」とは区別されるべきである。また、1995年以降のグローバル化の影響を受けた家庭の経済状況は、女性が専用主婦を継続することも困難なものにしている。彼女たちの多くは、いったん退職した後かなり早い時期にパートとして再就職する。就業継続も専業主婦継続も困難な中、多くの女性がパートに誘導されている。

　女性たちは子育て期に働き方を調整せざるを得ない。その結果、結婚・出産、子どもの就園、子どもの入学の3時点でライフコースの分岐が起こる。分岐は学歴や職種、夫の収入などでおこり、子どもが保育所・幼稚園に通う時期には、「高学歴‐専門職‐継続で正規」、「高学歴の夫‐経済的ゆとり‐結婚・出産による離職で専業主婦」、「結婚・出産後による離職‐経済的理由による再就職でパート」という差異が顕在化する。そして就労形態により、正規層は「長時間労働・時間的制約・両立困難」、パート層は「経済的困難・社会的に不利な立場」、専業主婦層は「保護者ネットワーク以外の支援者なし」という困難を抱えて生活している。

　母親たちの困難に対しては、保育所・幼稚園が対応している。どちらも「子どもの発達と生活を保障する」、「親の就労・両立を支援する」、「家庭育児を支援する」「親や地域のネットワークを作る」という4つの機能で母親たちを支援している。近年では就学前の子どもと親への手厚い支援も始まっている。しかし子どもへの支援はかなり充実しているが、子育てをしている母親への支援は十分に意識されているとは言い難い。親の働き方や家族の変化に従って保育ニーズが多様化しているにもかかわらず、制度に収まらない部分は、母親たちが個別に対応するほかはない。また子育てのような身体性の強い領域では、市内に何か所という設置の仕方でなく、地域に支援の場があることが欠かせない。またここで論じることはできなかったが、ネットワーク

を築けない層、声を上げられない層への支援も十分とは言えない。

　調査からみえてきたのは予想を上回る母親たちの困難な状況であるが、ニーズの掘り起こしや改善について粘り強い取り組みがなされているのもまた事実である。母親たちは働いているか否かにかかわらず、子育てを一手に引き受けて孤軍奮闘している。子育ての担い手が絶対的に少ない。「母親の子育てを支援する」と考えるのではなく、子育ての担い手を増やすこと、母親だけでなく、男女ともどのライフステージでも、生活と両立できる働き方にしていくこと、社会で子育てできる仕組みを作っていくことが模索されねばならない。

注
1) 広島大学呉コミュニティ調査チーム（代表：西村雄郎広島大学教授）①「呉保育所・幼稚園調査2005」②「呉保育所・幼稚園児母親調査2006（以下「母親調査」）」③「呉女性調査2007（以下「女性調査」）」④「呉専門職女性調査2008（保育士・幼稚園教諭）」を指す。本章では他に⑤「未就園児母親調査2008を用いる（聞き取り）。特に断らない限り2節では③のデータ、3節では②のデータ、4節では①のデータを、5節では⑤のデータを用いる。調査内容やデータの詳細は拙著『子育て期に見る女性のライフコース選択の困難』3・4・6章を参照されたい。
2) 女性調査に先行して2003年呉市の公立・私立保育所施設長への聞き取りを行った。詳細は上記拙著2章を参照されたい。
3) 横断調査のデータを用いているため、直接個人のライフコースをたどることはできないが、現時点で各ステージにいる人たちについてライフコース選択の大きな傾向を把握するとともに、過去の経験や将来の展望も分析に組み入れる。
4) 5)　「母親調査2006」自由記述。
6) 「待機児解消のため」「年度途中に定員を超えた入所を認める」ことについては、保育環境の悪化、保育の質の低下、安全面の不安などが指摘されている。特に公立保育所では賛成意見と反対意見が拮抗しており、評価が分かれている。
7) 学童保育は未就学の子の母親にも将来設計に欠かせない支援で、関心は高い。
8) D共同保育園20周年記念誌、30周年記念誌。参与観察。なお同保育所は2015年社会福祉法人と合併し、2016年4月より認可保育園となっている。学童保育は認可されていないが、公益事業として存続している。
9) 市役所子育て支援課職員、子育て支援センター長からの聞き取りによる。2008年9月。場所は市役所、子育て支援センター。
10) 11)　子育てサークル会員、ファミリー・サポート会員、サロン利用者からの聞き取りによる。2008年9月～11月。場所は2か所の子育て支援センター、自宅。

参考文献
村山祐一，2004,「育児の社会化と子育て支援の課題について」『教育学研究』71-4.
佐々木さつみ，2012,『子育て期にみる女性のライフコース選択の困難』クリエイツかもがわ
山縣文治，2002,『現代保育論』ミネルヴァ書房

5章
呉市における高齢者の「生活」と「支援」
——地域ごとの多様性をふまえて——

田中里美

1. はじめに

　年金、介護サービスが公的に整備された現在、日本の高齢者は、子への依存から相対的に自由な存在になっているようにみえる。実際、高齢者のいる世帯中、1980年までは過半数を占めていた「三世代世帯」は、2000年には「夫婦のみ世帯」より、さらに2005年には「単独世帯」より少なくなった。2009年には「親と未婚の子とのみ世帯」をも下回り、2012年現在、15.3％と少数派となった（厚生労働省2014）。
　一見、自立した生活が営めるようになったかにみえる高齢者であるが、世帯が小さくなり、世帯から若い世代がいなくなっていることと合わせて、その生活の営みは、交通機関、小売店、近隣の人間関係等、地域の資源配置の影響を直接的に受けやすくなっているといえる。
　このことは高齢者が介護を受ける時期についても言える。介護保険制度を中心とする日本の高齢者福祉政策においては現在、地域をベースにした支援システム、すなわち地域包括ケアシステムの構築が進められている。これは、介護が必要になった高齢者はまず、自宅で家族のみによる介護を受け、その後、家族による対応が難しくなった時には（しばしば自宅からは遠方にある）施設に入所し、専門スタッフによる介護を受けるという、「自宅か施設か」の旧来型の介護モデルとは異なり、自宅をベースに、医療、保健、福祉の各機関によるサービス、さらには、民間サービス、近隣の助け合いの力を借りながら、健康の維持をはかり、要介護度の進行をできるだけ抑制しながら暮らす

ことを望ましいとする。

　さらに今後は、公助（公的資金による高齢者福祉サービス、生活保護他）、共助（社会保険による介護保険制度）、自助（高齢者の努力、民間サービスの購入等）、互助（地域の助け合い）からなるこのシステムのうち、前二者を基礎として、後二者を一層、伸長させることが期待されている。この際、後二者の組み合わせは、地域によって異なり、それぞれの地域で地域の実情に応じた地域包括ケアシステムが形成されると考えられている。端的には、都市部では、強い互助を期待することは難しいが、民間サービス市場が大きく、自助によるサービス購入が可能、一方、都市部以外の地域では民間市場は限定的だが、互助の役割が大きい、と考えられている。ちなみに地域包括ケアシステムが想定する地域の範域は中学校区である（厚生省 2013）。

　本章では、高齢者を取り巻く上記の状況をふまえ、高齢者の生活において重要性を増すようになった地域に注目する。本章では、合併によって大きく異なる特性を持った地域を含むことになった広島県呉市から、旧呉市中心部、新市で郊外に位置づけられることになった旧町、そして島しょ部の旧町、計3つの地域を取り上げ、高齢者を対象とした質問紙調査の結果から、地域ごとの高齢者の生活の成り立ちを明らかにする。そして、個々の地域の特徴に沿った行政による支援のあり方を考える。

　以下まず、呉市の高齢者施策をみる。次に、地域ごとの高齢者の生活と意識の実態を明らかにする。その上で、呉市各地域における高齢者支援のあり方の変化と現況を、市担当課職員、各地域の地域包括支援センター職員、市民センター（支所）の保健師等、関係者への聞き取りによって描く。最後に、合併後の自治体が、高齢者の福祉の実現のために果たすべき役割を考え、提案を行うこととする。

2.　呉市の高齢者施策

　現在の呉市は、合併後に作られた「第4次呉市長期総合計画」（2011～2020年）の実施下にある。

この計画の冒頭には、「市政を取り巻く環境」、「時代の潮流」として、日本の人口動態が取り上げられている。そして、「総人口が減少する中で、高齢者人口は引き続き増加を続けると見込まれており、これに伴い、経験・能力の豊かな高齢者の地域参加が見込まれる一方で、介護・医療等の社会保障負担の増大が懸念され」ると指摘し、高齢化が、地域社会および自治体財政におよぼすインパクトの正負両面での大きさを確認している。

　さらに、「市政を取り巻く環境」として、経済の低成長化・グローバル化、地方分権改革の進展、厳しい地方財政とともに、「地域力」の再生が言及され、従来の「行政主導」によるまちづくりが、生活基盤の整備、社会保障制度の充実を図る一方で、それぞれのまちが持っていた個性や特色、人のつながりを弱め、まちづくりのエネルギーとしての「地域力」を低下させたという認識を示している。

　この上で呉市は、市の目指すべき8つの方向を、①地域協働の推進、②市民の「健康寿命」の延伸、③雇用の創出、④特色ある資源を活かした地域の活性化、⑤都市機能の強化・充実、⑥子ども達の育成支援、⑦安全・安心なまちづくり、⑧地域環境への配慮としている。地域協働の推進が筆頭に挙げられている他、高齢化に関しては、その負の影響を出来るだけ小さくする方針が立てられていること、子どもの育成支援が項目として特に取り上げられている他、高齢者を対象とする項目がとくに建てられていない点が特徴的である。

　高齢者を対象とする呉市の施策は、「呉市高齢者福祉計画・介護保険事業計画」に掲げられている。現在は、2015年3月に制定された第6期（2015～2017年）事業計画の下にある。これは、2014年の介護保険法の改正を受け、〈地域包括ケア計画〉という副題が掲げられている。

　ここでは計画の基本理念は、「高齢者福祉・第5期介護保険計画」を引継いで、「高齢者がいきいきと暮らし、つながりのあるまち」と謳われている。これは、「高齢化の進展、一人暮らし高齢者や高齢者のみの世帯、さらには認知症高齢者の増加が見込まれる中、高齢者ができる限り介護を必要としない生活を送ることができるよう取り組むとともに、医療機関、民生委員など関

係機関等をはじめ、地域における交流・ボランティアなど地域活動との連携等により、住み慣れた地域で安心して暮らせるまちづくりに取り組むことを意味」していると解説されている。その上で、「地域包括ケアシステムを本市のあらゆる場所で確立させる」ことが目標とされている。

合併後の呉市は、高齢化の事実、高齢者の存在を無視していたわけではないが、むしろ市の未来を志向し、高齢化の負の影響を出来るだけ避け、次代の呉市を担う子どもを支援に目が向けられていた。しかしその後、合併後5年間の人口減少数が約1万1千人と、県内で最も高い減少率を示しており、全国的にみても第6位であること、2013年3月の高齢化率が31.0%と、人口15万人以上の都市では全国1位であること等、呉市の人口高齢化が、他市町との比較において際立っていることが認識されるようになり[1]、また、2014年の介護保険法の改正を受けて、市政における高齢者福祉施策の重要性、とくに地域における高齢者支援に力点が置かれ、現在に至っている。

3. 呉市各地区の高齢者の生活

旧呉市中心部、および、合併によって呉市となった旧町から2つの地域、すなわち、川尻町と豊町で、65歳から79歳を対象として、2009年11月から12月にかけて実施した、質問紙による郵送調査の結果から、それぞれの地域の高齢者の特徴をみる[2]。

3.1 調査地の概要

呉市の中心部は、呉港に続く平坦地に、JR呉駅、大規模小売店、商店街など商業施設、事業所、公共施設、住居用のビル、さらに一戸建ての住宅が立ち並ぶ地域である。複数の大規模な医療機関もある。調査対象地には、中学校が2校ある。

川尻町は、国道、JR線でつながる呉市中心部から、約15キロ東に位置する。海沿いの平地が町の中心であり、ここには工場や住宅が近接して立ち並んでいる。後背の山（野呂山等）に向かう緩やかな傾斜地には住宅と農地が

広がっている。川尻町は、音戸町と同様、旧呉市地区への通勤者を多く抱えるベッドタウンである一方、伝統工芸の筆作り、神田造船所川尻工場（1969〜）、グレーチングで国内トップシェアを誇るダイクレ川尻工場（1974〜）を擁し、呉市内でもとりわけ製造業に従事する者が多い地域である。東隣の安浦町同様、1960年以降、人口を増大させており、調査時点では市内で最も高齢化率が低い地域であった（26.5％）。町内に中学校は1校である。

豊町は、瀬戸内海に浮かぶ大崎下島の東半分を占める町である。合併後の2008年、島の西側に位置する豊島とその隣に位置する上蒲刈島を結ぶ橋がかかるまで、本土への足はもっぱら船であった。豊町では、島の西側に位置する豊浜町とは異なり、漁業従事者は少なく、農業に従事する者が多い。主要作物は、島の斜面を生かして栽培されるミカン（大長ミカン）である。出荷量はピーク時に比べ大幅に減り、担い手の高齢化が進むが、2014年現在も県内ではトップクラスである。島の東端には江戸時代に寄港地として栄えた御手洗港があり、現在は伝建地区に指定されている。町内には、Aコープと個人商店が2つ、飲食店は御手洗地区に数軒である。町内の中学校は大長地区に1つである。呉市と合併した安芸灘地区の島しょ部の他の3地域（蒲刈町、下蒲刈町、豊浜町）同様、高度成長期以降、人口が減少しており、調査時点での高齢化率は58％を超えている。

3.2 高齢者のプロフィール〜居住歴、最長職、経済状態、健康状態
(1)居住歴

以下、高齢者のプロフィールをみる（表5-1）。

まず居住歴をみると、地域ごとに大きな違いがあることがわかる。

中央地区は「生まれてからずっと」とするものは5.2％と少ない。呉市で生まれ、途中で他市町に居住し、再び呉市に住んでいる人についても7.2％にとどまり、これらを除く87.6％の住民が、他地域からの転入者である。その内訳をみると、「移住30年以上」が50％と最も多く、住民の半数は転入後、比較的長い期間、現在の地域で暮らしていることがわかる。その他、「移住10－29年未満」が18.8％、さらに「移住10年未満」と居住歴のきわめて

表5-1　高齢者のプロフィール統合表

		中央	川尻	豊	計 (N)
居住歴**	計 (N)	100.0 (250)	100.0 (255)	100.0 (143)	100.0 (648)
	生まれてからずっと	5.2	14.5	42.0	17.0
	途中他市町居住有	7.2	9.0	11.2	8.8
	移住30年以上	50.0	52.2	41.3	48.9
	移住10-29年未満	18.8	20.4	4.9	16.4
	移住10年未満	18.8	3.9	0.7	9.0
最長職**	計 (N)	100.0 (243)	100.0 (256)	100.0 (144)	100.0 (643)
	自営・家族従業	24.3	16.0	28.5	21.9
	農業	3.7	3.5	49.3	13.8
	漁業	0.4	1.6	0.7	0.9
	勤め人	32.1	52.3	6.2	34.4
	公務員・団体職員	14.8	6.2	8.3	10.0
	専業主婦	19.8	16.0	4.2	14.8
	その他	4.9	4.3	2.8	4.2
暮らし向き**	計 (N)	100.0 (251)	100.0 (260)	100.0 (140)	100.0 (651)
	ゆとり	4.4	3.5	3.6	3.8
	ややゆとり	12.4	8.8	2.1	8.8
	普通	57.8	53.8	52.1	55.0
	やや厳しい	17.1	20.8	28.6	21.0
	厳しい	8.4	13.1	13.6	11.4
主観的健康感*	計 (N)	100.0 (252)	100.0 (260)	100.0 (142)	100.0 (654)
	よい	17.9	16.5	7.7	15.1
	まあよい	19.8	15.0	17.6	17.4
	普通	40.9	38.5	47.2	41.3
	あまりよくない	19.0	23.8	21.8	21.6
	よくない	2.4	6.2	5.6	4.6

浅い者も18.8％いる。

　川尻町では、「生まれてからずっと」とするものは14.5％いる。川尻町で生まれ、途中、他市町で暮らし、再び川尻町に戻ってきているものは9.0％にとどまる。これらを除く、76.5％が他地域からの移住者である。移住者の中でも、「移住30年以上」とするものが52.2％と最も多く、住民の半数は転入後、比較的長い期間、現在の地域で暮らしている。「移住10-29年未満」

の者は20.4％である。中央地区との違いは、「移住10年未満」のカテゴリーにある。これは3.9％と極めて少ない。地付き層、および結婚を機にこの地で暮らすようになった者、さらに、中年期に住宅を取得して移入し、高齢期を迎えている者が暮らしていることが窺われる。

豊町は、これら2地区とはかなり異なっており、「生まれてからずっと」豊町にいる者が42.0％に上る。途中、他市町で暮らした経験のある者（11.2％）を含めると、実に53.2％のものが、豊町の出身者である。さらに、「移住30年以上」の者が41.3％に上る。高齢住民の大半が、この地域で生まれた長男とその妻であると思われる。

地付き層が地域に占める割合、移住者の移住後の居住歴の長短は、それぞれの地域の高齢者の人間関係に大きな影響を及ぼしていると推察される。

(2)最長職

つぎに、高齢者の最長職をみる。

中央地区では「勤め人」、「自営・家族従業」、「専業主婦」が多い。「勤め人」が32.1％、「自営・家族従業者」が24.3％、「専業主婦」が19.8％である。「公務員・団体職員」も14.8％いる。

川尻町でも中央地区と同様、「勤め人」、「自営・家族従業」、「専業主婦」が多い。ただその割合は異なっており、「勤め人」が52.3％と過半数を占めているのが特徴的である。「自営・家族従業者」16.0％、「専業主婦」16.0％で、「公務員・団体職員」は6.2％である。

豊町は「農業」が49.8％、「自営・家族従業」が28.5％、これら2つのカテゴリーで77.8％に達する。「公務員・団体職員」が8.3％、「勤め人」が6.2％、「専業主婦」は4.2％にとどまる。

中央地区の職業構成には多様性がみられる。一方、呉市の郊外にあって戦後、人口を増加させてきた川尻町は、「勤め人」の多い地区である。自営・家族従業者には、この地域伝統の筆づくりに従事する者も含まれよう。豊町では、農業に従事してきたものが50％近くに上る。居住歴と合わせて、豊島の高齢者の人間関係の濃さが窺える。

⑶暮らし向き

最長職をみたところで、各地域の高齢者の経済状態についてみておきたい。

中央地区57.8％、川尻町53.8％、豊町52.1％と、いずれの地域でも「普通」としているものが過半数を占める。次に「ゆとりがある」「ややゆとりがある」の合計と、「やや厳しい」「厳しい」の合計を比べると、いずれの地域でも後者の割合が高い。

中央地区では「ゆとりがある」とするものと、「ややゆとりがある」とするものが合わせて16.8％、「やや厳しい」と「厳しい」とするものが合わせて25.5％と、やや「厳しい」側にボリュームがある。川尻町では「ゆとりがある」、「ややゆとりがある」は合計で11.6％、「やや厳しい」と「厳しい」の合計は、33.9％であり、中央地区に比べ、より「厳しい」側にボリュームがある。豊町では、「ゆとりがある」、「ややゆとりがある」と答えた者は合計しても5.7％にとどまり、「やや厳しい」、「厳しい」と自らの暮らし向きを評価するものが42.2％にのぼる。

⑷健康状態

さらに、高齢者の現在の健康状態（主観的健康観）についてみると、どの地域でも、「普通」と回答した者の割合が最も高い。中央地区で40.9％、川尻町で38.5％、豊町で47.2％である。「よい」と「まあよい」の合計をみると、中央地区で37.7％、川尻町で31.5％、豊町で25.3％、「あまりよくない」と「よくない」の合計をみると、中央地区で21.4％、川尻町で30.0％、豊町で27.4％となっている。中央地区は、川尻町、豊町に比べ、全体的に健康状態の良い者の割合が高いことがわかる。

ここまでに呉市内3地域の高齢者のプロフィールをみてきた。呉市で現在高齢期を迎えている住民は、居住地域ごとに、来歴（居住歴、最長職）に大きな違いがあり、また、現在の暮らし向き、健康状態にも地域ごとに差異があることが明らかになった。

3.3 高齢者の人間関係〜家族、地域

(1)世帯構成

次に、高齢者の人間関係をみる（表5-2）。

まず世帯構成をみると、いずれの地域でも夫婦二人暮らしが最も多い。しかしその割合には違いがある。中央地区は44.6％、川尻町では50.4％、豊町では59.2％に達する。中央地区と川尻町では、既婚子と同居している世帯はそれぞれ、10.4％、10.1％である。未婚子と同居している世帯は、中央が15.1％、川尻が18.6％である。一方、豊町においては、既婚子と同居している世帯は6.1％、未婚子と同居している世帯は、9.5％にとどまる。一般的には、高齢者のみ世帯は都市部に多く、農村部には既婚子との同居世帯が多いイメージがあるが、呉市では、むしろ中心部、郊外地域の高齢者に子どもとの同居世帯が多く、豊町にはそれが少ない。豊町は、島外への通勤が難しいこと、島内には子ども世代に適した仕事が無いことが影響しているものと思われる。

(2)子ども

高齢者の子どもは、どこに住み、高齢者とはどの程度、連絡を取り合っているだろうか。

まず、子どもの居住地についてみると、中央地区の高齢者の子どもは、同居している者が16.6％あり、町内もしくは市内に住んでいる子どもが合わせて28.9％いる。川尻町では、同居の子どもが17.5％、町内に暮らす子どもが18.4％、市内に暮らす子どもが16.2％いる。中央地区と同じく、同居を含め、比較的近隣に住む子どもが多い。豊町では、同居の子は7.5％、町内に住む子が2.9％、市内に住む子が5.2％と、近くに住んでいる子どもがほとんどいない。子どもの36.9％が広島市に、32.0％が県外に暮らしている。

別居子（複数いる場合は、最も連絡を頻繁に取っている別居子）との連絡頻度をみると、地域による差がある。中央地区の高齢者は「毎日かほとんど毎日」

表5-2 高齢者の人間関係統合表

		中央	川尻	豊	計 (N)
世帯構成	計 (N)	100.0(251)	100.0(258)	100.0(147)	100.0(656)
	夫婦二人暮らし	44.6	50.4	59.2	50.2
	一人暮らし	20.7	14.3	17.0	17.4
	未婚子同居	15.1	18.6	9.5	15.2
	既婚子同居	10.4	10.1	6.1	9.3
	その他	9.2	6.6	8.2	7.9
子どもの居住地	計 (N)	100.0(409)	100.0(489)	100.0(306)	100.0(1204)
	同居	16.6	17.6	7.5	14.6
	町内	5.9	18.4	2.9	10.2
	市内	23.0	16.2	5.2	15.7
	広島市	15.6	13.5	36.9	20.2
	県内	8.3	13.7	15.4	12.3
	県外	30.6	20.9	32.0	27.0
別居子との連絡頻度	計 (N)	100.0(185)	100.0(198)	100.0(117)	100.0(500)
	毎日かほぼ毎日	27.6	20.2	10.3	20.6
	週に1～2回	27.6	30.3	23.1	27.6
	月に2～3回	23.2	32.3	50.4	33.2
	年に数回程度	17.3	16.7	15.4	16.6
	ほとんど連絡せず	4.3	0.5	0.9	2.0
近所づきあい(複数回答)	N	251	260	144	665
	挨拶	95.2	95.0	86.1	93.1
	物のやり取り	46.6	69.2	72.9	61.4
	慶弔の式典	44.6	69.2	67.4	59.4
	家の行き来	12.7	30.4	50.0	27.9
	長い世間話	13.5	21.5	31.9	20.8
	食事一緒	7.6	8.1	11.8	8.7
	物の貸し借り	1.2	8.5	19.4	8.1
	外出一緒	9.6	15.0	13.9	1.7

と、「1週間に1～2回程度」が、いずれも27.6％ある。川尻町では、最も多いのは「1ヶ月に2～3回程度」で32.3％、次が「1週間に1～2回程度」の30.3％である。豊町も川尻町と順位は同じながら、「1ヶ月に2～3回程度」

が50.4％と過半数を占め、これについで多いのは「1週間に1〜2回程度」の23.1％となっている。

子どもが比較的近くに住んでいる中央地区の高齢者の方が、子どもの居住地が遠い豊町の高齢者よりも、子どもとの連絡を頻繁に取っていることがわかる。

(3)近所づきあい

次に、高齢者と近隣の人とのつきあいに目を転じてみよう。

いずれの地域の高齢者も、「あいさつ」は高い割合で行っている（中央地区95.2％、川尻町95.0％、豊町86.1％）。中央地区の高齢者については、「あいさつ」の他には、「物のやり取り」が46.6％ある程度である。地付き層と転入者の混在が窺われる川尻町では、中央地区、およびこの後でみる豊町の中間の性格を示している。「物のやり取り」は69.2％あり、この他に「家の行き来」が30.4％、「長い世間話」が21.5％、「一緒に外出する」が15.0％ある。豊町では、これら2地区と比べ、近所づきあいの濃密さが顕著である。「物のやり取り」は72.9％、「家の行き来」は50.0％、「長い世間話」は31.9％、さらに「物の貸し借り」も19.4％となっている。

(4)サポート関係

高齢者は、社会関係から様々なサポートを得、またサポートを提供している。

高齢者の社会関係に関する先行研究は、社会関係には、「サポート（情緒的サポートおよび手段的サポート）」と、「情緒的一体感」（親密さ）という二つの基本的な次元が区別され、後者がより基底的であると指摘している（浅川他、1999）。高齢者が手段的サポートの提供者であり、また受領者であるとして、「ちょっとした用事をしてくれた人」、「(同)してあげた人」、そして、「情緒的一体感」を計るために「いっしょにいるとほっとする人」を尋ねた（表5-3）。

①「一緒にいるとほっとする人」、すなわち情緒的一体感を持てる人の属性をみると、支持された順序は違うが、中央地区および川尻町で同じ属性が

表5-3 ほっとする人、用事をしてくれた人、してあげた人〜上位5人（複数回答）

	ほっとする人		用事をしてくれた人		用事をしてあげた人	
中央	近隣以外の友人	32.0	別居の娘	34.8	別居の娘	33.9
	妻	31.6	妻	33.0	妻	32.2
	別居の娘	31.1	近隣以外の友人	28.8	近隣以外の友人	28.0
	兄弟姉妹	25.8	兄弟姉妹	27.6	兄弟姉妹	27.6
	夫	25.4	別居の息子	26.2	別居の息子	25.5
N		244		233		239
川尻	妻	40.5	別居の娘	43.0	別居の娘	33.9
	別居の娘	38.9	妻	41.8	妻	32.2
	兄弟姉妹	34.5	兄弟姉妹	38.3	兄弟姉妹	38.3
	近隣以外の友人	33.4	別居の息子	35.2	別居の息子	34.7
	夫	24.2	近隣	30.7	近隣	30.2
N		252		244		248
豊	夫	36.2	近隣	43.1	近隣	42.1
	兄弟姉妹	36.2	別居の娘	36.5	別居の娘	35.7
	妻	34.1	兄弟姉妹	35.7	兄弟姉妹	35.7
	近隣	29.0	夫	33.6	夫	32.9
	別居の娘	24.6	妻	32.8	妻	32.1
	近隣以外の友人	24.6				
N		138		137		140

挙がっている。妻（中央地区31.6％、川尻町40.5％）および夫（中央地区25.4％、川尻町24.2％）、別居の娘（中央地区31.1％、川尻町38.9％）、兄弟姉妹（中央地区25.8％、川尻町34.5％）そして、近隣以外の友人（中央地区32.0％、川尻町33.4％）である。

　豊町では、夫、兄弟姉妹がいずれも36.2％、妻が34.1％、近隣が29.0％、別居の娘および近隣以外の友人が同率で24.6％である。中央地区、川尻町とは異なり、近隣の人が挙がっているのが特徴である。

　②「ちょっとした用事をしてくれた人」として、中央地区および川尻町の高齢者は、別居の娘（中央地区34.8％、川尻町43.0％）、妻（中央地区33.0％、川尻町41.8％）、兄弟姉妹（中央地区27.6％、川尻町38.3％）、別居の息子（中央地区26.2％、川尻町35.2％）を挙げている。この他、中央地区で、近隣以外の友人（28.8％）、川尻町では近隣が挙げられている

(30.7％)。豊町で最も多いのは近隣（43.1％)、続いて別居の娘（36.5％)、兄弟姉妹（35.7％)、夫（33.6％）および妻（32.8％）となっている。

③「ちょっとした用事をしてあげた人」は、いずれの地区でも、「ちょっとした用事をしてくれた人」の属性、順位と全く同じである。中央地区の高齢者では、別居の娘（33.9％)、妻（32.2％)、近隣以外の友人（28.0％)、兄弟姉妹（27.6％)、別居の息子（25.5％)、川尻町の高齢者では、別居の娘（33.9％)、妻（32.2％)、兄弟姉妹（38.3％)、別居の息子（34.7％)、近隣（30.2％）である。豊町の高齢者では、近隣（42.1％）が最も多く、続いて別居の娘（35.7％)、兄弟姉妹（35.7％)、夫（32.9％)、妻（32.1％）となる。

中央地区の高齢者については、近隣の人との関係の薄さが窺える。配偶者、別居子、兄弟姉妹の他に、近隣以外に住む友人との間に情緒的一体感を感じており、この人達との間に支援の授受がある。豊町の高齢者については、配偶者、別居の娘、兄弟姉妹の他に、近隣の人びととの間に活発なサポートの授受がある様子が窺える。川尻町の高齢者については、両者の中間の性格を示している。

呉市3地域の高齢者の人間関係をまとめてみると、中心地域の高齢者が、子どもが近くに住み、連絡も頻繁に取っていること、安芸灘諸島東端に位置し、2008年まで架橋で本土側につながっていなかった豊町では、子どもが近くに住んでおらず、子どもとの連絡頻度も低いことが明らかになった。その一方で、豊町の高齢者には、情緒的な一体感を感じられる人、ちょっとした用事をしてあげたり、してもらったりする人が近隣に多く存在していることが分かった。同じ土地に暮らし、長年にわたり同じしごとに従事してきた近隣住民との助け合いの様子が窺われる。

3.4　ふだんの生活

(1)外出頻度、生活時間

外出頻度、生活時間についてみる（表5-4)。

外出頻度については、中央地区の高齢者に、「ほぼ毎日」外出するとした者が55.2％あり、「ほとんど外出せず」としたものは3.2％にとどまってい

I部　呉市の研究

表5-4　外出頻度、生活時間統合表

		中央	川尻	豊	計 (N)
外出頻度 **	計 (N)	100.0(248)	100.0(255)	100.0(128)	100.0(631)
	ほぼ毎日	55.2	29.8	37.5	41.4
	週2〜3回	31.2	38.8	17.2	31.4
	週1回	10.5	21.6	20.3	17.0
	ほとんどせず	3.2	9.8	25.0	10.3
生活時間 **	計 (N)	100.0(247)	100.0(255)	100.0(143)	100.0(645)
	時間に追われている	23.5	19.6	35.0	24.5
	ちょうどよい	69.2	67.1	60.1	66.4
	暇を持て余す	7.3	13.3	4.9	9.1

る。商業施設が集中する中心市街地としての地域の特性と高齢者の日常生活が対応している。一方、豊町の高齢者は、「ほぼ毎日」外出するものが37.5％いるのに対して、「ほとんど外出せず」としたものも25.0％いる。これは、中央地区と異なり、商業施設がほとんどない豊町では、"外出"イコール"お出かけ"と受け取り、畑仕事等、近隣への外出については、外出であると考えなかった高齢者が多かったためと推察される。川尻町の高齢者は、「ほぼ毎日」外出するとした者が3地域の中では最も少なかった。

　ふだんの生活時間についてみると、どの地域でも「ちょうどよい」とする回答が最も多く、中央地区69.2％、川尻町67.1％、豊町60.1％である。「時間に追われている」とする者は豊町に最も多く35.0％、中央地区23.5％、川尻町では19.6％にとどまった。「暇をもてあましている」とする者は川尻町に最も多く13.3％、中央地区および豊町では、それぞれ7.3％、4.9％にとどまった。

(2)たのしみごと

　高齢者は、何を日々の楽しみとして生活しているだろうか (表5-5)。

　共通の楽しみごととしては、テレビやラジオ視聴の他、新聞や雑誌の購読、旅行がある。

表5-5 たのしみごと（複数回答）

	中央	川尻	豊
N	251	261	140
中央→川尻→豊			
TV、ラジオ視聴	62.2	56.3	53.6
新聞、雑誌	43.4	34.9	33.6
旅行	39.0	30.7	27.9
買い物	37.1	26.8	17.9
散歩	31.1	27.6	15.0
読書	25.5	18.0	13.6
家族、親族	25.1	20.7	15.7
運動	19.9	12.6	10.0
稽古、習い事	19.9	14.9	12.9
喫茶、飲食店	13.1	5.7	5.0
カラオケ	11.2	10.0	8.6
豊→川尻→中央			
農作業・釣り	11.2	36.4	55.0
園芸	19.5	22.2	26.4
別居家族帰省	8.8	11.11	26.4
→川尻			
友人・知人	32.3	25.3	30.0
地域・ボランティア	10.8	9.2	17.9

　地域ごとの違いに注目すると、中央地区の高齢者については、以上の他、買い物、喫茶店や飲食店通い、散歩、読書の他、運動・スポーツ、稽古事・習い事が楽しみにされている。この地区が、商業施設、運動や趣味の機会に恵まれている様子が窺える。この他、家族・親族との交流も他の2地域に比べて多い。家族・親族と頻繁に交流できるのは、家族・親族が近隣に居住しているからであると予想される。一方、豊町では、農作業や釣り、そして別居家族の帰省が楽しみとされている。川尻町の高齢者には、他の2地区と比べて際立つ楽しみごとは見当たらなかった。商業施設の集積地ではなく、農業とともに生きる生活習慣に欠ける人が多いためだろうか。逆に、他の地域の高齢者に比べて選択された比率が少ないものとして、「友人・知人と過ごす」、「地域活動やボランティア」が挙げられる。川尻町では、後でみるよう

に、社会福祉協議会を中心に、呉市内でも有数なボランティア活動の活発な地区であり、住民への働きかけが行われているが、「地域活動やボランティア」を楽しみにする人の割合は、中心市街地と同様の低率に留まっている。

(3)今後の過ごし方

老後生活の過ごし方について、「人付き合いにはできるだけ関わらず、静かに暮らす」という意見に対する考え方を尋ねた(表5-6)。

中央地区および川尻町では、「あまりそう思わない」とするものが最も多かった(中央地区35.8％、川尻町33.3％)。この意見に対して豊町では、「そう思わない」とするものが最も多く、43.3％に上った。豊町では、人付き合いに関わらない静かな暮らしは、老後の過ごし方として好まれていない。

以上、ふだんの生活についても、地域による違いが大きくみられた。中心市街地の高齢者は、商業施設が集積する地域特性と見合った楽しみをもっており、また、近くに住む子どもとの交流も楽しみにされている。豊町では、農業・釣り、園芸、そして帰省してくる子どもとの交流が楽しみにされている。川尻町の高齢者は、これら2つの地域の中間的性格を示している他、時間を持て余している高齢者の割合がやや目立つ。

表5-6 今後の過ごし方 **

		中央	川尻	豊	計
「人付き合いにはできるだけ関わらず静かに暮らす」	そう思う	11.6	12.0	13.4	12.2
	ややそう思う	26.7	29.1	17.2	25.5
	あまりそう思わない	35.8	33.3	26.1	32.7
	そう思う思わない	25.9	25.6	43.3	29.7
	計 (N)	100.0(232)	100.0(234)	100.0(134)	100.0(600)

3.5 地域の助け合い

「地域の福祉の状態」は、3つの地域で、高齢者によってどのように評価されているだろうか(図5-1)。

「地域に住む人の生活の状態について住民同士がよく知っている」、「障害のある人も無い人も、ともに暮らしていこうという雰囲気がある」、「認知症

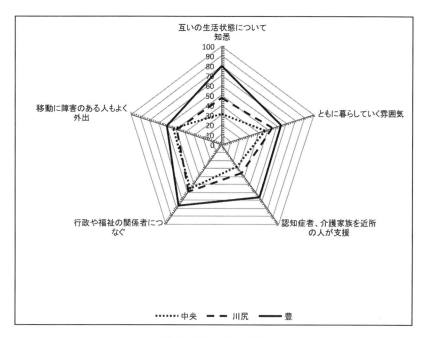

図5-1 地域の福祉の状態

の人やその介護家族について、近所の人はよく助けている」、「住民は、助けが必要な人をみつけたら、行政や福祉の関係者につなごうとしている」、「移動に障害のある人も、車椅子などを利用してよく外出している」という見方に対する賛否を聞いた。

　5つの問いのいずれについても、豊町の高齢者が他の2地域を上回る賛同を示している。「そう思う」、「ややそう思う」の合計をみると、豊町の高齢者が最も、お互いの生活状態を知悉し（中央31.4%、川尻町47.9%、豊町80.3%**）、障害を抱えた者も共に生きる雰囲気を感じ（中央47.1%、川尻町54.6%、豊町64.3%*）、認知症の高齢者、介護家族を支援し（中央27.3%、川尻町35.6%、豊町65.6%**）、問題を抱えた人について行政につなごうとしている（中央55.1%、川尻町59.4%、豊町76.8%*）。「移動に障害のある人も、車椅子などを利用してよく外出している」も豊町に多い（中央53.1%、川尻町49.6%、豊町60.7%*）。

先にみたとおり、豊町では、子どもとの同居、近居が難しい中、近隣同士の緊密な人間関係をベースに、お互いの様子を気にかけ、助け合って暮らしている様子が窺える。地域の人びとの相互理解、具体的支援、共生の雰囲気については、豊町における評価が最も高く、中央地区が最も低く、川尻町はその中間という結果になった。

4. 呉市各地域での保健福祉活動、助け合い活動

呉市各地域では、旧市、旧町時代から、行政職員、高齢者福祉関係者、住民、各レベルで、高齢者福祉の独自のとりくみが行われてきており、それは合併、介護保険法の改正に対応しながら変化をみせている。ここでは、市役所担当課の他、合併後、各種届出・税証明書公布および講座の開催・貸館を管轄している市民センター（旧市内9、旧町8の計17）、介護を含め、高齢者福祉全般の相談を担う地域包括支援センター（生活圏域ごとに8）等で行った聞き取りの結果から、各地域における高齢者福祉活動の現状についてみる。

4.1 中央地区

地域包括支援センターの設置後まもなく、2007年の聞き取りの際には、中央地区の地域包括支援センターの職員は、管轄地区について、「地域が無いから入って行けない」と語っていた。認知症の高齢者の見守りネットワークを形成しようと消防署に話をもちかけても反応が鈍く、特定高齢者の支援事業のため、高齢者にアクセスしても、「行政でもない機関がなぜ突然、自分の健康状態についてものを言ってくるのか」といぶかしがられ、また、オートロックのマンションに住む高齢者には、直接会うこともできないといった状況に置かれた。

高齢者の健康維持と安否確認に重用されたのが弁当の宅配である。呉市の中心部には、宅配を行う弁当業者も複数、存在する。自分の生命の保持にも関心をみせない高齢者に対して、まず弁当を取ることをすすめ、業者には、配達時に高齢者の様子をみて、服薬を促す等の声掛けをしてもらうようにす

るなどの工夫がなされた[3]。

　2015年の聞き取りでは、認知症で徘徊する高齢者に対する声掛け、保護に関して、警察、消防等からアドバイスを求められ、研修を行う等、地域包括支援センターが、地域の高齢者の相談先として、地域の諸機関にも認知されている様子が窺われた。

4.2　川尻町

　川尻町では、旧町時代、保健、福祉、社会教育、様々な施設が、町の中心部に集中的に整備され、これらおよび町内各地区の集会所[4]を拠点に各種活動が行われ、ボランティアが育っていた。

　旧町時代の保健センターは、国保連、ヘルス事業、補助事業を取り入れて保健活動の幅を広げ、ボランティアを育てながら事業展開を行っていた。たとえば、食生活指導は、各地区の集会所を拠点とし、それぞれにお世話係が生まれていた。広島県が考案した体操を取り入れて始めた「健康くれ体操」(1997～) は、後に町社会福祉協議会の事業「健康さわやか体操」となった。「おたっしゃクラブ」(1988～) も、後に地区社協の事業になっている。この事業は、地区社協が費用をまかない、平日毎日、川尻町社会福祉協議会が入る「福祉センターふれあい」を会場に、要介護になる前までの健康づくりを行うもので、ボランティアの指導者により、音楽に合わせて軽体操、合唱などを行ってきた。参加者の送迎についてもボランティアが担当してきたため、比較的遠方、傾斜地に住む者も通うことが可能であった[5]。

　町社協ではこの他、介護保険制度の対象者からはもれるが、日常的に支援が必要な人のために、お互い様の精神で住民がちょっとした支援をする仕組みである「くらしの応援隊」、町内10か所の集会所で1週間を通して行われている「ふれあい広場」(多い時には200人程が登録)、平日の昼食 (300-400円) 配達、困り事や要望などを寄せてもらう「つぶやきカード」の事業など、多彩な活動を展開していた。

　合併後、町の保健センターは、市の保健出張所となり、決定、決済の権限を失った。旧川尻町時代からの保健師は、「呉市にはないものが川尻町には

あったにもかかわらず、町の保健所は、市の保健所の下請けになってしまう。小さい町ならではの地域の気づき、思いが実践につながらなくなった」、「ふれあいいきいきサロンや老人会に出る人はいい。人なかに出るのは嫌という人はご家族も大変。なんらかの働きかけをしなくちゃと思うが出来ない」と、合併後、町独自の事業を実施出来なくなったもどかしさを語っていた。

　合併後は川尻町社協も市の社協の支部組織となり、町社協が独自に実施していた事業は出来なくなった。透析患者の送迎や、介護用ベッドの貸出は、2006年には停止となった。

　川尻町では、平日、毎日開催されていた上記「おたっしゃクラブ」が、週2回となり、最終的に2014年度いっぱいで終了した。これについては、高齢者の世代交代と、介護保険制度の定着が直接の原因となっている。介護保険制度において、口腔、栄養、筋力アップ各領域で、介護予防の活動が行われるようになり、利用者および家族に、専門家の指導の下、明確な目的を設定して行われる教室に参加した方がいいという意識の変化が生まれたのである。2015年度からは、常設型のお茶の間サロン「きんさいや」として、介護者を含む幅広い年齢層の交流の場となった。ボランティアによる送迎も無くなり、徒歩で参加出来る人が利用者の中心となっている[6]。

4.3　豊町

　豊町では、旧町時代に、「島民全員ヘルパー」事業を興し、多くの住民がヘルパー養成講座を受講した。この受講生たちが、現在に至るまで住民の助け合いを支えている。

　ミカン栽培が盛んな豊町では、高齢者にも農業をする人が多く、しごとの邪魔になってはいけないという思いから、日中、立ち話も遠慮するようなところがある。島外に出るのに船が使われていた頃は、船着き場が人びとのサロンのようになっていたが、2008年の豊浜大橋の開通にともなって船便が廃止となり、人々は集う場をいったん無くした。介護保険のデイサービスに行けば、気兼ね無くおしゃべりできるという高齢者がいる。デイサービスに通う高齢者に対しては、近隣の人が、朝、高齢者宅を訪ねて、「今日はデイ

サービスの日だ」と高齢者に思い出させる等している。お好み焼き屋のある集落では、ここでおかずを得て帰る高齢者もいる。支援する側の女性達もしだいに高齢になり、支援が可能な人間がいなくなることが心配されている。

豊町は現在、下蒲刈町、蒲刈町、豊浜町とともに、安芸灘地域包括支援センターの管轄下にある。旧町単位、島ごとに、介護保険制度のメニューがすべて揃っているわけではないが、四島をセットとして考えれば、そのうちのいずれかでケアを受けることが可能である。

しかし、問題が無いわけではない。車での交通は可能になったものの、距離があり、往復には時間がかかる。橋でつながった本土側、川尻町の社会福祉協議会は、行き来にかかる時間を考えると、島での訪問介護は採算が合わないため、引き受けられないとしている。一方、島に住み、介護職に就く人は多くない。島の介護施設で働く人たちは、施設の送迎で本土側から通勤している。島であらたに募集を行っても、十分な介護職者を確保することが出来ない、慢性的な人不足の状態にあるというのが現状である[7]。

5. 合併後の呉市における高齢者福祉の今後

本章では、現代の日本では、高齢者の福祉に居住地の性格がもたらす影響が比重を増しているという視点から、合併後の呉市の3つの地区、すなわち、呉市中心部、川尻町、豊町の高齢者の生活と意識をみてきた。各地区の高齢者の属性、生活と意識には大きな違いがみられた。また、各地区の保健福祉活動にも違いがみられた。

それぞれの地域には、異なる背景を持った人、地域資源、その組み合わせからなる高齢期に至った住民の生活の成り立ちがある。それぞれの地域で営まれている生活の強みを活かし、不足を補う対策がすでに試みられてきているが、ここで、行政が行いうることをとくに考えてみると、以下のようになる。

呉市の中心市街地に位置する中央地区は、人口の移動が比較的高い地域である。既婚子と同居している高齢者は他の地域同様、低い割合に留まるが、

近距離で別居している子どもを持つ高齢者は多く、交流の頻度も高い。地域には、商業施設、医療機関、社会福祉サービスも多い。子どもとの交流、地域の様々なサービスの利用によって日常生活を過ごしており、住民間の助け合いの果たす役割は限定的である。人のつながりの中に出て来ない高齢者に対しても、民間事業者を通した支援が可能となっている。この地域については、行政は民間業者、また、高齢者支援の拠点である地域包括支援センターが活動しやすいよう、側面的な支援を行うことが望まれる。

川尻町は、人口の移動が比較的低い地域である。地付き層とともに、中年期以降に移住した高齢者も暮らしている。中央地区ほど地域に商業施設、医療機関は集積しておらず、一方で豊町のように住民の多くが農業に従事している地域でもない。外出の機会に乏しく、時間をもてあましているとする高齢者が他の2地域に比べて多くみられる。退職後、居住地域で過ごす時間が多くなった高齢者が、すべきことを模索している様子が窺われる。この地域は、旧町時代から、町の保健師や社会福祉協議会による、町独自の保健福祉活動の蓄積がある。あらためて、ボランティア活動を含む、生きがい活動を広げていく必要も余地もある地域である。

豊町は、高齢者世代の居住歴の長さが特徴的である。この世代は、子どもを島外に送り出し、自分達は農業を営みながら、島で年を重ねてきた。近くに住まない子どもとの連絡頻度は低く、同じ境遇の高齢者同士の近所づきあいの中でサポートの授受が行われている。高齢化が極度に進んだ地域では、住民の中から、あらたなボランティアはもとより、介護職員を探すことも難しい。交通手段、小売店等、民間のサービスが限られ、住民の高齢化が極端に進行しているこの地域では、地域の高齢者福祉の実現に果たすべき行政の役割はとりわけ大きいと言える。高齢者福祉の枠を越えた広い見地からの支援が必要となるだろう。

豊町にはすでに地域おこし協力隊員として、30代から40代の者が島にやってきている。また、定年後、また定年を見据えて、島で家業のミカン栽培を継ぎ、手伝うようになっている者もいる。島と本土側を行き来して暮らす人の交通を容易にするため、安芸灘大橋の割引回数券が発行されるように

なったが、通行料を無料にできないか、可能性を模索する必要がある。また、島に各種のサービスを呼び戻すためにも、島の居住人口を確保することが必要である。島への移住希望者を積極的に募り、島での住宅を提供し、島における仕事の一つとして改正介護保険法下でのコミュニティカフェの運営にあたってもらう等、さまざまな提案、支援が行えるだろう。離れて暮らす子ども達の支援を活性化させ、また、高齢者に対する支援者を多様化、増大させるための様々な思い切った決定、しくみの創設が求められる。

　平成の大合併後、10年が経過した。合併後の自治体ではまず、市内各地域の行政サービスの標準化が図られたが、今後はふたたび、それぞれの地域の状況にあった地域包括支援システムを構築していくことが求められている。呉市を例に本章で行ったような、地域ごとの高齢者の暮らしの実態の把握、一方での地域ごとの資源の把握に基づいた、包括的な観点からの高齢者支援が求められている。

謝辞
　呉市高齢者福祉関係部署の皆さんには2007年夏以降2015年夏に至るまで、複数回の聞き取りで大変にお世話になった。記して感謝する。

注
1) 5年間の人口減少率については、2005年と2010年の国勢調査速報にもとづく。
　県内での位置づけは、以下参照 (http://www.kenshu-hiroshima.jp/)。15万人以上都市中、高齢化率31.0％、全国1位は、2013年3月時点の住民基本台帳ベースにもとづく呉市高齢者福祉部独自試算。
2) 中央400、川尻町400、豊町200、計1,000通を郵送にて配布した。有効回収率は67.3％であった (田中 2009)。以下、カイ自乗検定の結果は、* ≦ .05、** ≦ .01として表す。
3) 呉市中央地域包括支援センターでの聞き取りより。2008年2月6日
4) 川尻町の集会所には祭壇があり、地区の人々は集会所で葬式を行っている。また、香典返しの寄付により、年間800万円が川尻町社協に寄付されてきた。
5) 運転ボランティアの会として、個々人の他、社協の運営もバックアップしてきた。
6) 川尻支所 (2008年3月18日、2009年3月16日)、川尻社協 (2008年2月14日)、での聞き取りより。
7) 安芸灘地域包括支援センター (2007年9月13日)、豊市民センター (2009年3月19日)、蒲刈市民センター (2015年7月27日) での聞き取りより。

参考文献

浅川達人・古谷野亘・安藤孝敏他，1999,「高齢者の社会関係の構造と量」,『老年社会科学』、21: 329-338.

厚生労働省 , 2013,「地域包括ケアシステムについて」(2013年11月8日第99回市町村職員を対象とするセミナー資料)

呉市，2011,『第4次 呉市長期総合計画基本構想編』
　　http://www.city.kure.lg.jp/chokei_page/chokei110805.html

呉市，2012,『呉市高齢者福祉計画・第5期介護保険事業計画』
　　http://www.city.kure.lg.jp/~kaigo/data/jigyo-keikaku.pdf

呉市 , 2015,『呉市高齢者福祉計画・第6期介護保険事業計画』
　　http://www.city.kure.lg.jp/~kaigo/data/zigyo-keikaku.pdf

呉市川尻町，2015,『広報かがやき』4月 No.132

厚生労働省2010　http://www.mhlw.go.jp/toukei/saikin/hw/k-tyosa/k-tyosa10/1-2.html

田中里美，2009,『「高齢期の暮らしと地域に関する調査」－呉市の集計結果報告』平成19年度～平成21年度科学研究費補助金（基盤研究(B))研究成果報告書第3輯.

6章
編入合併地域における地域づくり
——呉市蒲刈町を事例として——

西村雄郎

1. はじめに

　呉市の「合併建設計画」によれば、合併は芸南地域の中核都市である呉市の人口規模、範囲域を拡大させ、「1) 広い視野でのまちづくり施策の展開と個性的な地域づくりの推進、2) 各種サービスの充実による住民の利便性の向上、3) 道路網などの生活インフラの整備促進」(呉市・蒲刈町合併協議会：8) などのメリットをうむとされる[1]。

　しかし、我々が行った調査結果を用いて蒲刈町民の合併評価 (図6-1) をみると[2]、蒲刈町になかった消防署が合併によって設置されたことに対す

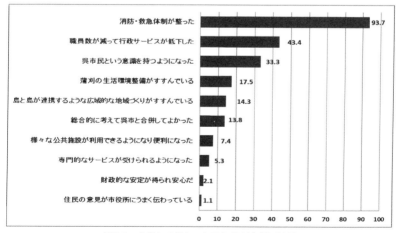

図6-1　合併して良かったこと (MA) (N=189)

注：「そう思う」と回答のみ。

る評価は高いものの、これ以外の項目の評価は低いものとなっている。とくに呉市が合併にあたってそのメリットとしてあげた「専門的なサービスを受けられる」「様々な公共施設が利用できるようになる」「財政的な安定が得られる」と言った項目の評価は数パーセント台にとどまり、「蒲刈町の生活環境整備もすすまず」「島と島が連携するような地域づくりもすすんでいない」と住民が評価していることがわかる。しかも「職員数が減って行政サービスが低下した」とはさほど強く思わないものの、「住民の意見が市役所にうまくつたわっていない」とする人が98.9%にも及び、「総合的に考えて呉市と合併してよかった」と感じている住民は13.8%にとどまっている。

ここでは呉市が編入合併した町の中で、人口減少、高齢化がすすむ地域の事例として蒲刈町を取り上げ、地域特性に検討を加えた上で、編入合併された町住民からみた地域づくりのあり方について検討を加えていきたい。

2. 蒲刈町の地域特性

1）蒲刈町の位置と歴史

呉市蒲刈町は、図6-2のように安芸灘諸島に属する上蒲刈島と無人の9つの小島から構成された18.9㎢の地域である。東から大浦、宮盛、田戸、向の4つ集落が安芸灘に面してならぶ蒲刈島は、標高457mの七国見山を中心とした山稜が東西にのび、山地から海岸線まで急傾斜地が続いている。このため陸路を利用しての集落間の往来は困難で、1964年に向〜大浦間でバスが運行されるまで、海上交通が主要な交通手段となっていた。

このような地形的条件に規定されて旧蒲刈町は明治以降複雑な合併、分村を繰り返している。1889年の町村制施行時には、江戸期の支配単位であった上蒲刈島と下蒲刈島の2島で蒲刈島村が発足している。しかし、1891年には上蒲刈島東部に位置する大浦、宮盛、田戸の3地区からなる上蒲刈島村と、下蒲刈島に面した向地区と下蒲刈島の下島、三之瀬、大地蔵からなる下蒲刈島村の2村に分村している。この後、1947年には下蒲刈島村から向浦地区が分離して向村となり、さらに1956年新市町村建設促進法により上

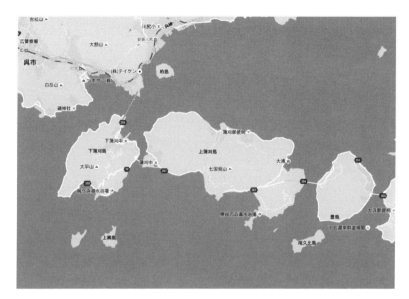

図6-2　蒲刈町の位置と地域
@Google

蒲刈島村と向村が合併して蒲刈町が誕生している。そして、2005年には国、広島県庁の強い方針のもと平成の大合併が推進される中で、呉市に編入合併された。

呉市中心部とは2000年に開通した安芸灘大橋（「普通車」片道通行料金720円）と、1979年に下蒲刈島との間に結ばれた蒲刈大橋を経由して約1時間の距離にあり、東に位置する豊島、大崎下島とは2008年に開通した豊島大橋で結ばれている。

2）蒲刈町の人口と家族構成

蒲刈町の人口は、表6-1のように1960年の6,660人が1990年には半減し、これ以降も人口減少をつづけ、2010年現在は2,060人と1960年の3割まで減少している。この人口減少は表6-2のように全地区でみられるが、大浦、宮盛、田戸の3地区と比べ、向地区の人口減少率は若干低いものとなっている。

Ⅰ部　呉市の研究

表6-1　呉市蒲刈町の人口変動

(人)

	世帯数	人口	男性	女性	世帯当人口	人口増減率
1960年	1,592	6,600	3,218	3,442	4.2	1.00
1970年	1,514	5,240	2,435	2,805	3.5	0.79
1980年	1,401	4,356	2,042	2,314	3.1	0.65
1990年	1,260	3,311	1,529	1,782	2.6	0.50
2000年	1,178	2,741	1,265	1,476	2.3	0.41
2005年	1,095	2,391	1,102	1,289	2.2	0.36
2010年	961	2,060	949	1,111	2.1	0.30

資料：各年国勢調査

表6-2　蒲刈町の集落別人口変動

(人)

	1965年	2010年	増減率
蒲刈町大浦	2,080	585	0.28
蒲刈町宮盛	1,091	328	0.30
蒲刈町田戸	1,184	326	0.28
蒲刈町向	2,283	821	0.36

資料：1965年は『蒲刈町誌』(2000:825)
2010年は「国勢調査」

表6-3　2010年蒲刈町の年齢別人口構成

(%)　　(人)

	15歳未満	15～65歳未満	65歳以上	総人口
蒲刈町宮盛	4.6	43.9	51.5	328
蒲刈町大浦	5.6	38.6	55.7	585
蒲刈町田戸	3.7	40.2	56.1	326
蒲刈町向	6.8	51.8	41.4	821
蒲刈町	5.6	45	49.4	2,060

資料：2010年「国勢調査」

　さらに、この人口減少は表6-3のように急激な高齢化を伴っている。1960年に全人口の34.9%(2327人)を占めた「0～14歳」人口は2010年には4.6%(116人)にまで減少し、逆に、高齢者人口は1960年の10.6％(708人)が2010年には49.4%(1018人)にまで増加している。また、地区別の年齢別高齢化率をみると、大浦、宮盛、田戸地区の65才以上人口が5割を超えるのに対して、向地区は41.4％にとどまっている。

　蒲刈町の世帯別家族構成をみると(表6-4)、蒲刈町は「単独世帯」33.2%、「夫婦のみ世帯」32.0%の比率が高く、「夫婦と子ども世帯」13.1％や「三世代世帯」5.4％の割合は低くなっている。また、「65歳以上の世帯」割合が

表6-4　2010年蒲刈町地区別世帯構成

	夫婦のみ	夫婦と子ども	単独世帯	3世代世帯	その他世帯	総世帯数	65歳以上のみ世帯率
					(%)	(世帯)	(%)
蒲刈町宮盛	29.9	11.0	40.2	3.7	15.2	164	49.4
蒲刈町大浦	33.2	11.5	34.6	4.5	16.1	286	55.9
蒲刈町田戸	34.2	9.9	33.6	5.3	17.1	152	55.3
蒲刈町向	31.1	16.8	28.6	7.0	16.5	357	39.2
蒲刈町	32.0	13.1	33.2	5.4	16.3	959	48.5
参考：呉市	25.2	26.9	29.9	4.3	13.7	98,426	28.9

資料：2010年「国勢調査」

表6-5　蒲刈町世帯類型別年収

	100万円未満	100万円以上200万円未満	200万円以上400万円未満	400万円以上600万円未満	600万円以上800万円未満	800万円以上1000万円未満	1000万円以上	計	人数
								(%)	(人)
一人暮らし	35.7	35.7	25.0	3.6	0.0	0.0	0.0	100.0	28
夫婦のみ	20.5	21.9	41.1	8.2	2.7	0.0	5.4	100.0	73
夫婦と子ども	3.8	15.4	46.2	11.5	11.5	3.8	7.7	100.0	26
三世代	7.1	7.1	17.9	25.0	17.9	14.3	10.7	100.0	28
その他	21.4	21.4	25.0	14.3	14.3	0.0	3.6	100.0	28
全体	18.9	20.5	33.5	11.4	7.6	2.7	5.4	100.0	183

資料：2007年広島大学調査

48.5％と極めて高い値を示している。これを呉市全体と比べると、蒲刈町の「夫婦と子ども世帯」の比率は呉市全体と比べ13.8％低く、「65歳以上のみ世帯」率が呉市全体と比べ2割近く高い値を示している。

さらに、地区別にみると、「単独世帯」率は宮盛が4割を超え、これに大浦(34.6％)、田戸(33.6％)が続き、「夫婦のみ世帯」率は宮盛を除いて3割を超えている。また、「65歳以上のみ世帯」率は、大浦(55.9%)、田戸(55.3%)が5割を超える値を示し、宮盛も49.4%と高い値を示しているのに対して、「夫婦と子ども」世帯、「三世代世帯」が相対的に多くみられる向地区は39.2％と相対的に低くなっている。

最後に、我々が行った調査の結果からこれら世帯の所得をみていくと（表6-5）、「一人暮らし」世帯の所得が最も低く、「200万円未満」の世帯が71.4％みられる。「夫婦のみ」世帯は、「200～400万円未満」世帯が41.1％と最も多いものの、これに次いで「200万円未満」の世帯合計が42.4％と多く、「一人暮らし」世帯に次いで低い所得構成をとっている。「夫婦＋子ども」世帯

の最頻値も「200～400万円未満」(46.2%)にあるが、「夫婦のみ」世帯と異なり、世帯収入「400万円以上」の比率が3割をこえている。これをこえる世帯所得をあげているのが「三世代家族」世帯で、「400万円以上600万円未満」(25.0%)を最頻値として「600万円以上」が全体の4割をこえている。また「その他」世帯は「200万円未満」42.8%、「200～400万円未満」25.0%と、「400万円未満」世帯が67.8%を占め、「夫婦のみ」世帯に近い構成をとっている。

3）蒲刈町の産業と就労

表6-6に蒲刈町の産業別人口構成をみると、1960年以降就業者数の大幅な減少がみられる。とくに1970年から1990年の間で就業者数は4割も減少し、これ以降の20年間も減少はつづき、とりわけ合併後の5年間で11%もの減少がみられる。産業別人口構成をみると、第一次産業従事者率の減少、第二次産業従事者率の停滞、第三次就業者率の増加がみられる。

表6-6　蒲刈町の産業別人口構成

	第一次産業	第二次産業	第三次産業	計 (%)	総数 (人)	増減率
1960年	55.3	18.5	26.2	100.0	2,775	1.00
1970年	46.5	24.4	29.1	100.0	2,704	0.97
1980年	38.3	26.3	35.4	100.0	2,223	0.80
1990年	29.4	26.8	43.7	100.0	1,569	0.57
2000年	30.5	24.3	45.2	100.0	1,333	0.48
2005年	27.7	20.7	51.6	100.0	1,186	0.43
2010年	17.4	20.4	62.2	100.0	892	0.32

資料：各年「国勢調査」
注：増減率は1960年の就業者数を1とし求めた値である。

表6-7　蒲刈町の総生産額の構成比

	第一次産業	第二次産業	第三次産業 (%)	総額 (百万円)
1967年	31.7	14.1	54.2	853
1977年	15.8	31.9	52.3	2,933
1987年	3.8	46.2	50.0	5,422
1997年	6.2	53.1	44.8	9,148
2002年	2.9	23.6	73.4	8,562

資料：各年「広島県市町村所得推計報告」

表6-8 蒲刈町の事業所数と従業員数

	総数		鉱業,採石業,砂利採取業		建設業		製造業		運輸業,郵便業		卸売・小売業・飲食・宿泊		サービス業		公務	
	事業所数(所)	従業者数(人)	事業所数(所)	従業者数(人)	事業所数(所)	従業者数(人)	事業所数(所)	従業者数(人)	事業所数(所)	従業者数(人)	事業所数(所)	従業者数(人)	事業所数(所)	従業者数(人)	事業所数(所)	従業者数(人)
1981年	269	900	1	34	37	54	18	54	41	226	98	180	63	194	7	47
1991年	216	600	1	28	30	45	15	45	22	56	67	133	71	172	7	55
2001年	177	688	1	33	21	60	11	60	15	54	55	145	62	199	10	54
2011年	102	426	2	24	8	32	8	70	7	35	36	140	41	125	…	…

資料：各年「事業所統計」
注：2011年の業種区分は2001年の区分に再集計した結果である

 次に、産業別生産額（表6-7）をみると、1997年まで総生産額は増加している。この増加は第二次産業の総生産額の増加によるものであるが、これは1972年から2000年まで連続的に行われた蒲刈大橋、安芸灘大橋架橋工事によるものといえ、この結果、2000年に蒲刈大橋の架橋工事がおわると第二次産業の総生産額の比率が大幅に低下している。

 表6-8は第一次産業以外の事業所数、従業員数をみたものである。これをみると、表6-6と同様に、1981年以降、蒲刈町の事業所数、従業員数は減少し、とりわけ呉市との合併を挟んだ2001年から2011年の間の減少は大きなものとなっている。このなかで事業所数は減少しているものの従業員数が増加しているのが製造業で、これは古代製塩法を受け継ぐ形で1998年から生産が始まった「海人の藻塩」の生産の拡大にともなうものである。これとは対照的に、架橋工事の終了によって建設業の事業所数、従業員数の減少がみられる。また、就業者構成比、生産額を上昇させている第三次産業に目を向けると観光産業関係の「卸・小売・飲食・宿泊業」と介護関連事業を中心とする「サービス業」従業者がそれぞれ100人を超える雇用を生み出している。なお、蒲刈町の公務については合併にともなう町役場の廃止、呉市支所の設置という経緯の中で2011年統計では示されていないが、支所職員は10数名程度であり、合併前と比べ大幅な減少がみられる。

 蒲刈町の農業は、温暖な気候と急傾斜地という自然環境から、みかんなどの果実栽培中心にすすめられてきた。果樹の生産額は1960年代には農業総生産額の7割からピーク時には9割を占めるまでの伸びを示している。しか

表6-9　蒲刈町の農業

	農家戸数（戸）	農家人口（人）	耕地面積(ha)	粗生産額（百万円）
1960年	998	4,727	392	341
1970年	891	3,492	443	677
1980年	936	3,107	440	540
1990年	624	1,823	259	696
2000年	442	1,128	153	660
2005年	279	664	119	460

資料：各年「世界農林業センサス」

表6-10　2010年蒲刈町の地域別産業別人口構成（上位6位まで）
(%)　(人)

	1位	2位	3位	4位	5位	6位	人数
蒲刈町宮盛	農業(20.0)	分類不能(14.5)	製造業(9.1)	卸・小売業(9.1)	医療・福祉業(7.9)	宿泊・飲食業(7.3)	165
蒲刈町大浦	農業(27.5)	卸・小売業(12.4)	医療・福祉業(11.6)	建設業(10.0)	製造業(7.6)	分類不能(6.8)	251
蒲刈町田戸	製造業(15.7)	卸・小売業(14.0)	運輸・郵便業(13.2)	医療・福祉業(11.6)	農業(7.4)	分類不能(7.4)	121
蒲刈町向	製造業(17.7)	医療・福祉業(16.3)	卸・小売業(13.5)	農業(7.6)	建設業(7.3)	宿泊・飲食業(5.9)	355
全体	農業(15.5)	製造業(13.0)	医療・福祉業(12.8)	卸・小売業(12.4)	分類不能(7.4)	宿泊・飲食業(5.4)	892

資料：2010年「国勢調査」

し、1970年代に入ってのみかんの生産過剰に伴う価格の暴落によってみかん栽培農家の経営は不安定なものとなり、表6-9のように農家戸数、農家人口、耕地面積の大幅な減少が続いている。

　2005年の農林業センサスによれば、蒲刈町の粗生産額は460百万円、この内訳をみると、みかん(140百万円)、デコポン(60百万円)、なつみかん(40百万円)が主要な農産物となっている。279戸のうち販売農家は全農家の6割に当たる171戸、このうち専業農家は109戸、第一種兼業農家が20戸、第二種兼業農家が42戸となり、販売農家1戸当たりの農業粗生産額は269万円となっている。販売農家の経営耕地規模をみると30a未満5戸、30～50a未満75戸、50～100a未満69戸、100a以上22戸となっている。また、販売農家で自営農業に主として従事した世帯員数291人のうち、65歳以上の世帯員数が226人と77.7％を占め、蒲刈町の農業は高齢者に依存したものとなっている(世界農林業センサス wttp://db1.pref.hiroshima.jp/Folder11/

Folder1104/Frame1104.htm)。

　4）旧蒲刈町における〈地域づくり〉
　1960年以降、人口の減少と産業の縮小が続くなかで、旧蒲刈町では様々な〈地域づくり〉活動が行われてきた。
　教育の島をめざした旧蒲刈町は、島内から本土に通学する学生のフェリー代金半額補助をおこなっている。さらに、1989年に開催された〈'89海と島の博覧会〉においてスコットランドフェスティバルを開催したことを契機に、イギリスとの交流を深め、1993年から費用全額を町が負担する形で町内の中学校1年生の希望者を対象に英国留学語学研修を行っている。
　また、新たな地域産業として観光業を位置づけ、一体的な観光開発を推し進めてきた。
　1979年に広島県が策定した「『県民の海』基本構想」によって、恋が浜一帯が「県民の浜」に指定された。この「県民の浜」の整備は、県が土地造成をおこないキャンプ場・展望台・芝生広場などを設置し、町が宿泊施設・運動施設などを整備する形で開発が進められた。1986年に県民の浜オープン式典が行われ、1988年に宿泊施設である「輝きの館」と天文台が完成している。この天文台は設立当初は夏期しか利用されていなかったが、1991年に館長を全国公募することで通年利用をはかっている。これらの施設は、〈'89海と島の博覧会〉の会場となった事もあって開業直後の1989年には12万人もの観光客が訪れている。
　さらに、この「県民の浜」の造成工事中に製塩土器が発見され、これを契機に古代の塩を再現しようと結成された「藻塩の会」は海藻を使った藻塩づくりに成功している。この藻塩の商品化を図るため1998年に町と東京の自然食品会社が提携して蒲刈物産が設立され、県民の浜近くに藻塩工場「海人の館」を建設し「海人の藻塩」の特産品化をはかっている。さらに、1999年には県民の浜の丘陵地帯に有機農法による柑橘類やイチゴ、ハーブの栽培を行うとともに、体験農園などによって観光客の誘致をはかる「恵みの丘」を完成させている。

2000年の安芸灘大橋開通直後には20万人もの利用客が、これらの施設を利用している。また、2002年には、「新しいコミュニティを形成するためにボランティア活動を活性化させる」ことと、「安芸灘大橋開通後、呉市へ流出している客を呼び戻す」ことを目的に、蒲刈町と町商店会が共同して地域通貨「藻塩じゃ券」を発行するという新たな取り組みも起きている。

このように旧蒲刈町は様々な地域づくり活動を積み重ねてきた。しかし、安芸灘大橋開通後も若者の人口流出をとどめることはできず、広島県の強い指導もあって、旧蒲刈町は2002年に呉市との合併協議を開始し、2005年3月20日に呉市に編入合併されている。

このなかで合併後の地域づくり体制を整えるため、それまで町が直営で管理運営してきた宿泊、温泉、スポーツ施設を一括管理する会社として、2004年に「県民の浜蒲刈」を町の出資で設立している。この「県民の浜蒲刈」は民間から総支配人を採用し、管理・運営・経営の刷新を図るとともに、県民の浜開設当時から設置されていた天文台を活用し、関西方面からの修学旅行生を誘致するなどの工夫をすることで、年間10～12万人の利用客を受け入れ着実に収益をあげている。また、1998年に設立された蒲刈物産の経営も順調に伸び、2008年の決算で2.2億円の売り上げ、800万円の利益を計上している。

3. 住民の地域生活意識とまちづくり

では、前項でみたよう状況のなかで暮らす蒲刈町住民は、自らの生活をどのように評価し、どのようなまちづくりのあり方を考えているのだろうか。ここでは住民の地域生活意識とまちづくりの方向性について検討を加えていきたい。

1) 定住意識と生活環境評価

まず、現在の生活への満足度を表6-10にみると、調査回答者全体の78％が現在の生活に「満足」「やや満足している」と答えており、住民の生活満足

表6-10　年齢×生活満足度（SA）

(%) (人)

	満足	どちらかというと満足	どちらかというと不満	不満	合計	人数
40代以下	23.5	41.2	32.4	2.9	100.0	34
50代	14.3	62.9	20.0	2.9	100.0	35
60代	7.0	73.7	19.3	0.0	100.0	57
70代以上	18.8	63.8	14.5	2.9	100.0	69
合計	15.4	62.6	20.0	2.1	100.0	195

表6-11　年齢×定住志向（SA）

(%) (人)

	ずっと現在の場所に住む	蒲刈町の他地域に移りたい	旧呉市に移りたい	広島市に移りたい	大阪・東京へ移りたい	その他	合計	人数
40代以下	50.0	9.4	24.0	12.5	0.0	3.1	100.0	32
50代	85.3	0.0	2.9	8.8	2.9	0.0	100.0	34
60代	86.0	0.0	5.3	3.5	1.8	3.5	100.0	57
70代以上	84.1	0.0	4.3	5.8	1.4	4.3	100.0	69
合計	79.2	0.0	7.3	6.8	1.6	3.1	100.0	192

表6-12　年齢×蒲刈町で誇るもの（MA）

(%) (人)

	景観や自然環境	神社・仏閣などの歴史遺産	祭などの伝統行事	学校教育	県民の浜	みかんなどの果樹	水産物	マリンレジャー	海人の藻塩	天文台	その他	人数
40代以下	100.0	15.2	60.6	24.3	48.5	63.6	24.2	24.2	78.8	21.2	3.0	33
50代	81.8	24.2	51.5	6.1	42.4	33.3	15.2	12.1	54.5	30.3	3.0	33
60代	83.9	17.9	55.4	5.4	44.6	37.5	12.5	3.6	50.0	19.6	7.1	56
70代以上	76.8	33.3	46.4	7.2	50.7	46.4	20.3	1.4	56.5	40.6	4.3	69
合計	81.9	23.6	50.3	9.0	46.7	43.7	17.6	7.5	56.8	26.6	4.5	191

度は呉市のなかでは高いといえる。また、蒲刈町への定住意識（表6-11）をみても79.2％が「ずっと現在の場所に住み続ける」と答えており、定住意識も高いといえる。しかし、40代以下層の定住意識は50.0％と他世代と比べて3割近く低く、また、「満足」「やや満足」を合わせた生活満足度も他世代と比べ約1割低く現れている。

次に、「蒲刈町の誇れるもの」（表6-12）にみると、多くの住民が蒲刈町の「景観や自然」（81.9％）、「祭りなどの伝統行事」（50.3％）などをあげている。また、この中で注目されるのは、「海人の藻塩」（56.8％）、「県民の浜」（46.7％）、「みかんなどの果樹」（43.7％）など住民自らが地域づくり活動の中で作り上げ

表6-13 年齢×地域に対する感情（MA）

(%) (人)

	島に帰ってきた時に「ホッ」とする	この地域の人の暮らし向きに差はない	この地域の人は互いに協力する気持ちが強い	地域リーダーはよくやっている	この地域の人はみんな仲間だ	この地域は生活の場所としてだんだん良くなる	この地域のために何か役立ちたい	この地域の住み心地はよい	この地域に愛着を感じる	人数
40代以下	85.3	55.9	79.4	67.6	64.7	17.6	73.5	67.6	82.4	34
50代	85.3	57.6	79.4	75.8	55.9	14.7	78.8	70.6	84.8	35
60代	88.9	61.8	80.0	81.8	64.8	23.6	81.8	80.0	76.4	57
70代以上	95.7	73.1	84.1	80.0	70.6	18.5	62.3	77.1	85.7	69
合計	90.1	64.0	81.3	77.6	65.3	19.3	72.8	75.1	82.3	195

表6-14 年齢×生活環境評価（「そう思う」+「まあそう思う」と答えたもの）（MA）

(%) (人)

	買い物に便利な地域	事件・事故の少ない安全な地域	どこに出かけるのも便利な地域	教育環境の良い地域	良い病院があって、安心のできる地域	趣味やスポーツを楽しめる地域	他の地域に比べて魅力的な地域	人数
40代以下	0.0	97.1	2.9	73.5	11.8	34.2	70.6	34
50代	9.1	72.7	9.1	45.5	30.3	36.4	42.5	34
60代	18.2	83.7	23.7	35.3	34.5	38.9	36.3	55
70代以上	24.7	89.5	31.9	38.8	37.3	46.2	43.3	69
合計	15.5	86.3	20.3	45.4	30.7	42.0	46.1	192

てきたものを「誇れるもの」としてあげていることである。とくに、40代以下の層にこの傾向は強く、旧町で力を入れていた「学校教育」を含め、若い世代は蒲刈町が行ってきた「地域づくり活動」に強い誇りを持っていることがわかる。

さらに、表6-13に地域に対する住民の「思い」をみると、蒲刈町の人々は自分たちが住んでいる場所に「『愛着』を感じる」(82.3%)ことができ、「『ホッ』とできる」(90.1%)、「住み心地のよい場所」(75.1%)と感じていることがわかる。また、蒲刈町住民は「互いに協力する気持ちが強い」(81.3%)と感じており、多くの住民が「よくやっている地域リーダー」(77.6%)のもと、「地域づくりに役立ちたい」(72.8%)と思っていることがわかる。

しかし、そうであるにも関わらず、現状では「この地域が生活の場所としてよくなる」可能性を感じる人は19.3%ときわめて少数しかみられない。

そこで、生活環境についての評価をみると（表6-14）、「事件や事故がすくない」(86.3%)という項目以外、生活環境に対する評価は総じて低く現れている。その中でも安芸灘大橋の通行料金が高額なこともあって、「買い物に

表6-15 年齢×現在悩んでいること (MA)

(％) (人)

	自分の健康	進学・就職・結婚など自分の生活問題	家族の健康	進学・就職・結婚など家族の生活問題	現在の収入や資産	今後の収入や資産	老後の生活設計	家族・親族間の人間関係	近隣・地域との関係	勤務先の仕事や人間関係	人数
40代以下	41.2	35.3	70.6	32.4	35.3	41.2	38.2	2.9	5.9	23.5	34
50代	62.9	8.6	57.1	28.6	34.3	37.1	62.9	11.4	8.6	14.3	35
60代	71.4	1.8	76.8	12.5	26.8	28.6	62.5	8.9	3.6	1.8	57
70代以上	71.2	0.0	59.1	7.6	21.2	18.2	54.5	15.2	10.6	0.0	69
合計	64.4	8.4	66.0	17.3	27.7	28.8	55.5	10.5	7.3	7.3	195

便利」(15.5%)、「どこに出かけるのも便利」(20.3%)という2項目の評価はきわめて低く、とくに40代以下、50代でこの項目に対する評価は低い。他方、40代以下の層は「事件・事故が少ない」(97.1%)ことや、「教育環境のよさ」(73.5%)を高く評価し、70.6%が「他の地域と比べて魅力的な地域だ」と答えていることが注目される。

最後に、表6-15に個々人が「現在悩んでいること」をみると、全体の回答は「家族の健康」(66.0%)、「自分の健康」(64.4%)、「老後の生活設計」(55.5%)という順でならんでいる。40代以下の上位選択項目もこれとかわらない。しかし、40代以下層は「今後の収入や資産の見通し」(41.2%)が「自分の健康」と並んで2位、「自分の生活上（進学、結婚、就職）の問題」「現在の収入や資産について」が35.3%で4位に並ぶなど、現在の生活に対する不安や、将来の生活に対する不安を強く表出している。

この傾向は50代にもみられ、現役世代として家族生活を担い、就労し、子育てを行っている40代以下、50代層と、これらの活動に一段落をつけた60代、70代以上層では、日常生活で抱える不安や生活環境に対する評価が異なっており、このことが現在の生活満足度や、定住志向の差異となって現れていると考えることができる。

2）住民のまちづくり意識

表6-16は住民が考える今後の「町づくりの方向性」を尋ねたものである。これをみると「医療・福祉の充実」を39.6%の町民がのぞみ、これに続いて

表6-16　年齢×町づくりの方向性（SA）

(%)　(人)

	農業中心の町づくり	観光中心の町づくり	工場を誘致するなどの町づくり	商業を中心とした町づくり	ベッドタウンとしての町づくり	医療や福祉の充実	その他	合計	人数
40代以下	4.0	32.0	12.0	4.0	20.0	16.0	12.0	100.0	25
50代	0.0	18.5	11.1	3.7	22.2	44.4	0.0	100.0	27
60代	18.6	7.0	7.0	9.3	18.6	39.5	0.0	100.0	43
70代以上	10.2	8.2	16.3	0.0	12.2	49.0	4.1	100.0	49
合計	9.7	13.9	11.8	4.2	17.4	39.6	3.5	100.0	144

表6-17　年齢×地域づくりを行う上で行政に求めること（MA）

(%)　(人)

	医療の充実	介護・福祉の充実	公共交通機関整備	環境問題	就労支援	小中学校の存続	伝統芸能の維持	コミュニティビジネス	観光客・修学旅行生の誘致	移住者や帰郷者の誘致	安芸灘諸島間の交流	インターネットの充実	人数
40代以下	82.4	73.5	61.8	50.0	50.0	64.7	26.5	29.4	26.4	47.0	26.5	35.3	34
50代	75.8	78.8	69.7	42.4	54.5	57.6	33.3	24.2	18.2	45.5	36.4	21.2	33
60代	81.5	63.0	59.3	31.5	25.9	40.7	24.1	16.7	18.5	42.6	24.1	7.4	54
70代以上	85.9	70.3	67.2	57.8	26.6	43.8	28.1	20.3	14.1	31.2	21.9	14.1	64
合計	81.6	70.0	64.2	45.8	35.3	48.9	27.4	22.1	18.4	39.5	25.8	17.4	185

「通勤者のベッドタウン」としてのまちづくり、「観光業」中心とした町づくりが続いている。ただし、世代ごとの回答結果は異なっており、「医療・福祉の充実」についても50代以上は4割が求めるのに対して、40才代以下は16.0%にとどまっている。産業政策についても40代以下、50代は「観光業」を第一位にあげているのに対して、60代は「農漁業」、70代以上は「工場などの誘致」を求めている。また、「通勤者のベッドタウン」としてのまちづくりは40代、50代で2割を超えた支持がみられる。

このようなまちづくりを行うために住民が「行政に求めること」をみたのが表6-17である。これをみると「医療の充実」(81.6%)、「介護・福祉の充実」(70.0%)、「公共交通網の整備」(64.2%)、「小中学校の存続」(48.9%)、「環境問題」(45.8%)、「移住者・帰郷者の誘致」(39.5%)が上位にならんでいる。ただ、世代別にみると異なる点がみられ、40代、50代に「小中学校の存続」「就労支援」「インターネットの充実」を求める声が強く現れている。

次に、「地域づくりを行う上で住民が努力すべきこと」を表6-18にみると、

表6-18 年齢×地域づくりを行う上で住民が努力するべきこと（MA）

(%)

	医療の充実	介護・福祉の充実	公共交通機関整備	環境問題	就労支援	小中学校の存続	伝統芸能の維持	コミュニティビジネス	観光客・修学旅行生の誘致	移住者や帰郷者の誘致
40代以下	3.6	14.3	3.6	32.2	0.0	17.9	64.3	28.6	3.6	46.4
50代	7.1	10.7	7.1	60.7	7.1	7.1	64.3	35.7	0.0	21.4
60代	18.6	25.6	25.6	41.9	7.0	32.6	51.2	23.3	9.3	18.6
70代以上	24.5	28.3	20.8	41.5	7.5	11.3	58.5	34.0	18.9	18.9
合計	15.1	20.5	15.7	41.0	5.4	16.9	54.2	28.3	9.6	15.1

表6-19 年齢×定住志向（SA）

(%) (人)

	地域のしきたりに従って人と人の和を大切にしたい	地域の熱心な人が地域をよくしてくれるだろう	自分の生活上の不満や要求を市政に反映させたい	住民がお互いに協力し住みやすくするよう心がける	合計	人数
40代以下	44.1	8.8	0.0	47.1	100.0	34
50代	45.2	3.2	0.0	51.6	100.0	31
60代	49.1	5.7	5.7	39.6	100.0	53
70代以上	58.1	0.0	9.7	32.3	100.0	62
合計	50.6	3.9	5.0	40.6	100.0	180

「伝統芸能の維持」(54.2%)、「環境問題」(41.0%)、「コミュニティ・ビジネス」(28.3%)、「安芸灘諸島間の交流」(24.1%)、「介護・福祉の充実」(20.5%)が上位にならんでいる。「行政に支援して欲しいこと」の1人当たり選択数が5.0個、「住民が努力すべきこと」が2.5個と、回答選択数に差はあるものの、「行政に支援して欲しいことと」と「住民が努力すべきこと」を住民自身が区分けして、地域づくり活動に当たろうとしているのがわかる。

このような地域づくり活動に蒲刈町住民は、表6-19のように「伝統と住民の和を重んじ、まちづくりにあたろう」（「地域共同体」モデル）とする人が50.6%、「地域社会は自分の生活のよりどころだから住民がお互いに協力して住みやすくなるよう心がける」（「コミュニティ」モデル）が40.6％となっている。「伝統やしきたりを重視する」か、「自分たちのやり方で新しい協働をつくる」かといった関わり方は異なるものの、9割の人が積極的に地域社会に関わろうとしていることがわかる。とくに、40代以下、50代は新たな協働を生み出していこうという姿勢を持つ人が5割前後おり、蒲刈町の新たな協働の担い手として期待できる人々といえる。

4. 蒲刈町における地域づくりの課題

　最後に、これまでみてきたことをまとめ、蒲刈町がかかえる地域づくりの課題を明らかにしていきたい。

　本稿では、最初に、1）全国的に「平成の大合併」がすすむ中で、呉市が周辺8町との合併をすすめてきたこと、しかし、2）その合併は、呉市と合併した8町の地域特性が大きく異なるため、呉市が新たなまちづくりを行ううえで多くの困難に直面していること、このことを象徴するように、3）編入合併された蒲刈町住民のうち「総合的に考えて呉市と合併してよかった」（図6-1）と評価する住民は13.8％しかおらず、合併町住民の合併に対する評価は低いことを明らかにした。

　次に、蒲刈町の地域特性をみていくと、蒲刈町は、1）急傾斜地の、離島という地理条件の悪さをかかえるとともに、2）みかんの暴落に伴う農業の衰退とそれに代わる産業が現れなかったことによって、3）1960年以降一貫して人口流出がすすみ、高齢化率も急速に高まっていることを明らかにした。この中で就労者の勤務場所をみると、4）常勤労働者の7割弱が蒲刈町、下蒲刈町以外の呉市本土部や広島市で就労しており、さらに、5）これを年代別にみると40代以下の就労者のうち蒲刈町内で働いている人は25％にとどまり、島内に就労場所がないことが若い世代の島外流出に拍車をかけていることがわかる。この結果、6）家族構成をみると、高齢者の単独世帯、夫婦のみ世帯比率が45.0％も占めるに対して、18才未満の親族をかかえる家族が11.6％にとどまるというアンバランスな家族構成が生じている。7）世帯収入をみても、単独世帯の35.7％、夫婦のみ世帯の20.5％が100万円未満の所得にとどまり、夫婦と子ども世帯の約6割が400万円未満の所得しかないなど、経済的にみて苦しい世帯が多く、家族がきわめて不安定な状況にあることがわかる。このような状況は、程度の差はあれ、蒲刈町を構成する4集落すべてでみられ、人口減少と高齢化の中で家族の不安定化がすすみ、すべての集落が住民生活の継続と集落維持の困難に直面しているのである。

第三に、このような状況に直面する中で、これまで蒲刈町ではさまざまなまちづくり活動が積み重ねられ、着実に成果を上げてきた。しかし、若者の人口流出はやまず、急激な人口減少と急速な高齢化の進展のなかで、独立した「町」として自治体を維持することが難しくなり、呉市との合併をはかったのである。

　第四に、このような苦しい状況にもかかわらず、1）蒲刈町住民の「生活満足度」、「定住意識」は高い。また、2）地域に対する誇りも高く、多くの人が「地域に愛着を感じ」、地域住民の信頼関係も厚い。しかし、3）生活環境に対する評価は低く、「この地域は生活の場所としてだんだんよくなる」とする人はわずか2割弱しかみられない。とくに、4）40代以下の人々の生活環境に対する評価は低く、地域に対する愛着や、誇りを強く、「他の地域に比べて魅力的な地域だ」と7割を超える人が応えているにもかかわらず、「定住する」とする人は5割にとどまり、生活満足度も他世代と比べ相対的に低く現れている。5）40代以下の住民のこのような意識を「現在の悩み」を通して考えると、この年代層は他世代と比べ「今後の収入や資産」「現在の収入や資産」「自分の進学、就職、結婚などの問題」「家族の進学、就職、結婚などの問題」について「悩んでいる」人が多くみられ、現在の生活が逼迫していることや将来に明るい展望をもてないことが、この世代の「定住意識」「生活満足度意識」の低さとなって現れていると考えることができる。

　第五に、このような状況の中で、1）住民が今後のまちづくりの方向性として最も強く望んでいるのは「医療や福祉を充実」させたまちづくりである。ただし、2）40代以下の住民の希望をみると「観光業を中心としたまちづくり」、「通勤者のベッドタウンとしてのまちづくり」、「新しい工場などを誘致したまちづくり」といった就業に関わるまちづくりへの希望が強く現れている。このようなまちづくりをするにあたって、3）住民は行政が行うべきことと、住民が行うべきことを明確に区分しており、行政には「医療の充実」「介護・福祉の充実」「公共交通網の充実」といった安心して暮らすための制度や施設整備の充実を求める一方で、住民自身も「伝統芸能の維持」「環境問題への対応」「コミュニティ・ビジネス」といったソフト面の充実を自らの手

ではかろうとしているのがわかる。また、4）自らの手で「海人の藻塩」を生みだし、「県民の浜」を維持管理してきた蒲刈町民の地域づくり活動に対する関心は高く、とくに40代以下層には積極的に活動に参加し、新たな地域社会を作り出そうとする意欲を感じることができる。

　このように蒲刈町の姿をみてくると、人口流出と高齢化がすすむという苦しい状況のなかで、積極的にまちづくりに取り組もうとしている住民の姿が浮かび上がってくる。しかし、この一方で、町に対する誇りや、愛着、まちづくりに対する積極的な姿勢をもっているにもかかわらず、将来の生活に対して明るい展望を描くことができないことで、他地域へ移住しようと考える若い世代の姿が浮かび上がってくる。集落の高齢化がすすみ、集落維持が困難な状態になりかねない状況の中で、今日、蒲刈町に求められているのはこの若い世代が定住可能な生活環境をつくり出すことであろう。蒲刈町の住民の多くが「同じ呉市なのだから本土と島が協力し合って、市全体の発展をはかろう」と考えている中で、呉市には、住民の声を聞き、住民と協力しながら、若い世代が蒲刈町に定住可能な状況をいかにつくりだすかということが求められているのである。

注
1) 広島県は「広島県合併推進要綱」において合併を推進する理由として「①広域的な視点に立った道路や公共施設の整備、土地利用などにより、計画的で一体的なまちづくりを重点的・効果的に実施することができる。②住民ニーズの多様化、高度化、広域化に対応した専門的かつ高度な行政サービスを直接提供できるようになる。③合併により重複する内部管理部門の効率化が図られ、行政サービスや事業を直接行う部門に職員が相対的に多く配置されるとともに、職員数を全体的に少なくすることができる、サービスレベルの向上を図りながら人件費を減すことができる。④合併による財政規模の拡大により、財政基盤が強化されるとともに、重点的な投資による大規模事業の実施や各種事業の計画的な実施が可能となる。」という4つをあげている。
2) 本調査は2008年9月に郵送法で実施した。調査対象者は蒲刈町に居住する20歳以上80歳までの方360人を選挙人名簿を用いてサンプリングした。有効回答者数199人、回収率55.3%であった。本調査の詳細については西村編（2009）を参照のこと。
3) 呉市の現状については本書第1章「中国地域における地域構造変動と呉市の構造的位置」を参照のこと。

参考文献・HP

広島県，2007,『平成の市町村合併』
呉市・蒲刈町合併協議会，2005,『呉市・蒲刈町合併建設計画』
西村雄郎編，2009,『蒲刈町に住む人々の生活と意識』広島大学総合科学部社会文化プログラム
世界農林業センサス http://db1.pref.hiroshima.jp/Folder11/Folder1104/Frame1104.htm
総務省，(2009,」「合併の相談コーナー」http://www.soumu.go.jp/gapei/

II部

庄原市の研究

7章
「さとやま文化都市」庄原の地域課題

杉本久未子

　庄原市は、典型的な周辺農（林）業地域に位置づけられる。食料や燃料の自給と「たたら製鉄」という特産品の生産を基盤に人々の生活が営まれてきたこの地域は、高度成長に象徴される日本の産業構造の転換のなかで急速な人口減少に見舞われた。
　「過疎地域」として国の財政的支援のもとに地域社会が維持されてきたが、一次産業の停滞や高齢化の進展のなかで、住民生活の維持が困難となっている集落もみられる。平成の大合併はこの課題への一つの対応であったが、その成果はどのようになっているのだろうか。本章では第二部の導入として、庄原市の地域特性と住民生活の現状を明らかにするとともに、産業社会に対して独特のスタンスを取る庄原市の政策を紹介する。

1. 平成の大合併と庄原市

　庄原市は2005（平成17）年3月31日、旧庄原市、比婆郡の5町（西城町、東城町、口和町、高野町、比和町）、甲奴郡総領町が新設合併してできた自治体である。広島県北東部に位置し、北は島根県、東は岡山県に接する。そして西は広島県三次市に、南は神石高原町に接している。農業や林業といった第一次産業従事者割合が比較的大きい中山間地域であり、平成の大合併によって近畿以西最大の面積をもつ自治体となった。
　市域は、東西約53.6km、南北約42.2kmとほぼ四角形をしており、総面積は1,246.6km^{2}で広島県の総面積の約14％を占めている。地形は、標高150〜200mの盆地をはじめ全般に緩やかな起伏の台地を形成しているが、

II部　庄原市の研究

図　7-1　庄原市の位置

　北部の県境周辺部は1,200m級の山々に囲まれ、急峻で狭隘な地形となっている。この地の沢を源流域とした河川が、西城川、比和川、神之瀬川、田総川などの「江の川水系」と、成羽川、帝釈川などの「高梁川水系」に分かれ日本海と瀬戸内海に注いでいる。
　市域の大部分は森林（84.2％）と農地（6.8％）になっており、中山間地域ならではの里山景観を有している。面積が広く中国山地に囲まれた状況から、北部と南部では気象条件が異なり、気温、降水量、積雪量にも大きな違いがみられる。
　中国山地の山々に囲まれた河川沿いに形成された盆地やわずかな平坦地に、複数の市街地や大小の集落が散在している。市域全体が過疎地域、農業振興地域に指定されている。また、旧庄原市と総領町を除く5町が豪雪地帯に指定されており、冬場の雪対策も地域の重要な課題となっている。
　庄原市周辺は、原始・古代から開けていた地域であり、出雲との国境にある比婆山はイザナミノミコトの神陵として『古事記』に記載されている。帝

7章 「さとやま文化都市」庄原の地域課題（杉本久未子）

図7-2　旧自治体の位置
http://www.city.shobara.hiroshima.jp/index.asp

釈峡遺跡群をはじめ縄文時代の遺跡や古墳も多く存在し、国内最古級の製鉄や鍛冶遺跡も残る。

　西城・東城・高野・比和は江戸時代に鉄の一大産地として全国に知られていたが、明治期に近代的な製鉄業が操業を開始するとたたら製鉄は衰退した。また、江戸時代から和牛生産や品種改良に取り組まれた地域であり、明治期には七塚原が国営種牛牧場設置場所として選定されている。

　合併前の旧市町は、過疎地として国の補助のもとに、農林業を支える土地基盤整備事業、生活条件や住環境の改善をめざす公共下水道・農業集落排水事業、主要道路や生活道路をはじめ公共施設などの総合的かつ計画的な整備事業を行ってきた。しかし、人口は減少を続けており、基幹産業である農林業の低迷や脆弱な財政基盤、少子高齢化・後継者不足の進行も相まって厳しい過疎が進行している。

　合併した7つの自治体はそれぞれ独特の個性を有しているが、いずれも厳しい状況に置かれてきた。旧庄原市は、高速道路・JRなどが通過するほか、官公署、医療機関、高校・大学、金融機関などが位置する市の中心部である。しかし、人口や就業先の減少、市街地の賑わい低下などの問題を抱えている。

西城町は国定公園の山々を背景にスキー場をはじめとした自然型の観光施設があり交流がおこなわれているが、地理的要因から人口減少や高齢化が著しい。東城町は城下町として栄えた歴史があり、帝釈峡など特別な観光資源を持つ。しかし市街地では空家や空き店舗も増加してきた。口和町は和牛の里として有名であるが、飼育農家も減少し高齢化が進んでいる。高野町は標高500ｍ余りの高原に位置し、リンゴや大根など特産品開発を進めている。比和町も比婆牛や酒米など個性的な農業を進めてきたが、近年過疎化・高齢化が著しい。総領町は灰塚ダムの上流に位置し、節分草に代表される里山景観を持つ。かつては活発な地域づくりも行われていたが、今は沈滞傾向にある。

　そのような状況のなかで、行財政の効率化を進めるとともに、自治体の企画力や政策遂行能力を高めることを目的として平成の大合併は行われた。合併に際して策定された「新市建設計画」は、合併の根拠を共通の歴史の存在や広域交通網の整備におき、地方財政の逼迫のなかで行政組織の効率化や共通経費の削減などによる行財政基盤の強化が必要であったとしている。そして、個性尊重、地域連携、協働をまちづくりの視点とし、「"げんき" と "やすらぎ" のさとやま文化都市」を将来像とした。地域の資源と特性を活かし、都市と農村がお互いの魅力を高めあい、補完しあうことで、活力と潤いに溢れた新市の実現を目指すことになった。

2. 庄原市の人口・家族構造

　庄原市（旧7市町地域の合算）の人口推移は、1960（昭和35）年の81,162人以降減少を続け、2010（平成22）年には40,244人とこの50年間で半減した。旧自治体別では、旧庄原市のみが1960（昭和35）年の65％の人口にとどまっているが、東城町・口和町・高野町は4割台まで、総領町・西城町・比和町は3割台まで人口が急減している。

　人口減少は、若者の都市への流出を最大の要因とする。庄原市の高齢化率の推移をみると、1960（昭和35）年には8.7％であったが、1970～1980（昭和45～55）年は10％台で、1990～1995（平成2～7）年には20％台で推移し、

7章 「さとやま文化都市」庄原の地域課題(杉本久未子)

表7-1 旧自治体別人口推移

	昭和35年	昭和40年	昭和45年	昭和50年	昭和55年	昭和60年	平成2年	平成7年	平成12年	平成17年	平成22年
(旧)庄原市	30663	26515	24464	23867	22874	22807	22677	22377	21370	20738	19747
総領町	4589	3738	3002	2677	2402	2264	2107	1928	1897	1758	1592
西城町	10463	8523	7470	6790	6482	6178	5927	5443	4983	4505	4096
東城町	20017	16866	14653	13796	12982	12463	11821	11141	10330	9700	8839
口和町	5608	4414	3757	3398	3288	3099	2975	2819	2644	2458	2293
高野町	4983	4194	3634	3172	2992	2954	2802	2585	2417	2176	2086
比和町	4839	3733	3092	2636	2486	2392	2315	2246	2037	1814	1591
合併市合計	81162	67983	60072	56336	53506	52157	50624	48539	45678	43149	40244

資料 国勢調査

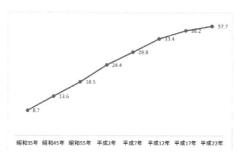

図7-3 高齢化率の推移
資料:国勢調査

2000(平成12)年には33.4%に達した。その後も上昇を続け2010(平成22年)には37.7%に達している。逆に年少人口比率は1960(昭和35)年の31.3%から減少を続け、2010(平成22)年には10.8%になっている。

2010(平成22)年の国勢調査による人口ピラミッドを図7-4に示す。少子高齢化の人口構成を示しており、女性では、75〜79歳ついで80〜84歳の人口が最も多く、男性では60〜64歳ついで55〜59歳の人口が最も多い。10歳未満の人口が少ないだけでなく、20代女性も少ない人口ピラミッドから、少子化がさらに進むことが懸念される。

また、旧自治体別に2010(平成22)年の年齢構成割合をみると、65歳以上の高齢人口割合は旧庄原市のみが33.2%と3割台にとどまっている。他の地域は全て40%を超えており、比和町では46.1%、西城町では44.3%に達している。逆に年少人口割合は、この2地域で10%を切っている。

II部　庄原市の研究

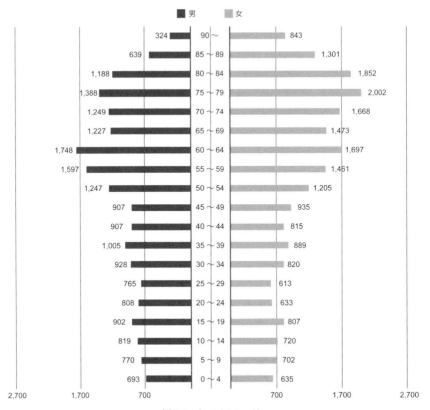

図7-4　人口ピラミッド
資料：国勢調査

表7－2　旧町別年齢構成

	市全体	旧庄原市	総領町	西城町	東城町	口和町	高野町	比和町
15歳未満	10.8	11.1	12.8	9.7	10.4	11.1	11.2	8.6
15～64歳	51.5	55.7	46.5	46.0	48.2	48.4	48.3	45.3
65歳以上	37.7	33.2	40.8	44.3	41.4	40.5	40.5	46.1

資料　国勢調査

　庄原市の世帯数は、1985(昭和60)年の15,440から一次増加したものの2005(平成17)年には15,791世帯、2010(平成22)年には15,173世帯と減少に転じている。世帯人員は3.38人から2.64人に減少した。世帯構成の内訳をみると、3世代などのその他の親族世帯が減少を続け、単独世帯が増加している。

表7-3 世帯数と世帯類型

	世帯数	世帯人員	夫婦のみ	夫婦と子供	一人親と子ども	単独世帯	うち高齢者	その他の親族世帯	非親族世帯
1985年	15440	3.38	3615	2792	733	2194	960	6051	17
1990年	15515	3.26	3801	2523	736	2668	1214	5705	15
1995年	15965	3.04	3882	2428	853	3576	1466	5148	21
2000年	15931	2.87	3950	2406	964	3966	1832	4552	22
2005年	15791	2.73	3839	2482	1090	4245	2042	4017	31
2010年	15173	2.64	3522	2462	1183	4463	2208	3487	56

資料：国勢調査

　2010（平成22）年の単独世帯は4,463世帯となっている。65歳以上の世帯員のいる核家族世帯数は3,983世帯で核家族世帯の55％が高齢者とその子どもの世帯である。また高齢夫婦世帯数は2,435世帯、高齢単身世帯は2,208世帯でこの両者で世帯数の三分の一近くを占めることになる。

　未婚率も増加傾向にあり、20～49歳の全男性にしめる未婚率は1980（昭和55）年の23.5％から2005（平成17）年には44.4％に増加した。2005（平成17）年には20～24歳の男性の未婚率は9割を、25～29歳では6割を超える。同様に20～49歳の女性の未婚率も10.4％から26.6％に増加している。また、20～24歳の女性の未婚率は8割を、25～29歳では4割を超え、未婚化、晩婚化が進展していることが確認できる。

3. 産業構造・就業構造

　庄原市の2010（平成22）年の産業別人口割合は、第一次産業が19.2％、第二次産業が21.6％、第三次産業が56.7％となっている。1960（昭和35）年からの推移をみると、第一次産業は46.3ポイントの減少、第三次産業は31.7ポイントの増加となっている。また、第二次産業は1990（平成2）年の31.4％をピークに減少に転じている。第一次産業は減少したとはいえ、県全体の3.3％に対して16ポイントも高く、農林業が重要な産業の一翼を担っていることが確認できる。

　2000（平成12）年から2010（平成22）年までの産業別就業者数の推移を表7-4に示した。従業者数は24,274人から19,242人へと5,000人余り減少した。農林業、建設業、製造業は庄原市の主要な就業先であるが、ともに就業

II部　庄原市の研究

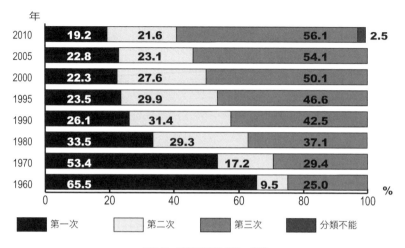

図7-5　産業別就業者数の推移

資料：国勢調査

表7-4　産業（大分類）別就業者数

年度	総数	農林業	漁業	鉱業採石・砂利採取業	建設業	製造業	電気・ガス・熱供給・水道業	情報通信業	運輸業,郵便業	卸・小売業
2000年	24274	5162	4	118	3039	3765	129	74	625	3338
2005年	21175	5008	3	39	2198	2853	68	26	712	3073
2010年	19242	3694	4	28	1628	2495	53	24	802	2557

年度	金融・保険業	不動産業,物品賃貸業	学術研究,専門・技術サービス業	宿泊業,飲食サービス業	生活関連サービス業,娯楽業	教育学習支援業	医療,福祉	複合サービス事業	サービス業(他に分類されないもの)	公務(他に分類されるものを除く)
2000年	298	47	-	912	-	1001	2068	808	1920	933
2005年	292	49	-	922	-	937	2359	740	1034	798
2010年	233	92	291	882	681	777	2586	386	828	726

資料：国勢調査

者数の減少が著しい。卸・小売業、公務をはじめ多くの産業で就業者数が減少しており、増加しているのは医療・福祉、運輸・郵便業、不動産業・物品賃貸業のみとなっている。

　2012（平成22）年の経済センサス活動調査によると、庄原市の事業所数は2,121ヶ所、従業者数は15,588人になっている。国勢調査の結果と比較して従業者数が少なく、市外で働いている人が多いことが確認される。事業所数については、卸・小売業が580ヶ所と最も多く、次いで建設業、生活関連サービス業、宿泊・飲食業などが多くなっている。従業者数は卸・小売業

表7-5 産業別事業所数・従業者数

	総数	農林漁業(除個人経営)	鉱業, 採石業砂利採取業	建設業	製造業	電気・ガス・熱供給・水道業	情報通信業	運輸業, 郵便業	卸売・小売業
事業所数	2121	69	7	220	173	—	4	76	580
従業者数	15588	1122	82	1395	2529	—	7	784	2940
	金融・保険業	不動産業, 物品賃貸業	学術研究, 専門・技術サービス業	宿泊業, 飲食店サービス業	生活関連サービス業, 娯楽業	教育, 学習支援業	医療, 福祉	複合サービス事業	サービス業(他に分類されないもの)
事業所数	21	69	50	204	206	47	137	58	200
従業者数	208	184	200	1132	734	226	2766	329	950

資料：経済センサス活動調査

(2,940)、医療・福祉 (2,766)、製造業 (2,529) が多く、この3業種で全体の半数を超えている。

　主な産業をめぐる状況をみると、農林業は、コメ、野菜、花卉、果樹などの農作物、和牛、乳牛、鶏などの畜産、木材や林産物の生産など多種多様な内容で構成され地域を支えてきた。しかし、後継者不足や就業者数の高齢化に加え、海外を含む他産地との競争や価格の低迷によって厳しい状況にある。総農家数は2000 (平成12) 年の6,491戸から2010 (平成22) 年には5,449戸に減少した。自給的農家が増加し、販売農家が減少している。また販売農家の内訳をみると専業農家が微増しているのに対し、第2種兼業農家が減少しており、定年帰農により専業農家になったものがいることを伺わせる。農業就業人口も2000 (平成12) 年の7,652人から2010 (平成22) 年には4,970人に減少している。29歳以下はわずかに82人、30～59歳も半減しており65歳以上の高齢者が75％を占めている。

　2010 (平成22) 年の経営体種別担い手状況をみると、認定農業者207、集落型農業生産法人24、地域営農集団組合106、農業参入企業7となっている。地域営農集団組合の法人への移行が始まっている。経営耕地面積は2010 (平成22) 年には4,674haで2000 (平成12) 年に比べ505ha減少した。用途転換や耕作放棄によるものである。農業産出額も減少傾向にある。内訳では畜産が6割、米が4分の1程度を占める。米の減少額が大きい。

　庄原市の森林面積は104,863haで市域面積の84％をしめる。民有林率は

表7-6　農家数の推移

	総農家数	自給的農家	販売農家	専業	第1種兼業	第2種兼業
2000年	6,491	867	5,624	1,144	415	4,065
2005年	6,073	982	5,091	1,266	393	3,427
2010年	5,449	1,044	4,405	1,277	406	2,720

資料：農林業センサス

表7-7　農業就業人口の推移

	合計	15～29歳	30～59歳	60～64歳	65～74歳	75歳以上
2000年	7,652	630	1,181	940	3,127	1,774
2005年	7,118	490	951	683	2,659	2,335
2010年	4,970	82	560	607	1,696	2,025

資料：農林業センサス

表7-8　農業産出額の推移

	合計	畜産	米	野菜	果実	花卉	その他
2000年	16,440	9,390	4,870	1,270	460	220	230
2005年	15,620	9,470	4,000	1,300	400	280	170
2006年	14,680	8,870	3,870	1,230	320	280	160

資料：広島県農林水産統計年報

93％、民有林の人工林率は44％となっている。林家数（保有山林1ヘクタール以上の世帯）は、1980（昭和55）年の5,840戸から2010（平成22）年4,599戸へ緩やかに減少傾向を示している。保有山林面積別にみると1～3haが2,823戸で全体の6割以上を占め、5～10haの824戸を合わせると全体の8割を占める。2010（平成22）年の国勢調査によると林業就業者は220人、木材、木材製品製造業従事者は55人となっている。

　小規模小売商店を中心とする商業は、景気の低迷や大型ショッピングセンターの進出により停滞しており、1991（平成3）年から2007（平成19）年の間に商店数は1,084事業所から693事業所に、商業従業者数は3,713人から3,300人に、また年間商品販売額も67,102百万円から48,557百万円に減少している。

　工業は機械器具・窯業・電子部品・食料品などの製造業があるが、個人経営や中小事業所によるものが多く厳しい状況にある。1990（平成2）年から2010（平成22）年の間に事業所数は233から88へ、従業者数は4,692から2,298へと急減し、製造品出荷額も49,414百万円から38,662百万円へ

表7-9 業種別事業所数・従業者数

	総数	食料品製造業	飲料・たばこ・飼料製造業	繊維工業	木材・木製品製造業	家具・装備品製造業	印刷・同関連業	化学工業	プラスチック製品製造業	ゴム製品製造業	窯業・土石製品製造業	非鉄金属製造業	金属製品製造業	はん用機械器具製造業	生産用機械器具製造業	業務用機械器具製造業	電子部品・デバイス等製造業	電気機械器具製造業	輸送用機械器具製造業	その他の製造業
事業所数	78	15	2	3	5	4	2	5	2	2	10	1	8	2	8	1	1	2	4	1
従業者数	2056	236	10	26	66	67	57	137	44	43	239	6	167	54	344	290	27	135	104	4

資料：工業統計

と減少している。

　2012（平成24）年の工業統計によると、生産用機械（344）、業務用機械（290）、窯業・土石（239）、食料品（236）の製造業で従業者数が多いことが確認できる。

　観光については、豊かな自然環境と里山景観を活かした大規模公園や灰塚ダムに加えて、スキー場、リンゴ園、温泉施設など多様な観光資源を有している。観光入込客数は、1994（平成6）年の1,154千人から増加を続け2006（平成18）年には2,225千人に達した。その後やや減少し2012（平成24）年には1,771千人となっている。これらの観光客の増大を背景に、庄原と西城の人たちが主に持ち寄る「食彩館しょうばらゆめさくら」、「遊YOUさろん東城」、口和の「モーモー物産館」、「比和の特産市場」などの農産物や加工品の直売施設が整備されている。さらに最近中国自動車道尾道松江線が開通し、その高野インターチェンジ近くに「道の駅たかの」が開設、人々の人気を集めている。

4.　合併後のまちづくり

　庄原市では、長期総合計画（2006～2015）のもと「"げんき"と"やすらぎ"のさとやま文化都市」を将来像として取り組みを進めてきた。2010（平

成22) 年には後期実施計画が策定された。重点施策として「協働のまちづくり」、「安全・安心の暮らしづくり」、「子育て、教育環境の整備」などを掲げ、重点戦略プロジェクトとして「みどりの環経済戦略ビジョン」の推進を打ち出している。

　庄原市のまちづくりの特色は「さとやま文化都市」に象徴されるように、農地と森林を地域の重要な資源と位置づけ、持続可能な地域づくりをめざすことにある。その狙いは、農村・農林業資源を背骨にした域内経済循環をおこし、高度経済成長の過程で農山村が失ったものを取り戻すことにある。具体化に向けて3つのプロジェクトを推進しており、「農業自立振興プロジェクト」では「農業による定住社会の復活」をめざし、農家所得の向上と地域農業の底上げを図る。新規就農者の支援、農業後継者育成、地産地消推進、JA庄原や農林振興公社との連携を強化することなどが示されている。「木質バイオマス活用プロジェクト」では、すでに木質ペレットの製造工場が稼働しており、これを活用して森林保全、里山再生を図ることにしている。またペレットボイラーの導入やペレットストーブの購入補助など、消費拡大の取り組みも始まっている。「観光振興・定住促進プロジェクト」では2010 (平成22) 年10月から「庄原さとやま体験博」が開催された。また、農家民泊、高野の「道の駅」など市民が主役となって経済活動を行っていくことがめざされている。

　もう一つの特色は、合併前の旧自治体の個性や資源、地域アイデンティティを尊重した「クラスターのまちづくり」である。隣接する三次市が合併後中央集権型の自治体運営をめざしたのに対し、庄原市では自然環境も歴史的・文化的蓄積も異なる地域 (旧自治体) の個性をつなぐことで、合併によるメリットを生み出すことを狙った。2009 (平成21) 年からは支所の企画調整力を強化するために各支所に企画調整室が開設され、企画員が配置されている。そして企画員を中心に「クラスターのまち実現プロジェクト」が進められた。このプロジェクトでは、各支所の個性や資源として何を想定するのか、どのように住民との協働によってまちづくりを進めていくかが課題となる。本庁および各支所のテーマは表7-10に示す通りで、地域の資源や個性を活

表7-10　クラスターのまちづくりテーマ

地区	まちづくりのテーマ
庄原	「まち」は「公園」リーディング事業～公園とまちなかの一体化をめざして
西城	時代は"癒し"から"向き合う"へ　もてなしの西城
東城	わがまち自慢"彩"発見　足元で眠っている未来の"宝"はありませんか？
口和	音の里構想
高野	中国横断自動車道開通にともなうわがまち活性化推進事業
比和	暮らし活き活き　十人十色のまちづくり
総領	湖畔の水辺と山野草　さとやまを楽しむ総領地域

用するものであるが、具体的なまちづくりのためには住民の協働を引き出す職員の企画力が問われることになった。なお、企画調整室企画員のポストは2011 (平成23) 年度いっぱいで廃止されている。2012 (平成24) 年度からは企画調整室に自治振興係が設置されて業務を引き継いだが、2014 (平成26) 年度に企画調整室は廃止され、支所での企画機能が低下している。

　個別計画をみると、2012 (平成24) 年に「農業が支える定住社会の復活」をめざして「庄原市農業振興計画」を策定した。そこでは、農業を庄原市における基幹産業と位置づけ、重点的に農業振興を実施し、農業による安定した収入が他産業を下支えする新たな構造を構築するとともに、助け合い・協働の精神、コミュニティを重んじる農村的価値観のよいところを積極的に活かすことで、高齢者が生きがいを持って暮らせ、子育て世代が安心して子どもを産み育てられ、若者が将来に希望をもつことができる経済環境、生活環境、コミュニティの形成を進めることが求められる。

　この計画で農業にかかわる庄原の地域資源として打ち出されているのが、自然資源（変化に富んだ自然条件、里山の自然）、人資源（農業技術、里山の伝統的暮らし、協働の精神、助け合いの仕組み、人的資源としての高齢者・女性・退職者）、観光資源（観光資源、交流人口の増加）であり、「元気あふれる人づくり」「魅力あふれるものづくり」「活力あふれるむらづくり」が基本方針として提示される。具体的計画として、「人づくり」では、新規就農者や中高年からの就農者への対応、認定農業者への取り組みや集落の農業を支える組織強化、小規模農業者への取り組みが、「ものづくり」では、安全・安心でブランド力のあるものづくり、消費者ニーズにあったものづくり、条件不利地・遊休農地を活用したものづくり、畜産・耕種農家連携による安定的生産が、「むらづくり」

では、鳥獣害防止対策、再生可能エネルギー利用、産直市場連携強化、農村都市交流イベントなどが示されている。

　林業についても、「庄原市林業振興計画（平成25年4月〜平成35年3月）」によって、次世代につながる使える森林づくりを基本理念に、①次世代につながる森林づくり（再造林による森林資源の循環活用）、②森林の基盤づくり（施業地の集約化・団地化、機械化への支援）、③森林の資源を活かす仕組みづくり（木質バイオマスの利活用、市産材の利用促進、木造化・木質化の推進）、④里山を活かす仕組みづくり（自伐林家の支援、特用林産物の支援）、⑤森林の資源を活かす体制・連携づくり（新規就労者の雇用促進）が行われようとしている。先進的な取り組みであった木質バイオマス利活用プロジェクトでは、1000tの木質ペレット製造を目標として着実な事業推進が行われており、ペレットストーブやペレットボイラー、薪ストーブの購入に補助が行われている。市庁舎はもちろん、小中学校や自治振興センターへの導入も行われた。なお、中断している木質バイオマス利活用プラントにおいても、今後の有効活用が検討されている。

　合併時の庄原市の財政力指数は0.272、経常収支比率は90.5%であり行財政の効率化は避けられない課題であった。効率化がもたらす行政サービスの低下を最小限に食い止め、中心 - 周辺格差の発生を抑える方策として、「自らの住む地域は、自ら創る」住民主体のまちづくりが打ち出された。「自治振興区」を自治・協働の担い手として位置づけ、一定の財政支援をもとに全地域で住民の自治活動を活性化する試みである。平成17年の合併と同時に自治振興区の枠組みと活動が始まったが、その後平成24年度にはまちづくり基本条例が施行され、自治振興区の区割りを統合・変更するといった経緯をたどって今に至っている。

　現在の自治振興区は図7-6に示すように22に統合されている。旧自治体との関係でみると、庄原地域に8つ（庄原、高、本村、峰田、敷信、東、山内、北）、西城地域に2つ（西城、八鉾）、東城地域に7つ（小奴可の里、八幡、田森、東城、帝釈、久代、新坂）、口和地域に1つ（口和）、高野地域に2つ（上高、下高）、比和地域に1つ（比和）、総領地域に1つ（総領）という構成である。

まちづくりの拠点施設として、各自治振興区には自治振興センターがおかれた。これは地域の元公民館が転用されたものが多く、自治振興区が市の指定管理者としてこれを管理するとともに、市の教育委員会からの委託を受けて自治振興区が公民館事業を実施するようになっている。

厳しい財政状況ではあるが、合併後の庄原市では大型事業として新庁舎が建設され、高野の道の駅や東城の自治総合センターなどの整備も行われた。保育園や小・中学校の改築も始まっている。

5. 庄原市の地域づくりが持つ意味

庄原市の合併は行財政の効率化、自治体の企画力や政策遂行能力を高めることを目的として行われた。しかし、住民との協働を引き出し、農林業を基幹産業として住民の暮らしと地域の個性を尊重する「さとやま文化都市」を作り出すことは、日本全体が少子高齢社会になっていくなかで困難な状況にある。合併後人口が6000人余り減少し、日本創生会議の試算では消滅可能性都市に位置づけられている。2012年の財政力指数は0.256、経常収支比率は91.4％である。

図7-6　庄原市自治振興区図
（自治振興区連合会ホームページより）

2013年に就任した新市長のもとで「庄原いちばんづくり」がスタートし、ある程度の人口減少を受容しながら、住民が心豊かに安心して暮らせる地域づくりを目指すことになった。東日本大震災後の日本では、経済成長や物質的豊かさを見直し、地域資源を活用した循環型の地域づくりへの関心が一定程度強まっている。この地域で生まれた「過疎を逆手に取る会」の主張を引き継ぐ「里山資本主義」に対する注目度も高い。里山に象徴される新しいライフスタイルをどのように提案できるか、それ以上に若者の定住を促し、Uターンや I ターンを望む人々が庄原市で暮らしていける仕組みとしてどう実

現しうるかが、今後の大きな課題となっている。

　たとえば、産業社会以前の生産技術や生活技術、生活文化において豊富な蓄積を持っているというローカルノレッジを活用しながら、農林業の6次産業化や森林の多面的な利用を図ることで21世紀の「里山の生活文化」を構築していくことが重要な意味を持っていると言えるであろう。

　「さとやま文化都市」に向けた地域づくりは、どのように具体化されつつあるのか。本書「II部　庄原市の研究」では、これらのことを踏まえて「8章　農山村のまちづくり～庄原市西城町の場合」で西城町の過去のまちづくりとその成果でもある自治振興区の取り組みを、「9章　集落を維持するとは－グリーンピア大佐村と油木地区」では西城町の農村と山村での農林業をめぐる人々の取り組みを、「10章　庄原市の高齢者」では高齢者へのアンケート結果をもとに生活課題を明らかにしている。そして「11章　灰塚ダムがもたらしたもの」では、産業化の犠牲者ともいうべきダム水没者の生活再建地の現状を紹介することで、農林業のもつ意味を再考する。

参考文献
庄原市 , 2007,『庄原市長期総合計画』(平成18年度～平成27年度)
庄原市 , 2012,『庄原市の統計』.
庄原市 , 2012,『庄原市農業振興計画』
庄原市 , 2013,『庄原市の概況』..
庄原市 , 2013,『庄原市林業振興計画』.
庄原市 , 2014,『市勢要覧』
庄原市 , 2014,『過疎地域自立促進計画書』. (平成26年2月変更)
杉本久未子 ,2012,「庄原市における住民組織の再編と個性的な地域づくりの可能性」大阪人間科
　　学大学紀要　第11号
藻谷浩介・日本放送協会 ,2013,『里山資本主義　日本経済は「安心の原理」で動く』角川新書

8章
合併農山村地域における「まちづくり」
――庄原市西城町の場合――

田中里美

1. はじめに

「市町村合併は農山村の問題」(保母 2002) と言われる。農山村地域を基盤とする小規模自治体では、合併を選択した後も、人口減少、高齢化といった課題が解消されなかったばかりか、自治体職員の引っ越しという、合併自体が引き起こした人口減少があり(築山2013)、また、各地域の横並び(低い水準での平準化)意識(小野 2010)が生まれ、まちづくり活動にマイナスの影響があったことが指摘されている。

本章では、広島県内の「中心-周辺」構造の中で、人口減少、高齢化、財政状況の悪化、そして農林業の衰退という問題を抱え、「周辺的農業地域」と特徴づけられる庄原市(本書序章参照)[1]が、合併後、住民参加のまちづくりの拠点として自治振興区を設置したことに注目し、これに先駆けて独自に自治振興区を設置してまちづくりに取り組んできた西城町を取り上げ、合併前後のまちづくりの変化と現在の課題について具体的にみる。

あらためてここで確認しておくと、庄原市においても、2005年3月に1市6町で行われた合併は、人口減少、高齢化の傾向に歯止めをかけるに至らなかった。

中心部である旧庄原市では、人口減少(2015年3月末現在の人口は合併時の91.3%)、高齢化率の上昇(2005年の31.4%から2015年の35.5%へ)は他の地域に比べて相対的に抑えられているものの、周辺各町においては、合併後10年が経過した2015年現在、人口については合併時の75～85%程へと減

少し、高齢化率については合併時37〜41％台だったものが、41〜49％台にまで上昇している。

　本章で取り上げる西城町は、2015年3月末現在、人口については合併時の80％にまで減少し（4,705人→3,766人）、高齢化率については、合併時の41.3％が46.5％へと上昇している。2016年3月末現在、人口3,660人、高齢化率47.3％と、旧庄原市を除く合併6町の中では、8,200人ほどの人口を持つ東城町についで2番目に大きく、高齢化率については比和町についで2番目に高い地区となっている。

　7章でもみたとおり、庄原市では、合併の翌年、2006年から2015年を計画期間とする長期総合計画を策定した。ここでは、旧庄原市を中心として周辺に放射状に広がる都市形成ではなく、各旧町のまとまり、特色を生かし、それを連携させる「クラスター（ぶどうの房）のまちづくり」が目ざされた。そして庄原市は合併後、自治振興区による住民主体のまちづくりの方針を徐々に固めた。

　庄原市では自治振興区を、「区域内にある自治会や行政区など、一定の地域に生活する人が参加し、良好な地域社会の維持や発展を目的とした団体または組織」であり、「地域内のコミュニティを醸成し、地域の主たる担い手として、地域特性を活かしたまちづくりを進める」役割を担うものとしている。これは、地域自治区とは異なる組織であり、地方自治法、合併特例法いずれにも法的根拠を持たない。自治振興区の代表によって構成されている庄原市自治振興区連合会が、行政（事務局は庄原市企画振興部企画振興課内）、各種団体とともに、市内の自治振興区の連携、交流、活動の推進を図っている。

　2007年、庄原市では、自治振興区によるまちづくり活動と、生涯学習およびまちづくりの人材育成を行う公民館を一体化した自治振興センターの整備が始まった。まず旧庄原市エリアに、旧市時代の8公民館に合わせて8つの自治振興区が設置された。以後、市内に順次、自治振興区、自治振興センターが整備されてきた。

　自治振興センターは、自治振興区が市の指定管理者としてこれを管理する。自治振興区はまた、市の教育委員会からの委託を受けて公民館事業を実

施する。自治振興センターには、事務局の常勤職員（2〜3名）、地域マネージャーが配置される。

自治振興区の活動の財源は、市の交付金および区費等である[2]。市は、各自治振興区に対して、「合併時人口から前年10月1日時点での人口減少率」および「後期高齢者率」を基に自治振興区振興交付金を算定、配分し、また、自治振興区が自治振興センターの指定管理業務を受託し、統括職員、事務職員を配置した場合、これにかかる人件費を賄う特別振興交付金、同上自治振興区が地域振興計画を策定するにかかる経費を賄う地域振興交付金、さらに地域マネージャー活用事業交付金、自治振興区活動促進補助金、地域づくりリーダー育成事業補助金、コミュニティ推進補助金、集会施設整備関係補助金等を用意し、交付している。

本稿で取り上げる西城町では旧町時代、2001年に住民主体のまちづくりの推進のために、自治会をベースとして18の自治振興区を設置していた。合併後の庄原市が示した"1公民館、1自治振興区"の方針にしたがえば、旧西城町内には公民館が1つしかなかったため、これに合わせて自治振興区は新しく1つにまとめられるはずだった。実際、庄原市内では、口和、比和、総領が旧町で1つの自治振興区を構成している。しかし西城町内では2012年、2つの自治振興区が立ち上がった。八鉾地区、西城地区、それぞれに1つの自治振興区が設置されたのである。これはとりわけ八鉾地区の住民から上がった希望による。

八鉾自治振興区の人口は、西城自治振興区の5分の1、自治会の数も西城自治振興区の14に対して、4に留まる。このように、人口規模における差はあるものの、両地区は歴史を遡れば、昭和の合併（1954年）以前の西城町と八鉾村に由来しており、地理／地形的にも、産業の側面においても異なる特性を保ってきた。また戦後、大規模開発の時代以降、八鉾地区には多くの観光施設が蓄積されている。2001年、旧西城町における自治振興区の設置に際して、八鉾地区の4つの自治会は、自らの地域の資源に基づく住民主体の地域振興の方針を打ち出し、これにしたがってまちづくりに取り組んできていた。このため、合併後の庄原市によって、自治振興区によるまちづくり

の方針が示された際にも、"まちづくりは、地域の歴史の中で築かれてきた地域住民のつながり、地域資源を基盤とするべきだ"という声が挙がり、結果的に西城町には2つの自治振興区が立ち上がることになったのである。以後、西城町では2つの自治振興区が、異なる組織、体制でまちづくり活動を行っている。

2. 西城町、旧町時代のまちづくり

2.1 西城町のプロフィール

　西城町は、庄原市の北東部、中心市街地から約16キロの位置にあり、町の北端で島根県、鳥取県に接する、中国山地の南部、山あいの町である。町内には県の史跡に指定された古墳時代後期の横穴式の墳墓、イザナミノミコトゆかりの比婆山、熊野神社、またアメノタヂカラオを祀った天戸神社がある。古事記神話、出雲に連なる古い歴史のある地域である。

　林野率は、町の北、八鉾地区で97.3％、町南部、西城地区で88.0％に至り、町平均耕地率は3.6％にとどまる（2000年世界農林業センサス）。

　この地域では明治時代から、林業、木炭、米作、養蚕、牛の肥育が盛んであった（日野 1912）。町内では現在も、米作、野菜農家のみならず、牛の肥育農家があり、西城町の農業粗生産額は、米、豚、生乳、肉用牛、ねぎ等で高い。

　合併前最後の国勢調査時点では、西城町の産業別就業者比率のうち第1次産業に従事する者の比率は20.5％であった。農業就業者をみると、その76.1％を60歳以上の者、45.9％を70歳以上の者が占めており、高齢化が著しい（国勢調査2000、農林業センサス 2000）。第2次産業分野で働く者は29.1％、同第3次産業は50.4％であった（国勢調査2000）。町内就業者は79.1％であり、20％程の町外就業者のうち、7割弱が庄原市へ、残りは三次市、東城町などへ通勤している。

　ふりかえってみると、西城町の人口のピークは、戦中から戦後にかけての時期にあり、当時の人口は現在の3倍、約12,000人あった。その後、日本

が高度経済成長期に移行していく際、ながらくこの地で住民の生活を支えてきた農林業に代わる新たな産業、また若い世代にとって魅力ある産業を十分に興すことができず（八鉾地区油木、西城地区大佐の試みについては、9章参照）、戦後生まれの世代が、進学、就職の年齢に至って、町外に転出した後は、これを上回る数の転入者を迎え入れることもなく、出生率の低下とともに人口減少を経験し、現在に至っている。

2.2 旧西城町時代のまちづくり

旧西城町では、上記のとおり、戦後、高度経済成長期の始まりとともに、長期にわたって人口が減少してきている。これに対しては、定住奨励金支給をはじめとする直接的な定住対策の他、地域活性化策が行われ、まちづくりには住民参加の手法が採用されてきた。

(1) 都市農村交流

西城町で都市農村交流が始まるきっかけとなったのは、1970（昭和45）年のヒバゴン、ツチノコの目撃情報である。大学関係者が調査に訪れるなど、西城町は全国的に注目を集めた。大佐地区ではこれを契機に「つちのこ親戚村」として、都市住民への農産物の送付、都市住民の収穫体験の受け入れなど、都市‐農村交流事業をはじめた。

(2) 大規模開発の時代

1970年代以降、町北部、八鉾地区では大規模開発が相次いだ。

1971年、油木地区に県民の森が開設された。1976年にはスキー場もオープンし、大勢の観光客を迎えて賑わった。さらに1988年、三坂地区猫山に、スノーリゾート猫山スキー場が完成した。この時期、三坂地区には大手住宅メーカーによる別荘開発計画が持ち上がった。

1995年、県民の森に、宿泊棟、レストランを備えた県民の森公園センターがオープンした。同年、三坂地区には、58haの敷地を持つ道後山高原クロカンパークが開所し、2000年以後、毎夏、県外者を含む多くの愛好者を迎えて、ひろしまクロスカントリー大会が行われている。

(3) 地域資源の掘りおこしと総合計画の策定

西城町は1988年〜89年の「ふるさと創生事業」を受けて、コンサルタントと契約し、地域の強み、資源のほりおこしを行った。これをもとに1990年には「森林レクリエーション基地」を目指す長期総合計画を策定した。さらに1992年には、"西城の宝探し"をテーマにした住民懇談会、住民アンケート、キーマンヒアリング、全職員へのヒアリング等の作業を行い、「西城創生アイデンティティ計画（SI計画）」を策定し、世代や地域を超えた人と人、文化、自然との交流とその舞台としての西城町をつくりあげていくことを目標に、「クロカンのまち」がまちづくりのテーマとして掲げられた。

(4)イベントの開催

　1992年、1978年以降毎年開催されていた「西城町ふるさとまつり」の実施が実行委員会にまかされることになり、町職員、町内の建設会社社員などを中心に「127人委員会」が結成された。車好きの町職員が借り出してきた車の展示、農協とのタイアップによる農機具の展示、特産品の販売、町のグラウンドにあるバックネットを使った巨大な絵の作成など、個々人がやってみたいことをそれぞれに実現する場として賑わいをみせた。さらに、市街地で花火が打ち上げられる夏祭り、「ヒバゴン郷どえりゃあ祭り」（備北商工会）が1994年に始まっている。

　「西城町ふるさとまつり」は、2001年以降、農協との協賛事業となり、2005年の合併以降、隔年開催となっている。

(5)まちづくり公社の設立

　1992年、元農協職員とIターン者の2名を社員とし、町90％、住民5％、JA5％の出資により「株式会社ひば西城まちづくり開発公社」が設立された。

　公社は、上記、まつりの裏方を担う他、農産物の直販事業「ヒバゴンの食卓便」を始め、1999年からは広島市内に西城町からの野菜を運んで販売する「ヒバゴン生鮮便」を開始した（町事業。公社委託）（内閣府経済社会総合研究所HP）。さらに、2001年に西城町に設置された自治振興区の経済活動（特定の品目の野菜の栽培、農業体験など）の支援など、地域活動のテコ入れを行う他、学校と連携して子どもに自然体験を提供する活動、Iターン、Uターン者のサポート、空き家のあっせん、田舎体験を提供する複数の施設の運営など、

田舎暮らしの推進を行った。

(6) 生活交通、各種施設、コミュニケーションツールの整備

西城町では、1990年に策定された「総合計画」に基づき、インフラ、施設整備、コミュニティづくりが集中的に進められていった。

1995年、交通弱者のための乗合バス会社として西城交通が設立された。その後、独立法人化し、西城町内の小中学校のスクールバス運行やプール・スキーの送迎等を行っている。

1997年には、町役場に隣接して、文化・商業複合施設「ウィル西城」がオープンし、1998年には、やはり町役場前の道路沿い徒歩数分の場所にフィットネススタジオ、トレーニングジムを備えた温水プール「水夢」が開所した。同年、情報弱者をなくすことを目指し、NTTの電話回線を使った西城町オフトーク通信「ほっとライン西城」が始まった。町は専属の職員を雇用し、行政からのお知らせの他、取材に基づく様々な町独自番組を作成し、日曜を除く毎日、朝晩15分放送している。西城町では、行事連絡、訃報のみならず、地域情報の還流のしくみとして利用されてきた。住民の加入率は93％程である[3]。

2000年には、1998年に策定された西城町保健福祉総合計画、西城「しあわせストーリー」を実現させる施設として、町役場から徒歩数分の町立西城病院に併設して西城町保健福祉総合センター「しあわせ館」が開設された。西城町では、この保健福祉総合計画の策定、またしあわせ館の立ち上げに際して、ワークショップ、住民アンケートをくり返した。

(7) 自治振興区の設置と長期総合計画

2001年、西城町は、住民主体のまちづくりを進める必要から、町内に自治会をベースとする18の自治振興区を設置した。自治振興区は西城町においては、住民によるまちづくりの中核と位置づけられ、2002年に策定された「西城町長期総合計画2002年～2011年　住みたくなるふるさと・西城～『安心』『自律』『学習』のまち」では、自治振興区ごとに設定された地域振興計画が紹介された（西城町 2002）。

2.3 合併へ

このようにソフト、ハードの両面において独自のまちづくりを展開してきた西城町においても、人口減少、高齢化の流れは止まらず、2002年以後の協議を経て、2005年3月31日、庄原市と合併することになった。

合併に先立ち、西城町では、町のPRに関わるNPO法人が2つ立ち上がった。ヒバゴンをシンボルとしてまちづくりに取り組む「ヒバゴンの知恵袋」(2004年末)、「西城町観光協会」(2005年3月末) である。ヒバゴンは、「西城町が、ヒバゴンが住むような豊かな自然に囲まれていることの象徴」ととらえられ、町職員 (当時) により、図案化、キャラクター化されている。「ヒバゴンの知恵袋」は、このキャラクターの管理も行っている。西城町はこれを様々な媒体で用い、まちのシンボルとして定着させてきている。ヒバゴンは現在では、庄原市全体のキャラクターとしても各種媒体に用いられている。

合併直前、2004年夏には、市町村合併に揺れる町役場およびヒバゴンをモチーフにした映画「ヒナゴン」の撮影が西城町で行われ、町民の4分の1がエキストラとして参加した[4]。その他、庄原市への合併を機に、1999年に始められた「ヒバゴン生鮮便」事業は、庄原市農林振興公社の管轄下に入ることになった。

3. 合併後のまちづくり

3.1 地域審議会

合併と同時に庄原市は、旧町ごとに地域審議会を設置した。地域審議会はその後、年に1～3回開催されてきた。西城町では、地域審議会の委員は、諮問された内容を理解するための自主研修会を開催し、審議に備えた。一方で、委員の間には、市の計画の追認に終わってしまう地域審議会の役割に関する疑問が、地域審議会発足当初から繰り返し出されてきた (西城地区地域審議会 2005～2013)。

3.2 庄原市による「クラスターのまち実現プロジェクト」

7章でみたとおり、合併後の庄原市は、旧町尊重の姿勢を示すため、まちづくりの領域において、「クラスターのまち実現プロジェクト」という方針を打ち出した。

(1)西城町のテーマ

市の方針のもと、庄原市内の旧町は、まちづくりのテーマを決めることになった。先にみたとおり、すでに地域の強みを確認する作業が終わり、まちづくりに実績を積み重ねてきていた西城町では、様々な活動がカバーされうるようなテーマが設定された。西城町のテーマは、「時代は"癒し"から"向き合う"へ―もてなしの西城」とされた。「もてなし」という言葉からは、都市農村交流が意識されたものにみえるが、西城町の資料では、「地域を存続させていくには、一定の収入と、このまちで暮らすことに喜びを感じられることが必要。社会経済情勢が変化し、環境や食の安全への関心が高まり、ライフスタイルや価値観が多様化する今日、生産の場である西城町は、豊かな自然や文化、上質な農産物、丁寧なものつくりの技等の資源を活かし、住む人と訪れる人が共に満足を得、豊かさを実感できるまちをめざ」していくと解説されており、交流に先立って、生活の場の整備、生活の条件の整備による住民自身の生活の満足、そして、地域資源の活用が重要であると意識されていることがわかる(西城町 2011)。

(2)西城円卓会議

庄原市は、「クラスターのまち実現プロジェクト」の計画策定および実施主体を、各地域のワークショップ(市民、市民団体、自治振興区、NPO、行政等)とした。西城町ではこれを受けて2008年8月から、月に1回ずつ、「西城円卓会議」を開催してきた。

行政職員が出席し、旧町役場＝現庄原市西城支所で行われる会議には、当初、行政に要望を聞いてもらおうとする住民も出席していた。しかし、担当職員の努力により、まちづくりのアイデアを持った住民が出席し、行政職員を含む出席者間での話し合いにより、実現への筋道をつけていく場へと変化していった。

西城町では、この会議での議論をもとに、地域づくりの方針として、「量より質」、「身近な資源に気づき、連携して生かす」、「課題克服型ではなく、目標達成型の地域づくり」、「自らの主体性に基づく活動」をめざし、「交流し、自ら楽しむ」を定め、「クラスターのまち実現プロジェクト」の具体的なテーマを「農・食」、「自然・文化」とした。

(3)「クラスターのまち実現プロジェクト」における西城町の2つのテーマ

「農・食」については、ツーリズム事業および地元生産物の学習および、これを生かした食事の提供を行う実践の場の創出、関係者の連携、情報発信、担い手養成が企画されている。具体的には、地元食材、これを使った調理の勉強会「ヒバゴンキッチン」（2009年度～）、地元食材を使ったレシピ集の作成（同）、地元食材である夏イチゴ、ネギ等を使ったレシピの募集と審査が行われている（2011年～）。また、いつか自分の店を持ちたいという希望を持った女性達による料理サークル「サムディシェフ」（2009年発足）が、町内のイベントで、また施設を利用してカフェを開き、食の提供を行うことに対する支援を行っている。

「自然と文化」については、2010年からはじまった「古事記への路」サインの踏査、修繕活動から、「比婆山プロジェクト」が立ち上がり、地元自治会、西城町の住民、団体により、比婆山を訪れる登山客用のサインやマップの整備、冊子の準備、ガイド育成が試みられている。

この他、円卓会議に持ち込まれ、実現に至った事業の1つに、青空野菜市がある。発案者は、町内のある常会の有志数名である。彼らは、高齢者が野菜を作っても、食べきれず、畑で腐らせてしまっている現状をみて、自分達が市を開いて販売することを考えた。2009年7月から、町内唯一のコンビニエンスストアの駐車場の一画を借り、厳冬期を除く毎週日曜の朝に野菜の販売を行っている。売られている野菜の調理方法について尋ねられた時のため、上記、ヒバゴンキッチンが作成したレシピ集を用意し、販売も行っている。主に西城町中心部の町場エリアに住む高齢者を顧客にしているが、県民の森、比婆山、道後山に向かう観光客に対しては観光情報の提供も行っている。野菜をつくる高齢者、買いものに来る高齢者に対する予防的福祉の側面

や、都市農村交流の窓口としての側面など、多くの機能を持っている。

　町内では、グリーンツーリズムの機運が高まり、2011年にはツーリズム研修（5回連続）が行われた。3人1組で行われた研修では、最終的に11組がプランを作成し、2012年には町内5自治会が独自の農村体験プログラムを用意して広島市の大学生を迎え入れた。

3.3 庄原市地域福祉計画（ほっと里山しあわせづくり活動計画）「西城里山倶楽部」

　2009年3月、庄原市地域福祉計画が策定された。ここでも旧町が活動主体とされ、旧町それぞれが活動計画を作成した。

　西城町は、「西城里山倶楽部」と題した地域福祉計画が立てられた。ここでは、庄原市地域福祉計画でとられた「この指とまれ」方式、すなわち、やりたいことがある人に賛同者が集う方式により、4つのグループが立ち上がった。保健福祉総合施設「しあわせ館」の周りに花を植える「花々クラブ」、「しあわせ『まんぷく食堂』」、「鍋自慢！大集合！」、「劇団『しあわせ家族』」の4つのグループが生まれ、環境美化、食を通じた仲間づくり、演劇活動が取り組まれている。いずれの活動にも市職員、社協職員が、住民とともにメンバーとして含まれている。例えば「劇団『しあわせ家族』」は、まちづくりの理解者を増やすため、町内の新たな動きを題材に毎年新しいシナリオを作成し、町の「歳末助け合い芸能大会」の会場で芝居を上演している。

3.4　企画調整室企画員

　2009年4月、合併直後に続く2度目の市長選をきっかけとして、支所機能の充実、強化を図るため、市役所の組織体制が変更された。旧町ごとの特性を生かした発展のため、旧町ごとに設置された各支所に、地域振興の企画、立案、推進などを目的として、支所長兼任の室長と企画員1名による企画調整室が新設された。"合併による周辺部の衰退"という批判が高まったのに応えた形である。西城町ではこの企画員により、庄原市の「クラスターのまち実現プロジェクト」、および地域福祉計画によるまちづくり、さらにこれ

らの枠にとどまらないまちづくり活動が多方面にわたって推進された。

　2010年は、町内でヒバゴンが目撃されてから40周年にあたり、年間を通じてヒバゴン関連のイベント、切手の発行をはじめとするさまざまなグッズの作成、販売等が行われた。

　また、同年、まちづくりに対する意識啓発として、先進地の視察の他、住民のコミュニケーションスキルの開発として、地域における意思決定の基本となる民主的な会議の技術に関する講座（4回連続、参加者83人）、行政職員に対しては、ファシリテーションスキルの開発として、住民のまちづくり活動支援が適切に行えるようになることを目指してファシリテーション研修が実施された（4回連続、町外者含め参加者78人）。

　さらに同年7月には、町内の商業施設「ウィル西城」を運営する第三セクターの西城町産業振興開発による移動販売が始まった。食料品、日用品を積み込んで、週5日、町内を回る「あんしん号」は、周辺部の集落に住む高齢者を見守る役割も果たしている。企画員は、保冷トラックの購入に県の「元気づくり交付金事業」の補助金が利用できることを紹介した。

3.5　自治振興区によるまちづくり

(1)西城自治振興区

　西城自治振興区は、西城支所の他、市立西城病院、プール等各種の旧町時代の公共施設および商業施設が集まった地区を擁している。自治振興センターは、旧町の公民館を改修して設置されている。

　西城自治振興区の組織は、会長1名、副会長2名、さらに14ある町内会の会長14名で構成される運営委員会と、47名からなる総代会、事務局からなる。合併後の西城自治振興区発足時の会長は元町議、副会長は元高校教諭と現職の市役所職員、事務局には、前公民館の職員が2名（うち1名が事務局長に就任）、Iターンの大学新卒者が1名の3名が就いた。さらにその後、地域マネージャーとして、社会福祉士の有資格者を含む2名が採用された。事務局、地域マネージャー全員が女性であった。

　西城自治振興区では、自治振興区の発足後、プロジェクト形式によってま

ちづくりが取り組まれている。現在、プロジェクトごとに多くの事業が同時並行で進行している。

プロジェクトは以下の4つである。

①まなびとふれあいプロジェクト…生涯学習事業計画立案、調整、イベント開催など

②やすらぎプロジェクト……安心の暮らしを実現するための事業の遂行、生活支援や集落の運営支援、高齢者の安否確認、防災など

③さとやまプロジェクト……里山環境の整備保全・美化・活用、鳥獣対策など

④もてなしプロジェクト……都市交流の推進、ローカルビジネスの開発など

高齢者が作る野菜をネットで販売する「孫が食べる野菜じゃけぇ」は、「やすらぎプロジェクト」の中で、地域マネージャーが地域の高齢者を訪ね、生活実態調査を行った結果から考案されたものである。また、「もてなしプロジェクト」における野菜のせり市「西城超元気農産物フェスタ」は、住民からの出品と来場者を得て、秋に実施される。

西城自治振興区はフェイスブックにより、これらの活動を、自治振興区内の自然、日々の動きとともに発信している[5]。

(2) 八鉾自治振興区

八鉾自治振興区は、深い山に民家が点在する地区であり、県民の森、クロスカントリー施設、複数のスキー場、温泉等の大規模な観光施設を擁している。

八鉾自治振興センターは、2007年度以降休校となった小学校の空き校舎を利用して設置されている。八鉾自治振興区は、会長1名、副会長3名（以上、4つの自治会の自治会長）、委員12名、部長3名（副会長3名とで6部会の長を務める）、監査委員5名によって運営されている。会長は元市職員、事務局長は民間企業OB、事務局員（1名）には地区の女性が就いており、地域マネージャーには、元JA職員を含む農業振興担当者3名（男性）と、福祉担当者の3名（女性）の計6名が雇用されている。

八鉾自治振興区では部会制が取られ、事業部、総務企画部、生涯学習部の

他、青年部、女性部、高齢者部が置かれている。事業部では、①市政懇談会に向けた各自治会からの要望事項のとりまとめ、②親睦グラウンドゴルフ大会の開催、③清掃等を、総務企画部では、①農業資源を活用した地域振興としてタマネギの生産（2013年度～）、②高齢者が安心して暮らせる地域づくりとして、地域マネージャーによる75歳の高齢者のみ世帯訪問、サロンへのカラオケの持参、③交通安全・防犯・防災等を、さらに生涯学習部では、趣味、健康づくりの会等を組織している。

重点施策としては、農業資源を活用した地域振興、高齢者が安心して暮らせる地域づくり、自治振興区内の交通手段の確保、地域の強みを生かしたツーリズム事業への支援が考えられている（八鉾自治振興区 2011）。

自治振興区で集められたタマネギは、県民の森ホテル、また、2013年の中国横断自動車道尾道松江線の共用開始にともなって高野町に開設された道の駅たかのに納品されている。タマネギに関する勉強会や品評会も開催されており、地区で年間4トンの生産を目指すタマネギづくりは高齢者の励み、生きがいとなっている。

4. 合併を経た西城町のまちづくり～その特徴と今後の課題

全国の農山村が、長期的な人口の減少と高齢化、そして高度経済成長後、地域の産業の停滞を経験している。平成の大合併も状況を大きく変えることはできなかった。農山村地域で暮らす人びとは、そうした地域の状況に地域の将来を憂いつつ、農山村に暮らす意義、強みについて考え、日々の暮らしを豊かにする活動に取り組んでいる。

西城町では、旧町時代から中心部に諸施設が整備されてきており、また、戦後まもなく住民の手によってグラウンドが造成されたことを嚆矢とし、町の計画に、住民の話し合い、意見を取り入れ、やる気のある人の意志を尊重するまちづくり活動の歴史を重ねて来ている。そのまちづくり活動は、合併後、市の総合計画、自治振興区の制度、地域福祉計画の下で形を変えて行われている。その特徴を以下に挙げてみたい。

第一に、西城町のまちづくりは、庄原市の方針の下、自治振興区の制度によって、人的、経済的支援を市から得て、まちづくりにかかる組織を再編し、地域で掲げた目標に向けた活動を展開できている点に特徴がある。市の支援は、西城町のまちづくり活動の持続可能性を高めている。

　第二に、西城町のまちづくりは、自治会と自治振興区の二重構造により、地域の維持と行政への要望のとりまとめにとどまらない、目標達成、事業型の要素を合わせもつものへと変化している。西城自治振興区のまちづくりは、やりたいことがある人がプロジェクトによって事業を推進し、これを、自治会メンバーによる運営委員会、総代会が、市の方針の下で実施される町の事業として承認、正当化するというしくみである。一方、部会制を取っている八鉾自治振興区においても、住民の生活と地域を守るのみならず、農産物の生産という事業に取り組む姿勢をみせている。小田切は、農山村の変化により、1990年代後半以降、農山村の地域づくりの単位が、集落を超えるようになってきたこと、これが2000年代に、集落を超える範囲の地域自治組織になっていることを指摘し、これら地域自治組織と集落の両者により、「攻め」と「守り」を二重に分担するような地域づくりのしくみの必要性を指摘しているが（小田切 2013：236）、西城町のまちづくりはまさにこのようなしくみとなっているといえる。

　第三に、西城町のまちづくり活動には、革新性がみられる。西城町では、住民の主体性にもとづいた、また、農山村に根付いた地域組織である自治会を生かしたまちづくりが行われているが、それらの現行のあり方が全面的に肯定されているわけではない。西城町では、住民が自主的にまちづくりを行うとはどういうことか、行政とのパートナーシップとはどのようなものかが、個別の会議の席であらためて定義しなおされている。また、参加者が自由に意見を出せる、話し合いの成立する会議はいかに運営されるべきかを知るために、会議の開催方法に関する実践的な講座が企画、開催されている。さらには、やる気のある住民の足を引っ張るような振る舞いが他の住民から起こらないように、まちづくり活動への理解と意識啓発が、演芸会の席で演劇を通して行われている。このように、さまざまなレベル、方法で、住民と

組織の意識変革が試みられている。
　第四に、西城町のまちづくりでは、女性、若者、Ｉターン者が、自治振興区の組織の中で、事務局や地域マネージャーの職責を担っている。先行研究は、農村の地域づくりにおける公民館活動の果たす役割の大きさを指摘しつつ、それが男子高年齢層によって担われ、より若い層、また、女性を取り込めていないと、その限界を指摘している（千葉 2006）。一方、西城町では、農村の魅力発信、農村―都市交流、高齢住民の福祉の保障といった分野で、これらが新しいまちづくりのメニューを開拓している。自治振興区の組織は、旧町における町議会や自治会を中心とする地域運営の中では代表の座に座ることのなかった者に、あらたな役割を生み出し、活動に広がりをもたせている。
　第五に、西城町のまちづくりの目標について。西城町のまちづくりは、現在そこに住んでいる住民が幸せを感じられることを目標としている。農山村は、しばしば都市（住民）から、縮小社会の水際としてまなざされるが、農山村に暮し、これに誇りを持つ人々にとっては、農山村は「自然と文化」、「農と食」の最前線である。西城町のまちづくりは、歴史と自然豊かなこの地域で何世代にもわたって続けられてきた農とともに生きる暮らしの良さを、次の世代に引き継いでいこうとする営みである。農山村のまちづくりは、独自の視点で農山村の暮らしを肯定することから出発している。
　今後の課題について、三つの点を指摘しておく。
　まず、自治振興区活動の財源について。合併後十年が経つことと関連し、自治振興区に対する市の財政的支援の継続が危惧されている。西城町の両自治振興区では、まちづくりの予算を自分達で稼ぎ出さなければならなくなる日が来ることも想定されている。
　つぎに、新しい世代、新しい住民への対応について。西城町にも、第三の人生の場を求めて都市からやってきた移住者、福島の原発事故をきっかけにした帰郷者がいる。自治振興区の職員、地域おこし協力隊には他都市で生まれ育った若い世代が就いている。これらの人びとの視点やネットワークを、同じ地域に長年暮らす人びとの間に醸成されてきた人間関係（本書10章参照）

にいかにつなぎ、まちづくりを展開させていくかが問われている。そして、まちづくりを、新住民、次世代の定着を視野におさめたものにしていく必要もあるだろう。まちづくりの舞台である地域が、住むのに安心、安全な場であり続けるためには、一定の人口の保持が必要になることを忘れることはできない[6]。

さらに、まちづくりの単位について。7章でもみたとおり、企画調整室企画員のポストは2011年度いっぱいで廃止された。2012年度からは企画調整室に自治振興係が設置されて業務を引き継いだが、2014年度に企画調整室が廃止され、総務室総務係となった。また、支所職員によって開催されてきた円卓会議も2014年度に入って廃止された。合併後の庄原市において、まちづくりは自治振興区およびこれに連なる有志の仕事となり、自治体および自治体職員としての立場によるまちづくり活動は減少し、これとともに旧町を単位としたまちづくりは縮小していくようにみえる。今後は、旧町に代わって、自治振興区が地域住民にとって重要な単位となっていくだろうか[7]。旧町内に複数の自治振興区が立ち上がった地域は、西城町の他にもあるが、これらの地域でも同様の事態が起こるのか、今後が注目される。

5. おわりに

本章では、広島県庄原市西城町をとりあげ、人口減少、高齢化が進行する農山村地域で、住民参加によるまちづくりはいかに実行されうるか、現状と今後の課題を検討してきた。

西城町のまちづくりは、合併後、新市の自治振興区のまちづくりの方針の下、活動の基盤を整え、活動を活発化させていた。各地域の住民主体のまちづくりを尊重し、まちづくりにかかる条件整備を行うという側面支援に留める庄原市の支援のあり方は、西城町のまちづくりに対しては奏功しているようにみえる。

一方で、人口減少に伴うサービスの撤退も進行している。住民の生活を守るためには、一定数の住民の確保が果たされねばならない。庄原市では現

在、地域の資源を活かした雇用創出、移住者促進策[8]（「帰ってこいや倶楽部」の創設、庄原暮らし出前講座、あとつぎ促進奨励金）が、合併後に整備された自治振興区の活動との連携によって推進されており（庄原市 2013）、その成果が待たれる。

　目を庄原市内他地域に転じれば、市内全ての地域が、新市の自治振興区の制度を生かしたまちづくりを実施できているわけではない。人口の規模や構成、賃労働のチャンス、インフラ整備の状況、自治体職員、キーパーソンの力量、住民参加のまちづくりおよび都市との交流の実績等、様々な条件の異なる地域では、同じ自治体に属し、同じの方針の下で、同じしくみが採用されても、まちづくりの取り組みは異なったものになるだろう。各地域の住民の主体性に任せるまちづくりは、市内各町におけるまちづくりの格差につながることが予想される。庄原市におけるまちづくりは今後、いかなる展開を遂げるだろうか。庄原市内他地域における自治振興区のまちづくりに関する比較検討については今後の課題としたい。

注
1) 中国山地にまたがる地域では、全国に先駆けて過疎化、高齢化が経験されてきた（中国新聞社 1967; 1968）。
2) 西城自治振興区、2013年度一般会計の収入は予算額2,300万円余りのうち、97％以上が庄原市からの交付金、残りは一世帯当たり300円の会費等である。支出のうち約43％が、職員、地域マネージャーの賃金および、会長、副会長の報酬である（西城自治振興区 2013）。一方、八鉾自治振興区、2013年度一般会計の収入は、予算額895万円余りである。収入内訳は西城自治振興区とほぼ同じである。支出については、職員他の報酬が62.5％と、西城自治振興区に比べるとやや大きな割合を占める（八鉾自治振興区 2014）。賃金、報酬を得る者の数が、多いことが影響している。
3) 西城町では、オフトーク通信を利用して、町からのお知らせのみならず、元JA職員の監修を受けた、地元産の旬の野菜を紹介する「里山の旬だより」（月1回）など、独自のプログラムを作成し、放送してきた。市内では他に東城町にもオフトーク通信が導入されているが、独自の番組制作は行われていない。ＮＴＴの電話回線を利用するこのシステムは、町のみならず、利用者も発信者になることができる媒体でもあった。町としてのまとまりを現前させてきた媒体であるオフトーク通信であるが、NTT西日本は2015年2月末でサービス提供の終了を発表している。
4) 作家の重松清が2002年から2004年まで『オール読物』（文芸春秋社）に掲載し、2004年に単行本として出版された小説「いとしのヒナゴン」を原作とする2005年公開の映画「ヒナゴ

ン」(井川遥、伊原剛志主演)。
5) https://ja-jp.facebook.com/Saijojichi
6) 2014年8月末、西城町中心部にあるウィル西城(1997〜)の食品部門および、移動販売車(2010〜)が営業を終了した。その後、東城町のスーパーの入店が決まったが、人口減少が続く庄原市各地域で、地域商店街型ＳＣは同様の課題に直面している(庄原市、2012)。
7) 平成の合併以降、昭和の合併以前の区域が重要になってきているとの指摘がある。吉野は、青森県八戸市南郷区を事例として、昭和と平成の合併における地域統合政策を検討する中で、「昭和の合併以前の区域が自治の単位として力をもっていることが改めて見直されつつある」と指摘している(吉野2013)。町村も静岡県佐久間町を事例に、「昭和の大合併によって形成された現行の市町村では、経営体／行政体としての側面と社会的・文化的基盤としての側面の間にしばしば大きなズレが存在していた」とし、「両者をいかに一致させていくか」が「多くの市町村にとって積年の課題でもあった」と指摘し、平成の大合併後の旧町村単位の結束の浮上を指摘している。その一方で、これが地方自治体に再分配された資源の獲得という動機に支えられたことにも注意を喚起している(町村 2004)。西城町に二つの自治振興区が生まれたことも、単に歴史的、地理的背景にのみ帰せられるべきではなく、戦後の大規模開発を通して各地域が保有するに至った資源にも目を向ける必要があるだろう。自治振興区の制度は、住民の主体性によるところが大きいが、一方では、活動の基盤の差への目配りも必要である。
8) 中国山地の北側、島根県では、都市から農山村へ、若い世代の移住の動きも出ている(中国新聞2004; 松永2012; 小田切・藤山2013; 大江2015等)が、庄原市では主に庄原市から他出した成人子の帰還を促進しようとしている。

参考文献

千葉悦子，2006,「農村における集落・自治公民館活動と地域づくり」『年報村落社会研究42―地域における教育と農』：65-100.
中国新聞社，1967,『中国山地―上』未来社
中国新聞社，1968,『中国山地―下』未来社
中国新聞社，2004,『中国山地―明日へのシナリオ』中国新聞社
日野篤信，1912→1985,『比婆郡誌』，臨川書店.
保母武彦，2002,『市町村合併と地域のゆくえ』岩波書店.
町村敬志，2004,「『平成の大合併』の地域的背景―都市間競争・『周辺部』再統合・幻視される広域圏」地域社会学会編『地域社会学会年報』16: 1-22.
松永桂子，2012,『創造的地域社会―中国山地に学ぶ超高齢社会の自立』新評論
内閣府経済社会総合研究所HP, http://www.esri.go.jp/jp/prj/mytown/kyodo/k006-0410-01.html
小田切徳美，2013,「農山村再生の戦略と政策」小田切徳美編,『農山村再生に挑む―理論から実践まで―』岩波書店：225-250.
小田切徳美・藤山浩，2013,『地域再生のフロンティア―中国山地から始まるこの国の新しいかたち』農文協
小野奈々，2010,「市町村合併が山村地域の市民活動に与える影響：松本市四賀地区を事例とし

て」,『信州大学経済学論集』61, 115-130.
大江正章, 2015,「山村に希望あり―島根県邑南町・旧弥栄村・旧柿木村」『地域に希望あり―まち・人・仕事を創る』岩波書店：25-64
西城町, 2002,『西城町長期総合計画―すみたくなるふるさと・西城』西城町.
西城町, 2011,「クラスターのまち クラスターのまち実現プロジェクト"もてなし"の西城 〜時代は"癒し"から"向き合う"へ〜 」(2011.12.21.地域振興会議資料)
西城自治振興区, 2013,「2013年度西城自治振興区一般会計収支執行状況」
西城地区地域審議会, 2005〜2013,『会議録（摘録）』
庄原市、2012,『しょうばら』7月号
築山秀夫, 2013,「市町村合併と農山村の変動―長野県旧大岡村を事例として―」『年報村落社会研究49―検証・平成の大合併と農山村』農文協：155-195.
八鉾自治振興区, 2011,『八鉾自治振興区地域振興計画』
八鉾自治振興区, 2014,「八鉾自治振興区第3回定時総代会議案書」
吉野英岐, 2013,「昭和・平成の合併における地域統合政策の展開と課題―青森県八戸市南郷区を事例として―」『年報村落社会研究49―検証・平成の大合併と農山村』農文協：115-153.

9章
農山村で集落を維持するとは
――グリーンピア大佐村と油木地区――

杉本久未子

1. 庄原市の農村と山村

　庄原市が里山文化都市を名乗る内実を探ると、この地域が山村としての森の恵みと農村としての田畑のめぐみを総合的に活用してきた歴史に基づいていることが確認できる。この2つの恵みを利活用することで、中山間地域の人々はその生活を維持してきたのである。しかし、この2つのエリアは、戦後の産業化の進展のなかで異なった歩みを進めることになった。木材生産と薪や炭というエネルギー供給を生業の中心とした山村は、日本社会のエネルギー転換と外材の輸入政策によって生活基盤を失い人口流出が早くから進むことになった。他方、農村は、食糧安全保障にもとづく国の保護政策に加え、山村にくらべると交通条件に恵まれ通勤型の兼業が可能なこともあり一定の人口を維持することが可能であった。

　本章では、庄原市の北部に位置する西城町の農業集落と山村集落[1]を比較することで、それぞれの地域における集落維持をめぐる課題を検討したい。農業集落として取り上げるのは農業を基盤とした理想郷をめざした「グリーンピア大佐村」(以下大佐村) であり、山村集落としては「ひろしま県民の森」の誘致によって地域に就業の場を確保してきた油木地区を取り上げる。注目しているのは、単なる人口の維持ではなく、生業を引き継ぎ、集落の機能を維持する世代継承がどのようにすれば可能となるかという点である。T型集落点検 (徳野 2007、2010) の発想を念頭に、各世帯の他出子の状況、Uターン可能性を踏まえて集落の持続可能性を検証する。

圃場整備の進んだ大佐村の景観

ひろしま県民の森の風景

1.1 西城町大佐地区

(1)位置と歴史

　大佐地区は広島県庄原市西城町の中心部から約2kmの距離に位置している。西城川に沿って広がる平坦地に位置する自然村で、圃場整備された農地を中心に周囲を里山が取り囲みまとまりのある集落を形成している。集落内に地主・小作関係がなく農地がほぼ均等所有であったことが、集落のまとまりをつくり住民たちの自治意識を高めていたとされる。戦前期には養蚕が行われており、民家のつくりにそのなごりをみることができる。

　1970年頃から農産物の送付など都市住民との交流に取り組んでおり、1978年には交流施設として地区の集会所を建設した。1988年には住民自治組織グリーンピア大佐村を結成して村づくり活動を強化し、圃場整備、炭焼きの復活、水車小屋や藁工芸館の開設など生産面とあわせて農村文化の継承にも力を入れてきた。それらの取り組みにより1992年には「村づくり部門」で農林水産大臣賞を受賞している。2002年に農業集落排水処理事業が完了し供用を開始している。2006年には、高齢化により営農の継続が困難となる世帯への対応として農事組合法人大佐村を設立した。

(2)人口と産業

　大佐村の世帯数は51戸、人口は163人である。50歳以上の人口割合が高く、2011年の高齢化率は36.8％であるが、西城町のなかでは高齢化率は低い方である。地区は、上組、下組、沖組の3つの常会に分かれ、良好な近隣

関係が維持されている。

2010年の農業センサスによると農家数は35戸（うち販売農家34戸）で、経営耕地面積は34.9haとなっている。専業農家、第1種兼業農家がともに6戸で、第2種兼業農家が22戸である。0.5～1.0haの農家が多く、水稲のほか施設野菜[2)]、花卉（菊）、肉用牛などを専業的に行う農家がある一方、水稲作の作業委託を行っている農家も24戸に達している。

(3)中山間地農業のモデルケースとして

組織としての「グリーンピア大佐村」は、「集い」、「話合い」、「和」、「共同」、「助けあい」の5輪の理念のもとに、村の自治力を高めるために設立された。組織図をみると、村長、助役、役員会、総会などがつくられており、昔の村の自治を意識していることが確認できる。また、呼称から想像されるように、村長のリーダーシップの強化を目指したものでもあった。そして、「豊かで実りある村づくり～農地を生かした村づくり、特産品振興、山林荒廃防止」、「自然を活かした美しい村づくり～美しい景観づくり、生活環境整備、公園広場整備」、「皆が支え合う村づくり～地域ぐるみ福祉、心身健康づくり、コミュニティ・交流活動推進」という形で、農林業振興、地域環境整備、住民生活の向上を実現してきた。しかし、優れた活動が行われてきたにも関わらず近年活動の低下がみられることが指摘される。そして「大佐地区は、農林業が工業化され、住民が消費者化され、また地区が都市化している。このような変遷過程に伴い、自給力も自治力も失ってきた」（具 2002）と集落の生産構造・消費構造自体を問題視する研究者も出てきている。

集落の維持には各世帯が後継者を確保し、一定の世帯数を維持することが必要となる。そして農地の維持には農業従事者となる担い手が欠かせない。担い手の確保方法としては大規模農家の育成や企業組織による雇用などの方法も考えられるが、「農業を基盤に住民生活の豊かさを目指す」という大佐村の理念を実現するためには、多くの農家が農業に関わり続けながら集落を維持していく仕組み、つまり集約化でなく多くの世帯に農業とかかわる後継者を確保することが必要となる。その手法として採用されたのが、農事組合法人の設立による農業そのものの強化であった。

大佐村の農事組合法人は、農地を法人のもとに集約するのではなく、個別農家の委託を受けて耕作困難な農地の経営を行う組織である。もちろん、転作作物の選定や栽培も法人が責任を持って実施する。機械のオペレータのような実作業は、定年帰農者や専業農家が従事している。高齢世帯は、法人に田植や稲刈を委託することで農地の維持が可能となり、都会の後継者が定年後帰ってきて農業を行うのを待ち続けることができるようになっている。現在の大佐村は、50代～70代の住民が多いことでこの仕組みが可能となっている。農業は、生きがいでもある。女性たちが法人の加工場を活用して餅や寿司などを作り、一定の収入を確保している。広島市や三次市の産直市場への野菜の販売ルートが確保されていることも、高齢女性たちの野菜づくりへの意欲を高めてきた。

1.2 西城町油木地区

(1)位置と歴史

庄原市西城町油木地区は、庄原市の北に位置し島根県と県境で接している。広島県と島根県の県境を東西に走る中国山地の南側に位置する地域であり、地区の大部分を森林が占めている。油木地区の中心部に南北に走る山塊があり、山塊の東側が前油木、西側が後油木である。前油木は西城川の脇に広がっており、ＪＲ木次線、広島県福山市から島根県雲南市に至る国道314号が通る。後油木は六の原川沿いに広がり、県道256号比婆山 - 県民の森線が通っている。

この地域は、かつてたたら製鉄が盛んに行われたところである。製鉄には大量の木炭が必要であった。たたら製鉄の経営者は大規模な森林所有者でもあり、山子と呼ばれる専門の炭焼きを雇用してたたら用に木炭をつくらせた。たたら製鉄が下火になった後も炭の材料を確保するために、長期間にわたって広葉樹の自然更新や人工的な植林が行われていたが、1960年ごろから薪炭利用の減少により、成長が早く建築用材としての利用が見込めるスギ・ヒノキ（一部カラマツも）の植林が行われてきた。

ここでは、1965年ごろまで多くの世帯が農林業で生計を立てていた。経

営耕地面積が少ないため、山仕事がもう一つの重要な生業だったのである。地区内には国有林があり営林署による施業が行われ、民有地では広葉樹の伐採後に分収造林も行われた。薪炭材の生産のほか、植林、下草刈り、除伐、間伐に従事することも多かった。しかし、高度成長期に入ると木材価格の低迷等によって森林作業に従事する人は減少した。近年は住民の高齢化、不在地主の増加等によって、山の荒れが目立っている。

(2)人口と産業

油木地区の人口を住民基本台帳をもとにみると、2012年の7月現在、69世帯157人で、2002年10月末（80世帯、198人）から10年間で11世帯41人の減少となった。また地域全体で高齢化が進んでおり、高齢化率は59.9％、後期高齢者の人口に占める割合は42.0％になっている。

集落の構成は、前油木に上組、平組、灰庭、石原組の4つの常会が、また後油木には衣木組、中組、門平組の3つの常会がある。それぞれの常会毎の世帯数、人口、高齢者数は表の通りで、灰庭では全員が65歳以上、門平では全員が75歳以上となっている。

表9-1　常会別世帯数・人口

常会	世帯数	人口	うち高齢者	後期高齢者
上組	11	23	14	11
平組	11	37	15	10
灰庭	8	11	11	8
石原組	12	25	16	11
衣木組	14	32	16	11
中組	10	26	19	12
門平組	3	3	3	3

2010年の農業センサスによると、農家数は42戸で、前油木22戸（うち自給的農家4戸）、後油木20戸（同4戸）となっている。経営耕地面積は前油木が17.31ha、後油木が12.87haで、耕作放棄地は前油木で47a、後油木で217aとなっている。前油木では区画整理事業が進んでおり、集落営農は行われていない。後油木は区画整理が進んでいず、全戸による集落営農が行われている。水稲のほか前油木ではいもや野菜が栽培されており、後油木ではお茶が栽培されている。

この地域では8割の世帯が山林を所有している。所有面積は1haから400haまでさまざまであるが、保有山林面積は後油木の方が多い。この地域の山林は奥出雲御三家の一つである糸原家の所有地であったが、村人が少しずつ買い取り個人有林や部落有林になった。民有林の4割が人工林、6割が天然林となっている。

(3) ひろしま県民の森

油木地区の地域活性化策として重要なのが1971年に開所した「ひろしま県民の森」である。当初は春夏秋の3季利用のレジャー地であったが、1976年にリフト設備が整備されてスキー場がオープンし、通年型のレジャー施設になっている。利用者は1981年には22万人程度で夏期がピークの林間学校型の利用が多かった。その後1990年代に入ってリフトが充実し、冬場の8万人を含んで年間23万人になったとする。また、1995年には、センター棟と宿泊棟からなる「公園センター」がオープンし、食事や宿泊が充実した。

油木地区では、県民の森の整備にともない、施設の管理運営を地区で行うことになった。多くの住民が施設内で雇用され、現金収入を得ることができるようになっている。スキーの最盛期には住民総出で対応しており、平日通勤している住民も土日にはスキー場で働くことがあったという。この施設によって兼業の場があることから、油木地区の人口流出は他地区に比べて少なかったともされている。

2. 大佐村の現在

2011年の秋に2回にわたって実施した世帯調査から大佐村の農業と生活の実態を紹介する。全世帯を訪問して半構造化面接を行っており、51世帯中41世帯から回答を得た。なお回答を得られなかった世帯は、体調不良や入院中、高齢のために回答困難な世帯であった。

2.1 世帯の状況

41世帯の同居家族と他出家族の年齢構成は図に示した通りである。同居

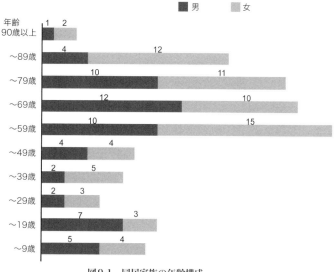

図9-1 同居家族の年齢構成

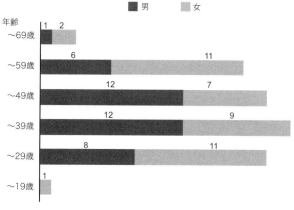

図9-2 他出家族の年齢構成

家族の人数は男性58人、女性69人の計127人であるが、年齢構成をみると50〜80代が多く、20〜40代が極端に少ない。この世代の多くが他出していることが確認できる。山下（2012）は戦後の日本農村地域の構造を世代による地域的な住み分けで所得機会を確保し生活を安定化させてきたと述べているが、その構造が大佐村にも妥当することが確認される。

50〜70代の実質的に農業を担いうる人々の存在が、現在の大佐村の活力につながっているが、20代〜50代の他出者が多いことが地域維持のみならず人口の再生産という面でも不安を抱かせる状況にあることが確認できる。他出家族の居住地は庄原市・三次市という近隣、広島市や福山市などの県内都市、大阪や東京という遠くの大都市に三分され、どの地域に住むかが、その他出子と大佐地区とのつながりの強弱に影響している。

 同居家族の構成からも予測されるように、4世代、3世代、末子が40代以下の世帯は14戸にとどまる。それ以外は家族全員が50代以上になっており、60代以上の夫婦家族や独居家族が半数近くを占める。これらの世帯は30〜50代の他出子のUターン（主に定年帰農）を期待しているが、他出子が娘であったり、東京や大阪で生活基盤を確立しておりUターンが期待薄という世帯も多くなっている。なお、独居世帯では、近隣に子どもが居住し日常的に親宅を訪問しているものが多い。これにより老親の生活が支えられているが、その子どもが同居することは、難しいようである。

2.2 営農状況

 41世帯を農業との関係で分類すると専業的農家[3]が8戸、世帯員が農作業に従事している農家が11戸、農作業を委託している農家が18戸、そして農地を保有しない世帯が4戸であった。

 専業的農家は、ネギの施設栽培、菊栽培、牛の飼育、稲作の大規模受託などを行っている。このうち20代の農業後継者がいる世帯が1戸、30代で後継ぎが予定されているのが1戸であり、他は農業後継者は確定していない。特に問題なのは畜産農家で、堆肥を供給するという集落の農業にとって重要な役割を担っているが、娘が二人とも引き継ぐ意思がなく、現在就業している夫婦がリタイアすると比較的大規模な畜産は終了することになる。

 作業に従事している農家では、世帯主が勤務のかたわら自家用の米を栽培し、その親が野菜を栽培するというタイプが多い。田植や稲刈には同居後継者だけでなく、他出後継者が手伝いに帰る世帯もある。これによって他出者にも農業とのつながりが維持されている。

高齢世帯は、作業委託農家となる。加齢にともなって体調を崩す機会が増加する。そして入院などを契機に田植や稲刈の作業を委託せざるを得なくなっていく。それでも除草や水の管理などは行っている世帯が多い。法人などに作業を委託しながら農地を維持し、後継者が定年後Uターンして農業にかかわるのを待つのである。他方、Uターンが期待できない場合は、法人に農地を寄託し非農家となっていく。

2.3 担い手たちの暮らしと思い

大佐村の農地が維持されているのは、自らの農地で営農を行うだけでなく法人のメンバーとしてあるいは個人的に耕作を受託している担い手たちの役割が大きい。これらの担い手は大佐村の農業をどのように支え、将来をどう考えているか。年齢や営農タイプの異なるいくつかの世帯の具体例を示す。

(A世帯)

60代の夫婦、30〜40代の長男夫婦、小学生以下の孫3人が同居する3世代家族である。世帯主のA氏は婿養子で、広島県下の中学・高校の教員をしながら妻の農業を手伝ってきた。大佐村の「村長」を経験しており、退職後は農業に従事している。長男は庄原市で建築関係の仕事につき、長男の妻は西城病院で看護師をしている。

90aの農地と2haの山林を保有し、さらに50aの耕作を受託している。主な作物は米、牛、野菜で、農地の一部では転作で牧草を栽培する。コンバイン、トラクター、田植機、ロールベラーなど農作業に必要な機械を保有しており、昨年度の農業収入は250万円程度という。最近、長男が農業にかかわることが増えており、農地を引き継いでいくことはまちがいないが、畜産を継ぐことは難しいようだ。

行事や神事を通じて親密な近所つきあいが行われており、防犯や防災関連の取り組みも活発である。本人は実年会のメンバーとして新年会、とんど、夏祭り、夕涼み、秋祭り、ボーリング大会などの大佐村の行事にもほとんど参加しており、妻は老人会のメンバーとして年4回の老人会行事に参加して

いる。若者が減って大きな神輿が担げなくなった。地域組織は充実しているが、それを支える人が加齢により苦しくなってきたことを懸念する。

「10年後を考えると、今から結婚する若者は何人いるか？帰ってきて大佐に住む人は何人いるだろうか。地域を受け継いでいくためには、子どもたちが育っていることが必要だ。うちの子どもたちが農業をしているのは、親の背中を見て育ったからだと思う」と農業に親しむ子育ての重要性を訴えている。

(B世帯)
50代の夫婦と80代の母親との家族である。長男は結婚して東京に住み盆・正月にしか帰らないが、結婚して庄原に住む長女は孫を連れて月に3回以上は帰っている。福山に勤務する次男が跡を継ぐ予定で、土日には帰ってきている。

本人は、東京の農業系の大学を卒業し、「長男は跡を継ぐもの」という規範を守って大佐に帰った。大学で学んだ知識を活かして大規模養豚をしていたが20年ぐらい前にやめ、建設会社の従業員をしながら農業とミニライスセンターの経営を行っている。田250a、畑20a、山林2haを所有し、耕作受託も100aしている。トラクター、田植機、コンバイン、トラック、乾燥機などを所有しており、農業機械への投資は2500万円を超えるという。農作業は次男も含めた家族労働で、農業粗収入は1000万円弱となっている。

日頃の楽しみは大佐村内の3組の夫婦で山陰へ夜釣りに行くことで、養豚をやめたことでこのような生活が可能となった。親睦会の会員として行事の世話をしている。村用に参加することに負担感はないが、集落内が何となく年寄りばかりになっており火事や災害時には心配だとする。

「大佐村を引っ張って来たのは、今の70代。その下のリーダーが今後どのような取り組みをするか関心がある。農事組合法人の理事をしているが、法人といっても田圃の集約はなされていない。担い手自身も高齢化しており将来が不安」と語る。

(C世帯)

60代の夫婦世帯で、本人は高野町出身で広島で働いていた。養父の死で妻の実家である大佐に移住し20年以上和牛の飼育を行っている。40代の長女は結婚して広島で暮らし年に3～4回帰ってくる。地元のJAに勤めていた養女は2年前に福山に他出し最近は帰ってこない。そのため後継者がいないという状態になっている。

田が90a、そのうち減反の40aは牧草地として利用している。畑は30a、山林も多くあるようだ。トラクター、コンバイン、田植機、牧草刈機など多くの農業用機械、牛舎や堆肥舎を保有している。調査当時、牛は親を20頭、子牛10頭（10頭は出荷済）を飼育しており、農業収入は1,000万円程度であった。

仕事の関係で娯楽にさける時間は限られている。草刈などの村用は当然参加しているが、催しは時間があれば参加する程度である。近隣は助け合うのがあたりまえと目の悪い隣人の一時的な避難場所を買ってでている。最近はおかずをあげたり、田圃に餅を持ってきてくれたりという近所付き合いがなくなったと言う。

「大佐は今が一番いい状態であり、オペレーターにしても年寄りが増えている。人が帰ってこないから、後継者につながらない。Ｉターンでも農業する人が村に来るなら歓迎するが、畜産は素人にはすぐできない。生き物相手なので、分娩や種付けなどの専門的技術と知識が必要である。365日手が離せないうえに体力が勝負なので、私ももう4～5年が限界である。そうなると後継者がいなくなる」と将来に悲観的である。

(D世帯)

80代の母、50代と40代の夫婦、17歳を筆頭に3人の男の子という3世代家族である。本人はずっと大佐に居住しており、10年間勤めた木工関係の仕事をやめて菊栽培を始めて21年が経つ。妻はフィリピンから来た[4]。子どもたちはそれぞれ町内の学校に通っている。

農地は田が75a、畑が10aで、菊はハウス4棟と露地で栽培している。認

定農業士であり、農業収入は1千万円に達している。日頃の楽しみは地域の行事に参加して飲んだり野球観戦をすることで、子どもが大きくなったので家族旅行は最近は少なくなっている。母はふれあいの里[5]のイベントに参加しているそうだ。

　大佐村の会計、農事組合法人の理事をしており、若い人が継がないので地域が寂れる。農業の魅力が必要だと考えている。

　「土地があるから守らねばならない。若い者にはそんな考えがないから、便利のいいところに流れてしまう。大佐村は今はよさそうにみえるが、守っている人が高齢化すると守れなくなる。30代があまりいないのが問題だ」とするが、今のところ子どもには自由に職業を選ばせようと考えている。

3. 油木地区のくらし

　2012年8月にインタビュー調査を実施した。対象者は油木地区の自治会長が調査目的を勘案して選定してくれた15世帯19人である。全ての常会から最低1世帯を選定しており、地域別では前油木が8世帯、後油木が7世帯となる。性別は男性9人、女性10人である。年齢別にみると、80代8人、70代6人、60代・50代・40代が各1人、30代が2人と地域の状況を反映して高齢者の割合が高い。以下では、山村としてのこの地域の歴史を示す何人かの語りを紹介する。

（Eさん）
　人口3人の集落を支えている80代のEさんは、鳥取から娘の結婚相手にと求められて油木に来た。海軍航空隊で学び、特攻隊を志願していたが17歳の時に終戦で油木に戻り、70歳ごろまで50年間以上山の仕事をしていた。義父のもとで、農業、牛飼い、林業をしており、営林署や製材所の仕事、共有林の炭焼きも経験した。県民の森ができると冬場はスキー場の仕事もしていた。

　2人の息子は関東に出ており盆と正月に帰る。田圃は65aあったが、道路

の敷設で30aに減少した。そこで作る米がおいしいと言うので息子たちに送っている。田植に息子が孫を連れて帰り一緒に手伝うこともある。

　実質的にEさんだけが動けるこの集落では、Eさんが常会長、農協協力員、森林組合、共済組合、お寺やお宮と集落の行政関係の仕事を全て引き受けている。

（Fさん）

　Fさんは70代の女性である。庄原市内で生まれ学卒後は広島市内の洋装店で働いていたが、土が恋しくなり油木に嫁いできた。子ども2人は関西に出ているが、春休み、盆、田植や稲刈の時期に孫も一緒に帰ってくる。子どもが地元に残っている人をみるといいなと思うが、仕事がないので息子には言いかねている。(退職したら帰る予定)

　20aの田圃の荒起こしは息子がやるが田植と稲刈は営農組合に頼んでいる。他に16aの畑で豆も作るが、昨年の農業収入は数万円で経費を差し引くと利益はほとんどない。山林もあるが放置したままである。交通の便が悪いのでバイクで買物や病院に通っている。趣味の書道やノルディックウオーキングなどを楽しんでいる。

（Gさん）

　70代の男性。油木で生まれ学卒後は自宅の農業を手伝っていたが、営林署の木を切る時期になり、まず油木の営林署に、その後吉田の営林署にも勤務した。40代の息子は中国地方の公務員をしており現在は岡山県に住んでいる。盆・正月・田植・稲刈に帰ってくるが、実際に家を継ぐのは定年後になる。娘は広島県南部に住んでいる。

　田が75aあり、17aで転作のトウモロコシや野菜を作る。昔は牛を飼っていたが20年以上前にやめている。JAの仕事を手伝っており、春は育苗センターで苗づくり、秋は西城のライスセンターで働いている。山林が21haあり、30〜40年前ヒノキの造林をした。自ら間伐も行ったが今は放置した状態である。

4期民生・児童委員を務めてきた。居住する集落は幹線からやや奥まったところにあるため、空家も出てきて5世帯8人という構成になっている。人づきあいも希薄になったので、元気なら黄色い旗を朝出して夕方取り入れる活動を始めた。地区で月1回サロンも行っている。「自分の家の長男がここに暮らしていないのに、油木をどうこう言えない。ここにおれんような子を育てているわけだから。」と語る。

（Hさんと母）

Hさんは50代の女性で、油木の中では鉄道の駅も近く開けた集落に住む。就職で広島市に出て職場結婚し、子育て後再就職し広島県の瀬戸内側で暮らしてきた。父が長い闘病生活をしたので、先に定年退職した夫がまず油木に帰り、Hさんは土日だけ油木に帰る生活を続けた。昨年退職し、油木に戻ってきた。長男が広島に、長女が名古屋にいる。二人とも油木で育ったわけではないからUターンは期待できないと思っている。

Hさんの父は、教員や営林署、建設会社での勤務のあと農業をしていた。昔は牛を飼っていたが今は飼っていない。今は田圃50aと畑10aほどを所有し、夫が稲作を母が野菜を作っている。山林も保有しているが、面積すら把握していない。

この集落は、若い夫婦が多く、小学生が4人、中学生が3人いる。近所でお土産や野菜のやり取りをしたり、お葬式の食事の支度もするそうだ。集落では70〜80代が現役で若い世代へのバトンタッチが遅れていると感じている。

4. 集落を誰が維持するのか

集落単位の地域づくりのモデルと言われている大佐村は、70代を中心としたリーダーのもとで農業生産面でも、地域活動面でも着実な集落運営が行われている。西城町の中心部に近いという地理的条件から教員、公務員、JA職員などを兼業しながら農業を継続し、定年後は専業的に農業を行いな

がら地域を支えるというサイクルが創り出されてきた。しかし、そのような通勤型の兼業農家が少なくなってきた。地元での雇用機会が減少し、後継者の多くは通勤不可能な都市部で就業している。集落内に居住する20～40代の世帯主は非常に少ない。「今がいちばんよい時期」との年配者の表現は、まさに50代が「後を見たら誰もいない」と語る状況と対応している。子どもの定年帰農を期待しながら、農事組合法人で地域の営農を維持することで、将来につなげようとしていると言えるだろう。

「ひろしま県民の森」で冬場を中心とした職場を確保し、人口流出を押さえてきた油木地区ではあるが、林業が生業として成り立たず、狭小な農地を守りながら高齢者が高齢者を支えているような地域の状況が浮かびあがる。買物や通院などの生活面の利便性にも問題がある。生活の基盤が確立されないため、後継者にＵターンを促すことすらできない人々がいる。「限界集落」的な状況になりながらも、定年退職者が地域を支えることで何とか人々の暮らしが成り立っているようだ。

しかし、この状況の中でも地域を維持する芽は育っている。大佐地区では、20代のＵターン者が後継者としてネギ栽培に従事するようになった。また、農事組合法人によるネギ栽培が拡大しており、若者の雇用による農地の維持が現実味を持ってきた。農業を経験していない孫世代の就農を可能とするために、農事組合法人がその世代の職業訓練の場となるというのも一つの解決策である。

油木地区では、高齢者の生きがいとしての玉ねぎづくりが展開をみせつつある。県民の森での食材提供、高野の道の駅での販売など、小規模だからこそできる新たな事業が模索されている。

注
1) 庄原市では、合併後も森林組合は統合されず、備北森林組合（庄原地区・比和地区・口和地区）、東城町森林組合、西城町森林組合、甲奴郡森林組合（総領地区）の４つがそれぞれ活動している。地域の山林の成り立ちの違いが影響しているとされる。
2) 施設野菜の中心は青ネギでヒバゴンネギのブランドで知られている。近年は販売促進に向けて、料理の開発も進んでいる。
3) ここでは、他の家族員が他の職業に従事している場合でも、世帯主が農業に専従している

農家を専業的農家と呼んでいる。
4) 地域の人々は、外国からのお嫁さんに馴染んでもらうために毎月1回順番に常会のメンバーの家で会合をもち親睦を深めたという。現在は地域の重要なメンバーとしてさまざまな活動を担っている。
5) ボランティア女性たちによって催されるふれあいいきいきサロン活動で、大佐地区の集会所で実施されている。

参考文献
具　滋仁，2002,「農山村の持久力・自治力の変遷と現状－広島県西城町大佐地区の事例調査に基づいて－」林業経済研究　48(1)
徳野貞雄，2007,『農村の幸せ、都会の幸せ－家族・食・くらし』NHK出版
─────，2010,「縮小論的地域社会論の可能性を求めて」日本都市社会学会年報28
山下祐介，2013,『限界集落の真実－過疎の村は消えるか？』ちくま新書

10章
庄原市の高齢者
——農に親しむ暮らしを活かす——

田中里美

1. はじめに

　本章は、2005年、旧庄原市と周辺6町による合併で生まれた広島県庄原市を取り上げ、過疎化、高齢化が進む自治体における高齢者の生活について考察を行う。

　序章でみたとおり、広島県北部地域には戦後、農林業に代わる産業が育たず、高度経済成長期以降、広島市をはじめとする県南部諸都市に若者を流出させ、過疎化、高齢化が進行し、財政状況が悪化した。これに対して、旧庄原市、旧比婆郡5町および甲奴郡総領町は、合併を選択した。合併後の庄原市の長期総合計画の特徴は、7章でみたとおり、農林業をテコに地域経済の再生をはかろうとした点、また、自治会を基礎とする自治振興区を整備し、これを住民によるまちづくりの拠点とする施策に特徴がある。

　高齢化が進んだ庄原市においては上記いずれの施策においても高齢者の活躍が期待される。本章では、高齢者を対象とした質問紙調査の結果を中心に、高齢者の生活の特性を描き、高齢者による地域活性化の可能性と課題を考える。具体的には、(1)庄原市の総合計画、高齢者福祉・介護保険事業計画から、庄原市の施策における高齢者の位置づけをみる、次に、(2)高齢者を対象として実施した質問紙調査の結果から、①高齢者の地域との関わり、および、②高齢者の農業とのかかわり、地域での活動と今後の展望を明らかにする、(3)自治振興区の活動他、高齢者と地域おこしのかかわりを概観する。これらの作業を通じて、全国に広がる過疎化、高齢化のすすむ自治体における

地域活性化の可能性と課題を考える。

2. 庄原市の高齢者施策

　庄原市は、合併の翌年に策定された「庄原市長期総合計画　平成18 (2006) 年度〜27 (2015) 年度」、「基本構想」で、「合併前の1市6町は、人口、面積等に違いがあるものの、共有できる歴史や同様の自然環境、共通の課題を抱える中でまちづくりに取り組んでき」たとして、市内各地の共通性を指摘している[1]。

　そして、市を取り巻く状況として、人口減少、少子高齢化を取り上げ、将来世代への負担の増加、市場の縮小、税収減等による経済活力の低下が懸念されるとしている。その上で今後は、定住促進、女性・高齢者の就労促進、交流人口による消費の拡大、子どもが生まれ育つ環境づくり、高齢者のための保健・福祉・医療サービスの充実が必要になるとしている。まちづくりについては、基幹産業である農業の復権による地域の活性化、旧町ごとの特性を生かし、協働のまちづくりを目指す等としている (庄原市 2007)。

　高齢者の福祉に関する「高齢者福祉計画・介護保険事業計画」は、上位計画である「庄原市長期総合計画」が、市の将来像を「"げんき"と"やすらぎ"のさとやま文化都市」とし、保健・医療・福祉分野の基本政策として「心と体の健康づくりで　命が輝くまち」を掲げていることと対応して、その基本理念を「高齢者の誰もが、健康で安らぎに満ち、地域で活躍し、支えあうまちづくり」とし、「市民一人ひとりが、住み慣れた地域の中で、人と人とのつながりを大切にしながら、心身ともに健康で生きがいと安心に満たされながら、いつまでも活躍し、お互いに支えあう福祉社会の実現を目指」すとしている。

　合併後、2006年に見直された「第3期庄原市高齢者福祉計画・介護保険事業計画」は、2014年度を目標に、「地域包括ケアシステムの構築」を目指すものであった。この達成に向けた最終段階として位置付けられる2012年度から2014年度の「第5期庄原市高齢者福祉計画・介護保険事業計画」は、

その冒頭、「計画策定の趣旨」において、庄原市の高齢者の4人に1人が要介護認定で要支援・要介護とされていることをふまえ、介護が必要になっても安心して暮らすことができる介護サービスの充実、支援体制の整備が必要であるとしている。さらにこれに続けて、高齢者の4人に3人は地域で元気に暮らしていると指摘し、これらの高齢者が健康寿命を伸ばし、いつまでも元気に生活できるように支援することは、高齢者施策の基本であるとしている。さらに、2015年に高齢者比率が40％を超えるとする将来推計を参照して、その活躍に期待を寄せている。すなわち、「庄原市では、元気な高齢者が自治振興区や自治会などの地域活動の担い手として活躍したり、生きがい活動、社会貢献活動などに参画することが、市全体の活性化に欠かせない」として、高齢者の諸活動が、市の活性化に直結するものとされている (庄原市 2012)。

全国の自治体の「総合計画」、「高齢者福祉計画・介護保険事業計画」が掲げる高齢者の"健康寿命"の延伸という目標の背景には、高齢化の進行に伴い、医療費をはじめとする高齢者関連経費が自治体財政を圧迫しているという現状がある。また、高齢者の社会参加の促進という目標についても、認知症につながるとされる高齢者の閉じこもりの予防というねらいが窺える。

一方、合併後の庄原市の「総合計画」、「高齢者福祉計画・介護保険事業計画」は、高齢者に対して、自治体が負担する経費増大の原因、医療他サービス提供の対象とみるにとどまらず、地域運営、地域活性化の担い手として期待を寄せているのが特徴である。庄原市の高齢者は、この期待に応えることが出来るだろうか。次に、高齢者を対象とする質問紙調査の結果から、その生活と意識をみる。

3. 庄原市の高齢者の生活

3.1 調査地の概要

調査は、2009年、旧庄原市から市の中心部を含む2地区（東自治振興区、庄原自治振興区）、旧町からは比和町および西城町の計3地域4地区から高齢

者を選び、郵送によって行った[2]。

　4つの調査地の概要は以下のとおりである。庄原自治振興区（本町、東本町、西本町、中本町、川手町、大久保町、宮内町、永末町）は、旧庄原市の中心部とその北側、東側に広がる田園、山林を含む地域である。中心部には、市役所、JR備後庄原駅、庄原赤十字病院等の他、商店、民家が立ち並ぶ地域がある。しかし高層のマンション等はほとんどなく、人口の集積度は低い。現在では、この地域の南側に開通したバイパス沿いに、広い駐車場を備えたスーパー、ホームセンター等が建ち並び、市内各地から車で訪れる利用客を集めるようになっており、中心部は賑わいを失っている。

　東自治振興区（三日市町・戸郷町・上原町・七塚町・田原町・市町・掛田町）は、庄原自治振興区の西側に位置し、JR芸備線、国道183号線、中国自動車道に沿って広がる田園とそれを囲む山林地域である。地域には、国営備北丘陵公園、県立広島大庄原キャンパス、七塚原高原等がある。

　西城町のプロフィールは、8章でみたとおりである。

　西城町の西側、旧庄原市の北20キロ程の山間部に位置する比和町は、江戸後期に、岩倉六右衛門（1818-96）の牛の品種改良で全国に名を馳せていた地区である（岩倉蔓、のちにあづま蔓へ）。西城町との境にある比婆山は、古事記に記されたイザナミノミコトの祀られた場所との言い伝えがある山で、明治の合併で誕生した比婆郡の名はこれにちなむ。人口は、国勢調査が始まって以来、5,000人程で安定していたが、高度経済成長期の中盤に急速な減少が起こり、2016年3月末現在、1,500人を切るまでになっている。市内では総領町についで人口が少なく、高齢化率は50％を超えるに至った地域である（50.7％　同上）。

3.2　高齢者のプロフィール

　庄原市の高齢者の特徴をみる（表10-1）。

　居住歴をみると、比和町、西城町に「生まれてからずっと」（比和町39.7％、西城町32.7％）、「30年以上」（西城町55.1％、比和町48.4％、東地区44.9％、庄原地区53.8％）のものが多い。その土地で生まれずっとここで過ごしてきた

長男、婚入女性の多さが推察される[3]。「生まれてからずっと」とするものは、旧庄原市でも2割程度（庄原地区22.3％、東地区22.4％）ある。

表10-1 居住歴、最長職統合表

		庄原	東	比和	西城	計（N）
居住歴	計（N）	100.0(197)	100.0(107)	100.0(155)	100.0(303)	100.0(762)
	生まれてからずっと	22.3	22.4	39.7	32.7	30.0
	途中他市町居住有	4.6	6.5	2.6	3.3	4.1
	移住30年以上	53.8	44.9	48.4	55.1	52.0
	移住10-29年未満	15.2	17.8	6.4	3.0	8.9
	移住10年未満	4.1	8.4	2.6	5.9	5.0
最長職**	計（N）	100.0(200)	100.0(104)	100.0(154)	100.0(309)	100.0(767)
	勤め人	29.5	42.3	20.1	22.3	26.5
	自営・家族従業/農業	10.5	17.3	39.0	28.2	24.3
	自営・家族従業	23.5	8.7	17.5	21.4	19.4
	公務員・団体職員	21.5	15.4	8.4	16.5	16.0
	専業主婦	11.5	10.6	7.8	5.8	8.3
	その他	3.5	5.8	7.1	5.8	5.5

　最長職には地域差がみられる。庄原では、勤め人が最も多い（庄原地区29.5％、東地区42.3％）。庄原地区ではこれに自営業・家族従業者（23.5％）、公務員・団体職員（21.5％）が続き、東地区では、自営・家族従事の農業（17.3％）、公務員・団体職員（15.4％）が続く。西城町、比和町では、農業従事者が最も多い（西城町28.2％、比和町39.0％）。これに勤め人（西城町22.3％、比和町20.1％）、自営・家族従業者（西城町21.4％、比和町17.5％）が続き、専業主婦は少ない（西城町5.8％、比和町7.8％）。

　暮らし向き、および健康状態（主観的健康感）には、地域による有意な差はみられなかった（図表省略）。暮らし向きは、どの地域も「普通」としているものが最も多い（庄原地区56.6％、東地区45.6％、比和町59.5％、西城町57.9％）。いずれの地域においても、これに「やや厳しい」（庄原地区21.5％、東地区25.2％、比和町20.3％、西城町23.2％）、「厳しい」（庄原地区12.2％、東地区17.5％、比和町15.8％、西城町12.9％）が続く。庄原地区、東地区、西城町

では「ゆとりがある」「ややゆとりがある」と答えたものが10％程度いるが、比和町では5％程度にとどまる。健康状態は、いずれの地域でも「普通」とするものが最も多い。東地区の高齢者が他地域に比べて若干、健康状態を悪く評価しているものが多い。

以上、庄原市3地域4地区の高齢者のプロフィールをまとめると、旧町である比和町、西城町には、旧庄原市の2地区に比べて、地付き層、農業者がより多くみられた。暮らし向き、主観的健康観には地域による有意な差はみられなかった。

3.3 高齢者の人間関係

(1)家族、親族関係

庄原市の高齢者の人間関係をみる（表10-2）。

まず世帯構成をみると、夫婦2人暮らし、1人暮らしが合わせて5割程度いることがわかる。全国平均と比べると、既婚子との同居（21.7％）がやや高い割合を示している。

いずれの地域でも夫婦2人暮らしが最も多い（庄原地区41.5％、東地区37.7％、比和町39.9％、西城町38.5％）。次に多いのは、いずれの地区においても、既婚子との同居である（庄原地区、19.0％、東地区25.5％、比和町21.6％、西城町22.3％）。以下、庄原地区では1人暮らしおよび未婚子との同居（いずれも15.1％）、東地区では1人暮らし（13.2％）、未婚子との同居（12.3％）が続く。比和町、西城町では、「その他」が3番目に多いが、これには、回答者本人もしくはその配偶者の親との同居などが含まれる。

子どもの居住地をみると、比和を除く3地区で親と同居する子が20％以上いる。

子どものうち、町内もしくは市内に住む者は、15〜18％程度で、各地域でほとんど違いがみられない（庄原地区15.6％、東地区15.1％、比和町18.5％、西城町16.3％）。

その他、広島市には20〜25％の子どもが居住し（庄原地区23.2％、東地区22.6％、比和町25.6％、西城町24.5％）、広島市以外の県内にいる子どもは13

〜21％(庄原地区13.3％、東地区13.1％、比和町20.8％、西城町15.7％)、県外にいる子どもは、22〜27％となっている(庄原地区26.0％、東地区27.1％、比和町22.3％、西城町23.1％)。

庄原市の高齢者の子どもは、親と同居しているものが20％前後と比較的多くおり、これを含めて子ども全体の約4分の3は県内に留まっている。序章でみたように、広島県が、中国地方の中心地であることが、庄原市の高齢者が成人子の多くを県内に留め置ける要因となっていると考えられる[4]。

別居子(複数いる場合は、最も連絡を頻繁に取っている別居子)との連絡頻度は、いずれの地域においてもほぼ同じであり、「月に2〜3回」が最も多い(庄原地区37.3％、東地区47.6％、比和町40.0％、西城町43.7％)。これより頻繁な連絡を取っているもの(「毎日かほとんど毎日」と「週に1〜2回程度」の計)は、庄原地区39.6％、東地区32.9％、比和町38.5％、西城町27.3％となっている。

近所の人とのつきあいをみると、いずれの地域でも頻繁な交流が存在していることがわかる。挨拶(庄原地区93.2％、東地区87.9％、比和町83.1％、西城町87.9％)はもとより、もののやりとり(庄原地区76.7％、東地区79.4％、比和町79.6％、西城町79.0％)、祝い金・見舞金のやりとり(庄原地区78.2％、東地区74.8％、比和町74.4％、西城町71.2％)、慶弔式典への出席(庄原地区67.0％、東地区69.2％、比和町54.4％、西城町56.9％)が多くみられる。

次に情緒的一体感[5]を感じる人についてみる(表10-3)。

高齢者は配偶者、兄弟姉妹、別居の娘や息子、そして友人と情緒的一体感を感じている。比和町や西城町ではさらに、近隣の人に対しても情緒的一体感を感じる者が多い。小さな時からお互いを知っている男性同士、また、婚入後、当該地域で長年にわたって暮らしてきた女性にとって、地域の人間関係は、友人関係と同じくらい親密なものになるだろう(野邊 2006)。

ちょっとした用事をしてくれた人、してあげた人では、近隣の人の比重が高くなり、用事をしてあげた人としては、すべての地域で近隣の人が最も多くなっている。ちょっとした用事をしてくれた人については、すべての地域で、配偶者、近隣にならんで、別居の娘、別居の息子が挙げられている。

庄原市の高齢者の人間関係をまとめれば、次のようになる。

表10-2 高齢者の人間関係統合表

		庄原	東	比和	西城	計 (N)
世帯構成	計 (N)	100.0 (205)	100.0 (106)	100.0 (153)	100.0 (314)	100.0 (778)
	夫婦二人暮らし	41.5	37.7	39.9	38.5	39.5
	既婚子同居	19.0	25.5	21.6	22.3	21.7
	一人暮らし	15.1	13.2	14.4	9.9	12.6
	未婚子同居	15.1	12.3	5.2	11.1	11.2
	その他	9.3	11.3	19.0	18.1	15.0
子どもの居住地	計 (N)	100.0 (384)	100.0 (199)	100.0 (332)	100.0 (605)	100.0 (1520)
	同居	21.9	22.1	14.5	20.3	19.7
	町内	3.9	3.5	7.8	7.9	6.3
	市内	11.7	11.6	9.0	8.4	9.8
	広島市	23.2	22.6	25.6	24.5	24.1
	県内	13.3	13.1	20.8	15.7	15.9
	県外	26.0	27.1	22.3	23.1	24.2
別居子との連絡頻度	計 (N)	100.0 (169)	100.0 (82)	100.0 (140)	100.0 (268)	100.0 (659)
	毎日かほぼ毎日	11.8	13.4	11.4	7.5	10.2
	週に1〜2回	27.8	19.5	27.1	19.8	23.4
	月に2〜3回	37.3	47.6	40.0	43.7	41.7
	年に数回程度	21.3	17.1	20.0	28.7	23.5
	殆ど連絡せず	1.8	2.4	1.4	0.4	1.2
近所づきあい (複数回答)	N	206	107	160	313	786
	挨拶	93.2	87.9	83.1	87.9	88.3
	物のやり取り	76.7	79.4	80.6	79.6	79.0
	祝・見舞金	78.2	74.8	74.4	71.2	74.2
	慶弔出席	67.0	69.2	54.4	56.9	60.7
	家の行き来	38.3	52.3	58.1	48.6	48.3
	長い世間話	21.8	33.6	37.5	31.3	30.4
	外出一緒	22.3	30.8	30.0	21.7	24.8
	物の貸し借り	10.2	20.6	18.8	15.7	15.5
	食事一緒	15.0	15.9	16.2	10.5	13.6

　世帯の小ささは庄原市の高齢者においても顕著であるが、子ども世代は約4分の3が県内に留まっており、「月に2〜3回程度」の連絡頻度を保ち、また、別居の子どもからも、ちょっとした手伝いをしてもらっている。

　近所づきあいの密度は濃く、物のやり取り、慶弔の出席の他、日常的にちょっとした用事をしてもらったり、してあげたりの関係がある。比和町や西城町では、近隣の人に情緒的一体感を感じる者も多くいる。子どもとの同居世帯で暮らしている高齢者ばかりではないが、庄原市の高齢者は、豊かな

表10-3 ほっとする人、用事をしてくれた人、してあげた人～上位5項目（複数回答）

		ほっとする人	計	用事してくれた人	計	用事してあげた人	計
庄原		妻	38.9	妻	37.8	近隣	43.3
		近隣以外友人	33.8	近隣	35.7	妻	37.1
		別居娘	30.3	別居娘	35.4	別居娘	28.4
		夫	29.8	夫	29.2	夫	27.3
		兄弟姉妹	27.8	別居息子	26.0	近隣以外友人	25.8
N			198		195		194
東		兄弟姉妹	39.6	妻	36.5	近隣	50.5
		妻	38.6	近隣	34.4	妻	36.6
		別居息子	29.7	別居娘	31.2	兄弟姉妹	31.2
		夫	24.8	夫	29.2	夫	29.0
		別居娘	23.8	別居息子	36.0	別居娘	28.0
		近隣以外友人					
N			101		96		93
比和		夫	36.0	近隣	37.5	近隣	54.7
		別居娘	36.0	夫	36.2	夫	37.4
		妻	35.3	別居娘	36.2	妻	31.7
		近隣	30.0	妻	33.6	別居娘	25.9
		同居息子	28.0	別居息子	30.9	別居息子	25.2
N			150		152		139
西城		妻	37.0	近隣	38.2	近隣	48.5
		兄弟姉妹	36.7	妻	37.2	妻	35.2
		夫	33.1	別居娘	33.6	兄弟姉妹	34.1
		別居娘	29.8	夫	32.2	夫	31.0
		近隣	29.2	別居息子	28.3	別居娘	27.6
N			305		304		293

人間関係の中で暮らしていると言える。

3.4 地域の団体への加入、活動状況

庄原市の高齢者の団体への所属（表10-4）、そこでの活動（表略）についてみる。

いずれの地域でも、町内会・自治会の加入割合が高い（庄原地区85.4％、東地区78.6％、比和町87.7％、西城町86.2％）。老人会・老人クラブについては、

地域によって大きな差があり、庄原地区では38.5％、東地区では41.1％にとどまる。一方、比和町では74.3％、西城町では86.9％にのぼる。趣味、教養の団体等については、庄原地区では57.7％、東地区で53.1％、比和町で50.0％、西城町では63.4％となっている。農業関連団体（営農集団、森林組合含む）については、庄原地区では、19.7％、東地区では30.2％にとどまるが、比和町では61.4％、西城町では45.2％となっている。農協や道の駅の販売所への出荷グループについては、庄原地区では13.5％、東地区では5.7％にとどまるが、比和町では26.1％、西城町では20.4％となっている。

表10-4　団体への加入

	自治会		老人会		趣味・教養		農業関連		出荷グループ	
	%	(N)	%	(N)	%	(N)	%	(N)	%	(N)
庄原	85.4	(151)	38.5	(96)	57.7	(104)	19.7	(76)	13.5	(74)
東	78.6	(70)	41.1	(56)	53.1	(49)	30.2	(43)	5.7	(35)
比和	87.7	(73)	74.3	(101)	50.0	(44)	61.4	(44)	26.1	(46)
西城	86.2	(189)	86.9	(245)	63.4	(142)	45.2	(115)	20.4	(102)
計	85.1	(483)	69.9	(498)	58.4	(339)	38.5	(278)	17.4	(257)

活動回数の平均は、自治会については、庄原地区、東地区がやや高く、それぞれ1.4回/月、1.6回/月、比和町、西城町ではともに1.2回/月である。老人会の活動回数の平均は、庄原地区で1.2回/月、東地区で1.1回/月、比和町で0.9回、西城町で1.2回となっている。趣味の会での活動回数は多く、庄原地区では3.6回/月、東地区では2.5回/月、比和地区では2.1回/月、西城町では、2.1回/月である。農業関連団体に所属する人の活動回数は、庄原地区で2.1回/月、東地区で1.1回/月、比和町で2.5回/月、西城町で1.3回/月となっている。出荷グループに関わる人の活動回数は、庄原地区で8.9回/月、東地区で10.5回/月、比和町で3.6回/月、西城町で6.4回/月である。農産物の出荷に取り組む高齢者は、庄原地区、東地区に比べると比和町、西城町に多いが、庄原地区、東地区で出荷に取り組んでいるものは、これにかかわる活動回数が多い。

庄原市の高齢者の町内会、自治会への加入率はいずれの地域でも高い。一

方、老人会・老人クラブへの加入は、庄原2地区と、比和町、西城町の間には大きな差がある。庄原2地区の加入率は低く、比和町、西城町では加入率が高い。趣味・教養の団体等への加入率は、いずれの地域でも比較的高い。農業関連団体、出荷グループに関しては、庄原2地区での加入率は低く（内訳では、庄原地区より東地区の方が高い）、比和町、西城町では高い。

3.5 現在および、今後の過ごし方

(1)日常の楽しみ

庄原市の高齢者の日常の楽しみをみると（表10-5）、いずれの地域でも、テレビ・ラジオ、新聞・雑誌、そして農作業が楽しみにされている。順位は地区によって若干違っており、庄原地区ではテレビ・ラジオが1位（57.6％）、新聞・雑誌を読むことが2位（56.6％）、3位が農作業（37.6％）となっているが、東地区では、テレビ・ラジオが1位（56.6％）である点では庄原地区と同じだが、農作業が2位（52.8％）、新聞・雑誌が3位（47.2％）になっている。比和町および西城町では農作業を楽しみにしている人が最も多く（比和町59.7％、西城町57.2％）、ほぼ6割に達している。ついでテレビ・ラジオ（比和町54.7％、西城町48.6％）、3位が新聞・雑誌を読むことと（比和町42.1％、西城町44.7％）となっている。

表10-5 日常の楽しみ（複数回答）

	TV・ラジオ	農作業	新聞・雑誌	友人・知人	買い物	その他	何もない	N
庄原	57.6	37.6	44.4	29.8	25.9	7.3	1.0	205
東	56.6	52.8	47.2	26.4	32.1	4.7	1.9	106
比和	54.7	59.7	42.1	35.8	36.5	2.5	.6	159
西城	48.6	57.2	44.7	31.2	29.6	6.4	1.6	311
計	53.3	52.0	44.4	31.1	30.3	5.6	1.3	781

(2)今後の過ごし方

各地域の高齢者は、これからどのように過ごしたいと考えているだろうか（図10-1）。

「地域を誰にとってもすみやすいところにするための活動に参加する」とす

II部　庄原市の研究

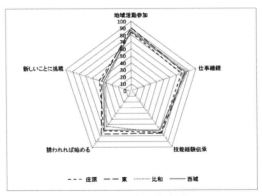

図10-1　今後の過ごし方

る人は、「そう思う」「ややそう思う」の計（以下同じ）で、庄原地区で84.5％、東地区で90.6％、比和町で87.0％、西城町で85.4％あった。大多数の高齢者が地域をよくする活動に参加することに同意している。「できるだけ仕事を続ける」とする人は、庄原地区で77.8％、東地区で82.6％、比和町で86.8％、西城町で84.7％あった。大多数の高齢者が仕事の継続について肯定的な考え方を持っている。「若い人に自分の培った経験や技能を伝える」とする人は、庄原地区で74.1％、東地区で75.0％、比和町で74.5％、西城町で70.3％あった。多くの高齢者が次世代に、自分の経験、技能を伝えることについて肯定的な考え方を持っている。「親しい人に誘われれば、何かをはじめてみてもよい」とする人は、庄原地区で70.8％、東地区で77.0％、比和町で63.4％、西城町で69.2％あった。「これまでやったことがない新しいことに挑戦する」とする人は、上記項目に比べて少なく、庄原地区で49.0％、東地区で45.4％、比和町で39.7％、西城町で42.8％あった。

　各地域の高齢者の、これからの過ごし方への考えをみると、出来るだけ仕事を続ける、仕事で培った技能、経験を次世代に伝えることが支持されている。加入している団体および現在の楽しみごとと合わせてみると、農（作）業を続けていきたいという希望が多くここに含まれることが考えられる。また、地域をよくするための活動への参加については、ほとんどの高齢者が同意しているが、新しいことをしようとする意欲は、やや低い値に留まってい

る。

4. 高齢者に働きかける地域の組織

4.1 自治会、自治振興区

　合併後の庄原市は、自治会を束ねた自治振興区をまちづくりの組織として整備してきた。ここで、調査を実施した各地区で、自治振興区がどのような活動を行っているかについてみる。

　庄原自治振興区では、地区住民の高齢化をふまえ、「高齢者が独りぼっちにならない・ひとりぼっちにしない地域づくり」をテーマに、「さりげない見守り活動」が一人暮らし高齢者等巡回相談員との連携によって行われている。また、福祉団体連携会議でのとりくみとして、「いのちのバトン」を2013年3月に全戸配布した。緊急時の迅速な救急活動につなげるための緊急連絡先、かかりつけ医などの情報を記入して、冷蔵庫に保管し、万一に備えておくというものである。その他、自主防災に取り組んでいる。

　東自治振興区では、「自治振興区だより」を通して、町内各自治会の活動紹介を定期的に行っている。各自治会で行われている高齢者の助け合い活動としては、七塚東自治会による「東地区おたがいさまネット」、三日市地区内の自治会による「なかよし会」（平成26年3月〜会員18名。月に一度、介護老人保健施設から指導者を呼んで軽体操を実施し、会食等を行う）がある。2014年の市政懇談会には、地区の西隣、庄原市の西端に位置する山内自治振興区と合同で、「高齢者に優しいバス停設置の実現について」を提起した

　西城町の自治振興区は、西城自治振興区と八鉾自治振興区の二つに分かれている。8章でみたとおり、西城自治振興区はプロジェクト制を、八鉾自治振興区は部会制を取っている。町内会単位で行われているサロン活動、自治振興区ごとに行われている活動、さらに自治振興区を越えて、町域全体の高齢者が参加する活動がある。町内の高齢者が取り組んでいる活動の例として、しあわせ館の一階、庄原市立西城病院とフロア続きに位置するカフェでのボランティアがある。町内全域の高齢者が地区ごとにシフトを組んで厨房

に入り、客にコーヒーを提供している。自治振興区単位の活動の例としては、西城自治振興区では、「孫が食べる野菜じゃけえ」という高齢者が自家消費用に作っている野菜を、都市部に住む利用者向けて郵送する通信販売が行われている。また、野菜をつくる高齢者、買いものに来る高齢者に対する予防的福祉の側面や、都市農村交流の窓口としての側面など、多くの機能を持った野菜市も日曜ごとに行われている。また八鉾自治振興区では、地区内の観光施設への販売を主な目的として、高齢者に呼びかけ、たまねぎ栽培を行っている。

比和町には、比和自然科学博物館（自治振興区の事務局は博物館と同じ建物内に入っている）があり、比和中学校とともに、地域の学習、余暇活動の拠点となっている。健康教室として「月一ヨガ」が開かれている。

自治振興区によるまちづくりの課題としては、市内の各自治振興区の活動の差が挙げられよう。上記をみても、従来型の地域の維持、または公民館事業の実施を行っている自治振興区があれば、収益事業を起こす力がある自治振興区もある。地域ごとの活動力の「格差」をいかに解消していくかは、今後の課題である。

4.2　社会福祉法人

庄原市には、自治振興区以外にも、地域で事業を興す主体がある。広島の県北地域で活動が盛んであった「過疎を逆手に取る会」のメンバーでもあった熊原保氏が理事長を務める社会福祉法人優輝福祉会の活動である。優輝福祉会は、「福祉がポンプ役となって地域を活性化させる」ことを自任し、高齢者、障害者を、地域を支える「宝物」として、庄原市および三次市において、地域で福祉を実践する事業を起こし続けている

優輝福祉会は、総領町で小規模特別養護老人ホームを開設してからすでに25年の歴史がある[6]。現在では、子どもから高齢者まで、障害の有無にかかわらず、すべての人が自在に利用できる「小規模・多機能・柔軟対応」のサービス提供をモットーに、庄原市とその西隣の三次市に、12の事業所を持つ社会福祉法人となっている。この中には、庄原市中心部の老舗旅館をは

じめ、地域の空き家やレストランを買い取って作られた施設も含まれている。高齢者が自家消費用に作っている野菜を、施設の食事に利用し、高齢者にはレストランでの食事に使えるチケットを渡す仕組みなど、高齢者の得意な野菜作りの技能を活かしながら、高齢者の日常生活を豊かにする試みを行っている。

介護保険の財源をもち、若い職員を擁し、地域の空き家を利用するなどして、福祉とまちづくりを一体化させた事業を展開する社会福祉法人は、農山村の今後を考える上で重要な存在である[7]。

5. 合併後10年を経て——庄原市の高齢者の現状と課題

本章では、質問紙調査の結果によりながら、庄原市の3地域4地区に暮らす高齢者の生活と意識の現状を明らかにしてきた。得られた知見は次のようになる。

①庄原市の中心部および周辺各地区の高齢者の属性、意識と生活には、類似した性格が認められた。

②高齢者の世帯には縮小化が進んでいるものの、他出子には県内に住む子どもも多く、高齢者は別居子の支援を日常的に得ていることが窺える。他出子が県内に留まっていることについては、序章でみたとおり、広島県の中国地方における中心性が影響しているものと思われる。近代化の途上の「多産少死」世代に属し、きょうだい数が多いこと、近隣のつきあいの濃さと合わせて、庄原市の高齢者は、豊かな人間関係の中で暮らしていると言える。

③庄原市においては、旧庄原市中心部の庄原地区より、その外縁部に位置する東地区の高齢者に、これらよりさらに周辺部に位置する比和町、西城町といった旧町の高齢者に農業が好まれている。

④高齢者は、地域のさまざまな活動に参加しており、また今後もそうした活動の担い手となることに意欲を示している。一方で、市内の全域で、「新しいことに挑戦する」という高齢者は少ない。

以上の結果は、合併後の庄原市がすすめるまちづくり施策、すなわち、自治振興区によるまちづくりで行われている活動とよく適合しているように思われる。

　庄原市では、農が高齢世代の暮らしの身近にある。これとからんで長年にわたって培われてきた地域の人のつながる力、地域のことは地域で解決しようとする力が今もある。庄原市には、農業による収益事業を含め、地域で事をおこし、高齢者の生きがいづくり、小さな収入づくりを起こす力がある地域（自治振興区）が存在している。さらに庄原市には、高齢者の農に親しむライフスタイルを生かした経営を行い、地域の活性化に貢献する社会福祉法人もある。これらの活動地域に暮らす高齢者は、長年親しんできた生活の延長で、生きがいを得、小さな収入を得ることができている。

　さて、合併後10年を経てなお進行する高齢化は、介護保険法の改正とあいまって、庄原市の高齢者施策にも影響を与えている。

　第6期「高齢者福祉計画・介護保険事業計画」（2015～2017年）は、本章冒頭でみた第5期計画に比べ、元気な高齢者に対する活躍への期待はトーンダウンし、支援の必要な高齢者に重点を置いた内容へと変化している。ここでは、2014年の介護保険制度の改正において法律上に明記された地域包括ケアシステムの形成を目指すこととからめて、高齢者の支援について、自治振興区との連携が目ざされようとしている点が注目される。地域包括ケアシステムでは、例えば地域ケア会議に、地域資源の発掘、育成、まちづくりへの関与が期待されている。ここでも庄原市は、専門職員とともに、高齢者の健康維持、支援を行いながら、高齢者の生活と切り離せないものとなっている農を活かしながら地域活性化を果たす道を模索するものと思われる。

　8章でも指摘したとおり、合併後の庄原市がまちづくりの基本としている自治振興区には、活動の内容、活発さをめぐって差があることが予想される。また、庄原市にあっても農が身近でない暮らしを営む高齢者もいる。地域包括ケアシステムと合わせ、自治体内の小地域の重要性が増す現在、高齢者をめぐる支援のあり方をめぐって、自治体内の地域間格差の拡大も予想される。自治体は、各地域の交流・情報交換の場の保障のみならず、各地域の

活動の現状を把握し、活動が沈滞している地域に対しては、積極的なてこ入れを行う必要があるように思われる。

注
1) 1898（明治31）年に、それ以前の、恵蘇郡（山内東村、山内西村、口南村、口北村、高野山村、比和村、山内北村）、奴可郡（小奴可村、久代村、西城村、帝釈村、田森村、東城村、美古登村、八鉾村、八幡村）、三上郡（庄原村、高村、本村、峰田村、敷信村）の三郡合併によって比婆郡となった。この範域は、2005年の合併で生まれた新庄原市の範域とほぼ重なっている。
2) 調査は2009年1月、旧庄原市（庄原自治振興区、東自治振興区）、西城町、比和町に住む65歳から79歳を対象とし、旧庄原市400（庄原250：東150、西城町400、比和町200、全体で1,000名に、質問紙を郵送にて送付、回収して実施した。有効回収率は80.1%であった（田中 2009）。以下、カイ自乗検定の結果は、* ≦ .05、** ≦ .01として表す。
3) 西城町について、戦前生まれ世代に、生まれてからずっとまたは幼少から西城町に住んでいる者が多いこと、戦後生まれ世代に、進学、就職で2年以上外に出て、西城町に戻ってきた者が、また、通婚圏が比較的狭い範囲に限られていることが、先行調査によって指摘されている（山本 2008a: 2008b）。
4) 鯵坂（1992）は、作木村・布野村（現三次市）の調査で、これらの地区が週末ごとに帰ってくる他出成人子による支援で成り立っていることを伝えている。
5) 「情緒的一体感を感じる人」については、4章参照
6) 藻谷浩介/NHK広島取材班による『里山資本主義』(2013)で全国に知られた。
7) 優輝福祉会熊原保氏への聞き取り（2015年2月23日）．

参考文献
鯵坂学，1992,「中国山地における過疎化の研究―広島県作木村・布野村を中心に―」『現代社会学論集』1：37-69
藻谷浩介・NHK広島取材，2013,『里山資本主義』角川書店．
野邊政雄，2006,『高齢女性のパーソナル・ネットワーク』御茶の水書房．
庄原市，2007,『庄原市長期総合計画　平成18 (2006) 年度～27 (2015) 年度』
庄原市，2012,『第5期庄原市高齢者福祉計画介護保険事業計画（平成24年度～平成26年度）』
庄原市，2013,『庄原いちばん基本計画第1期（平成25～26年度）』
庄原市，2015,『第6期庄原市高齢者福祉計画介護保険事業計画（平成27年度～平成29年度）』
田中里美，2009,『「高齢期の暮らしと地域に関する調査」―庄原市の集計結果報告』平成19年度～平成21年度科学研究費補助金（基盤研究(B)）研究成果報告書第4輯．
山本努，2008a,「過疎地域―過疎化の現段階と人口供給―」『地方からの社会学―農とふるさとの再生をもとめて―』学文社．
山本努，2008b,『人口還流と過疎農山村の社会学』学文社．

11章
灰塚ダムが地域にもたらしたもの

杉本　久未子

　2014年5月下旬、久しぶりに訪れたのぞみが丘は、田植の最中であった。自分たちの農地がダムに水没した後も農民であり続けようとした住民たちは、生活再建地に農地を造成した。移住から20年近い歳月がたち、住民の高齢化が進んだ。子どもが少なくなり保育所も小学校も統合によって地域にはなくなった。しかし農事組合法人のもとで、農業は継続している。近年は、Uターンした農業後継者がアスパラの生産に取り組むようになっている。筆者は1990年代より灰塚ダムと地域社会のかかわりについて研究してきた（杉本 1997、2003）が、本章では灰塚ダム竣工後の地域社会の状況を紹介したい。

のぞみが丘の田植風景

アスパラの露地栽培

1.　灰塚ダムとは

　高度経済成長期は、農村に対する都市の優位性が政策的にも確立されてい

く時代である。人口が集中し工業化が進む下流地域が必要とする水資源を確保し、拡大した居住域での洪水を防止するために、上流地域の農山村では各地でダム建設が進められた。三次市と庄原市の一部を水没させた灰塚ダムも、そのような戦後日本の地域開発の流れの中に位置づけられる。

灰塚ダムは、江の川水系の上流、上下川に設置された重力式コンクリートダムである。ダムの建設にともない広島県庄原市総領町、三次市吉舎町および三良坂町の一部がダム湖の底に沈んだ。ダム建設は、下流住民の安全を確保し、生活用水と工業用水を供給し、発電によりエネルギーも供給するという代表的な公共事業である[1]。しかし、ダム建設は上流地域をダム湖底に沈め住民の生活基盤を奪うため、建設に際して各地で水没住民による反対運動が行われてきた。受益圏・受苦圏という分析枠組みが妥当する典型例であり、水没地住民の生活を補償するためにさまざまな法制度も整備されてきた。

灰塚ダムにおいても、1966年の建設省によるダム建設に向けた調査申し入れに対して20年近い反対運動が行われた。しかし、1972年の豪雨による下流域での大洪水の発生、さらには「建設省が作ると決めたダムを反対運動が阻止できたことはない」[2]と言われる時代状況のなかで、住民たちは1984年に実施調査を受け入れた。1990年には水源地域対策特別措置法の適用ダムに指定されている。その後、1992年の損失補償基準協定書の締結を経て、生活再建地の造成と家屋の建設が進み、1995年から水没地住民の移住が始まった。2001年にダム本体工事が始まり、湛水試験を経て2007年から供用を開始している。

灰塚ダムによる水没住民は300世帯を超える。ダム建設予定地では、住民が建設賛成派と反対派に分かれ集落社会が分裂する例がみられるが、灰塚ダムの運動は地域の分裂を避けることを最大目標として行われた。反対運動から補償交渉を経て生活再建という一連の過程において、強固な住民組織が形成され住民たちをとりまとめて活動を継続したという特徴がある。

1984年の調査受け入れにともない、住民をとりまとめて反対運動を行っていた「灰塚ダム建設反対期成同盟会」は「灰塚ダム建設対策同盟会」(以下同

盟会)と名を改めた。同盟会は世帯単位の全戸加入組織で水没地の部落会を母体としている。総会を最高議決機関とするが、常会から評議員を、集落単位で幹事を選出して既存のコミュニティの意思決定手続きを踏襲した。地域の自治組織を基盤とすることで、会員である水没者たちの意見を集約し、補償交渉や生活再建地の計画に反映した。この組織が、ダム予定地周辺に基礎自治体の枠を超えて居住する水没地住民が、水没による損失に対する補償を獲得し、新たな生活を再建してダム周辺地域に住み続けるための社会的・心理的基盤として機能した。

　　「空しさを　悔いる日々なり　すべてを金に替える今　印を押すとまどい」[3]

　補償額は、一人暮らしの高齢女性が水没前と同様の住宅を建設できる額を基準に決定された。ということはより多くの資産を持っていた世帯では相応の補償金を受け取ることになる。その資金をもとに生活再建地に「空しさを糊塗するかのように」立派な住宅が建設されることになった。

2. ダム周辺整備と生活再建地の建設

2.1　水源地域対策事業による周辺整備

　受苦圏である水没地を疑似受益圏にする試みが、水源地域対策事業である。水源地域特別措置法の対象となった灰塚ダムでは、道路整備や公共施設の建設をはじめとする多くの事業が実施された。灰塚ダムの周辺整備が行われた1990年代は「時のアセスメント」が話題を集め、各地でダム計画の中止が検討される時代であった。建設省は、自らの威信にかけて、ダム建設を行っても、住民との協力のもとに素晴らしい地域づくりが可能であることをアピールする必要があった。灰塚ダムの周辺整備は、その広告塔の役割を担った一面がある。

　それを象徴するのが、1994年から2002年に行われた灰塚アースワーク

プロジェクト実行委員会による取組である。この実行委員会は、芸術家や建築家、技術者、自然科学者、社会科学者の混成チームと地元行政を母体に設立され、ダム周辺環境整備にかかわる広大なエリアを自然と文化の調和した「環境美術圏」とすることを試みた。ダム周辺で開催されるワークショップには、内外のアーティストが参加し、実行委員会のメンバーや地元住民とともに自然保全や芸術文化教育などに取り組んだ。

具体的な周辺整備計画の内容は、アースワーク活動の理念やアーティストの提案を組み入れながら、地域の人々と都市住民の交流の場として活用されることを期待したものであり、自然体験型宿泊施設「ハイヅカ湖畔の森」、ダム湖周辺を有効活用する「湿性植物園」、自然植生を活かした「パークゴルフ場」や「アースワーク公園」などがその後整備されていった。実行委員会に参加する芸術家や建築家が設計にかかわった施設も多い。

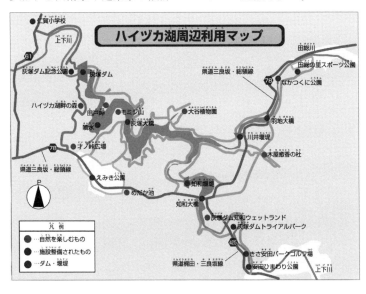

図11-1　周辺施設マップ　http://www.cgr.mlit.go.jp/miyoshi/haizuka

2.2　生活再建地の建設

灰塚ダムによって三良坂町（271ha）、吉舎町（69ha）、総領町（97ha）の合

計437haの土地が、ダム建設用地として取得されている。そして、三良坂町 (169戸)、吉舎町 (53戸)、総領町 (101戸) の合計323戸が移転した。

灰塚ダム方式[4]によって、ダム建設着工前に生活再建地が整備され、多くの住民がダム周辺の生活再建地に移住した。もとの自治体内にとどまった割合は三良坂町で8割を超え、総領町や吉舎町でも移転先が備北圏域内の割合が8割を超えている。備北圏域外への転居は、都市部で生活している子どもとの同居や隣居が主な理由であった。逆に生活再建地への転居を契機に子どもたちが同居を始めた世帯もみられた。

生活再建地は、上下川の周辺に散在していた集落で農地や山林に囲まれて生活していた人々が、新たな住宅地を建設して集住する場所である。その住宅地をどのような空間構造とし、そこに何を持ち込むかについては、一方で造成費用などの経済合理性が働くとともに、そこに転居する人々のふるさとへの思いが反映する。

各自治体の中心的な生活再建地は、のぞみが丘（三良坂町　造成面積71.2ha）、ひまわり（吉舎町　同1.9ha）、田総の里（総領町　同5.0ha）であり、

表11-1　ダム水没者移転先一覧

		三良坂町 169世帯	吉舎町 53世帯	総領町 101世帯	合計
三良坂	のぞみが丘	112	14	15	141
	仁賀再建地	4			4
	三良坂町内	22		3	25
吉舎	ひまわり		13		13
	栄町		8	1	9
	吉舎町内	1	4		5
総領	稲草再建地			37	37
	総領町内			8	8
町外	三次市	4	6	11	21
	庄原市		1	3	4
	広島市	11	2	11	24
	福山市	1	3		4
	東広島市	4	1		5
	県外	4	1	5	10
	その他	6		7	13

出典：『誇りうるふるさとを』

のぞみが丘が広大な面積を持っていることがわかる。以下では、この３つの生活再建地の概要を簡単に紹介しておきたい。

○のぞみが丘

のぞみが丘は三良坂町の水没地に続く丘陵地に造成され、ダム湖を臨む体験宿泊施設である「ハイヅカ湖畔の森」にも近い。用地内には、「おれたちは農民だ」という意味を込めた水田19.8haが造成され、また上下川のある生活をシンボライズした人工河川が造成地の中央を流れている。

ここは、同盟会のメンバーと有識者[5]、行政の協働によって日本一の生活再建地を作ることをめざした場所であり、１つの完結した居住域として形成された。集落内には公共施設として小学校、保育園、公園・緑地、農業活性化センター・営農センター、歴史民俗資料館、商店が建設された。また、集落の神社を統合して宗像神社が、その裏手には水没地のお墓を移設してアースワークの作品も併設した霊園が整備されている。お寺も２か所移設された。その後、高齢者施設も建設されている。

総戸数は141戸、地域は東区、中区、南区、西区の４つの区に分けられ、南区には総領町と吉舎町の住民が集中して移転している。これらの区をまとめて「のぞみが丘運営協議会」という自治組織（地縁による法人）が設置されている。

三良坂町の調査によると、1996年の移転時には、世帯主の年齢が70歳以上が1/3以上、60代が３割強という状況で、夫婦のみの世帯が45％に達し３世代は２割強であった。当初から高齢夫婦世帯が多いことが確認される。

○ひまわり

ひまわりは、吉舎町安田地区の水没地上流に上下川に隣接して形成された生活再建地である。JR福塩線の備後安田駅や安田小学校にも近い。水没地からの移住者は13戸であるが、隣接する安田地区の住宅（２戸）と一緒に自治会を形成している。

隣接してアースワークプロジェクトをリードした岡崎乾二郎が設計した

「アースワーク公園（ひまわり公園）」があり、ダム敷地内の河川敷には「きさ安田パークゴルフ場」も整備されている。敷地内に農地はないが、吉舎町内に水没者を対象とした農地が確保されているほか、再建地近くの河川敷にも小規模な畑地があり、住民の野菜作り、小学生の体験農業の場として利用されている。周辺にはユキワリイチゲの自生地があり、住民による保護活動が行われている。

　○田総の里

　田総の里は、総領町稲草に上下川の支流である田総川に沿って形成された生活再建地である。当初は37世帯が居住していた。自治会は東、西、中の3つの地区に分かれており、中は彦の宮の集落の住民が、東は舟迫と御調谷の住民が、西は木屋地区を中心に広範囲の住民が移住した。田総川を隔てた対岸に各集落のお宮5つをまとめて祀っている。

　車で数分以内のところに、庄原市役所総領支所、総領小学校、総領中学校、リストアステーション（道の駅）などがあり、比較的利便性にめぐまれている。また、隣接して田総の里スポーツ公園、アースワーク公園（なかつくに公園）が整備されている。

　田総の里への入居は1995〜96年に行われている。95年には自治会が結成され規約も作られた。自治会は「会員相互の協調と連帯により、コミュニティの形成と地域の活性化を図り、民主的で豊かさが実感できる地域運営を行う」ことを目的とする。

　田総の里には、立派な門構えや庭を持つ邸宅が建設されており、敷地内に菜園を持つところも多い。住民の多くが庄原・三次への通勤者で自治体職員も多い。庄原市の市会議員や合併前の総領町長もこの地域に居住している。

3.　生活再建地のその後

　灰塚ダムでは、ダムの完成まで国や自治体のさまざまな支援があり、マスコミがダム建設と関連して生活再建地でのコミュニティ活動を取り上げるこ

とも多かった。のぞみが丘でのホタル、田総の里周辺でのセツブンソウなど、生活再建地の住民たちが地域環境の再生に向けて取り組んだことも多い。しかし、平成の大合併と灰塚ダムの完成によって、この地域への注目は低下した。住民の高齢化も進展している。

　ここでは、2012年に行った調査をもとに、生活再建地の現状を紹介する。調査は、3つの地域全てで質問紙によるアンケートを実施する予定であったが、のぞみが丘については、のぞみが丘の計画にかかわった有識者グループのアンケートが実施されていたため、インタビュー調査を実施している。以下では、まず田総の里とひまわりについてアンケート結果を中心に住民へのインタビュー結果も交えて現状を紹介する。のぞみが丘については有識者グループによるアンケート結果を紹介したあと、個別インタビューの語りからみえてきたものを整理したい。

3.1　田総の里

　ここでの調査は自治会長の事前了解のもとに、訪問留置郵送回収の調査を行った。配布数は34、返送数は21で、有効回収率は62％である。

（居住歴と家族構成）

　再建地での居住歴は14年〜18年であり、17年が最も多い。もっと便利なところに住みたいという2世帯を除き、ここに住み続けたいと答えている。過去には大半が農地を所有していたが、現在所有していると答えたのは10戸である。山林は18戸が所有し続けている。

　移住後家族数が減少したと答えた世帯が6割を超え、増加したのは1世帯のみであった。夫婦と親、単身、夫婦のみの世帯が多く、3世代以上の同居は3世帯にとどまる。同居家族のうち最も若い人の年齢を聞くと、未成年の子どもがいるのは2世帯のみで、30代が1世帯、40代が2世帯であり、多くの世帯が50代以上の家族で構成されている。

　多くの世帯に20〜30代の他出家族がいる。その他出家族は、墓参りや休暇を楽しむために、年に1〜2回は帰省している。しかし、彼らがUターン

すると答えた世帯は5戸にとどまっている。

(日常生活と近隣関係)

普段の行動範囲をみると、軽い病気診療のみは総領町内で済ませる世帯が多いが、食品、日用品、電化製品の購入は庄原市や三次市に出かけている。精密検査は庄原・三次以外の県内施設も利用している。近隣関係をみると、葬式の手伝い、病気見舞いはほとんどの世帯で行われている。お土産・野菜のやり取りも2/3の世帯で行われている。一緒に食事をしたり、家を行き来する人も1/3あり、以前の居住地の近隣関係が存続していることが推測される。自治会や老人会はもちろんであるが、趣味のサークル、スポーツの集まりなどに参加している人も多い。また、NPO（節分草保存会）に8世帯が参加している。

住民は、地域の「景観・自然環境」（12戸）、次いで「人間関係」（7戸）「祭・伝統行事」（6戸）に魅力を感じている。最も愛着を感じる範囲は、庄原市（4戸）や総領町（2戸）よりは田総の里（9戸）である。しかし、買い物、公共交通、救急医療など生活面での課題は多い。地域行事の維持や高齢者の支援なども課題となっている。

生活意識をみると、「先祖から受け継いだ家・土地を守る」、「長男が家を継ぐ」という伝統的規範意識が強く、「老後の頼りは子ども」と多くの人が思っている。暮らしでは、「毎日が充実している人」と「健康面で不安」を抱えている人が半ばする。

(ダムと地域への思い)

自由記述では、「文化生活になった半面、光熱費、水道代、税金等で費用が多くかかるようになった。高齢化が進み後継ぎがいない家など大変になってくるかも知れません。新しい家は利点も多いが、縁側で御近所の方と話をしたり、他の人をもてなしたりすることが無くなった。」「ダム移転後4～5年は不安でしたが、今はダムで田畑を買い取ってもらい一人暮らしの私には良かったと思います。子どもたちは福山に住んでおり、65歳になったら夫

II部　庄原市の研究

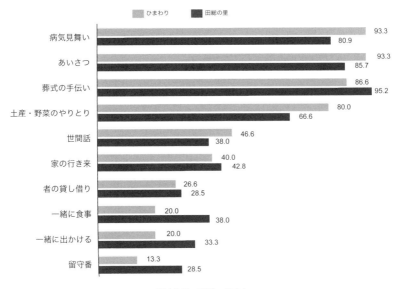

図11-2　近所つきあい

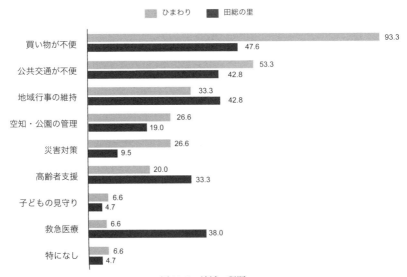

図11-3　地域の課題

婦で帰る予定です。」「高齢になると近所の人たちと遠く離れるのは不安を感じたので母を連れてこの地に住むことにしました。母が亡くなってみると便

利な所が良かったと思います」など家族の状況により評価が異なる。

　また、調査票配布時に話を聞いた80代の女性は、「ここしか住むところがないから住んでいる。裏の集会所で近所の人と頼母子（講）をしながらお茶を飲むのが今の楽しみ。前の家は高台にあり、作業用の道具や作物を持って田圃までの道を昇り降りした。苦しい思い出が今はなつかしい。」と語り、同じく80代の男性は、「高齢化が進んでどうにもならない。結婚しない男性がいるし、結婚すると地域から出て行くのも問題。隣近所のつきあいが少なくて、話し声の聞こえない静かすぎるまちになっている。」と語った。

3.2　ひまわり

　調査は、元同盟会幹事のY氏に調査票の配布を依頼し、地域の常会で回収する形で実施した。水没地住民のほか自治会加盟の2戸も対象としており、全世帯にあたる15戸から回収した。

（居住歴と家族構成）

　居住歴は、14年〜18年であるが、水没地以外の2世帯は50年以上である。そして13戸がここで住み続けたいと答えている。8戸が現在も農地を所有しており、過去に所有していたのは4戸である。14戸が山林を所有している。

　家族数は増加3戸に対して減少が7戸であった。家族構成は8戸が3世代以上の同居であり、他は単身、夫婦と親、夫婦と子等となっている。また、他出家族がいるのは7世帯で、20代を中心に30〜40代もいる。県内に居住する他出家族が多く、年に数回以上帰って来る他出者も多い。将来3戸で他出者がUターン予定である。

（日常生活と近隣関係）

　吉舎町内では、軽い病気診断を半数弱が、日用品や電化製品の購入を2〜3世帯が行っている。三次市内で買い物をする人が多く、通信販売の利用者もいる。精密検査については、三次市内が多いが県内の他施設の利用者もいる。

日常的に、病気見舞い、葬式の手伝い、土産や野菜のやり取りが行われている。半数近くの人が家の行き来をしている。老人会、ついで自治会の活動参加が多いが、スポーツの集まり、趣味のサークルとも半数以上が活動している。

愛着を感じる地域の範囲はひまわりと安田地区がそれぞれ5世帯である。地域の魅力として10世帯が人間関係をあげている。地域の課題として14世帯が買い物が不便と答えており、買い物が大きな問題となっていることがわかる。

生活意識をみると「先祖から受け継いだ家・土地を守る」と考えている人が大半を占める。「老後の頼りは子ども」と2/3の世帯が考えている。毎日が充実している世帯が多い半面、健康面でやや不安を感じる人もみられる。

(ダムと地域への思い)

自由意見でも、「安田地区に店が一つもないのでね…」「Aコープがなくなり買物が一番年寄りには不便…」と買物面への不満が述べられた。「灰塚ダムの建設目的については今でも懐疑的な気持ちであるが、移住後の地域づくりなど質の良い人間関係は居住者の努力の賜物だと思う」、「ひまわり集落に移住してもらった方々には感謝している。しかし、ダムで知和下三谷地区から多くの戸数が分散されたので人口も少なくなり、安田地域の活動が難しくなり店も無くなっている。過疎が一番強い。」とダム建設に対する批判は残る。「…今は安田地域の未来を早いうちに考えておかないとだめになりつつある。スローではあるが過疎化を止める対策をしている」状況にあるようだ。

また、調査にご協力いただいたY氏の、「ダム補償の時に、建設省の役人が補償金は10年で国が取り返すと言ったが、その通りになっている。金利が低くなり固定資産税の支払いが厳しくなっている世帯がある」との発言が印象的であった。

3.3 のぞみが丘

2010年に有識者グループが行ったアンケート結果によると、世帯主の年

齢は70歳以上が半数を超え、高齢化が進んでいる。のぞみが丘の農地を所有している人が半数を超える。

　6割近い人が現在の住まいを「住みよい」と評価しており、生活再建地への移転を8割が肯定していた。のぞみが丘に永住を希望する人は76.5％に達している。再建地の施設整備や空間配置はおおむね肯定的にとらえられており、人間関係も落ち着いている。買物、病院への通院、役場等の利用については、半数以上が不便だが何とかなると答えている。固定資産税が高いこと、家や集落内の河川の維持管理が大変だとする世帯が半数近くなっている。

　以下では、2012年に実施したインタビュー調査をもとに、(1)日々のくらし、(2)のぞみが丘について、(3)ダムへの思いについてとりまとめている。なおインタビュー対象者のプロフィールは次の通りである。

A：70代夫婦で50代の長男夫婦と同居。孫は他出している。以前は総領町木屋で専業農家だったが今は家庭菜園のみ。総領町内に10haの山林を保有している。

B：80代の女性で子どもたちは他出しているが、長男が月1回、次女が2週間に1回ぐらい帰る。のぞみが丘に30aの農地があり法人に委託。周辺に1haの山林保有。

C：70代の女性で一人暮らしだが、次女が週3回ぐらい泊りに来る。庭で野菜づくり。山林は灰塚周辺に保有。

D：50代の夫婦で妻は東京出身。地元（三次市）で司法書士事務所を開業するためにUターンした。両親はのぞみが丘の別の区に居住している。のぞみが丘内に農地は保有しないが、三次市内に農地を購入して耕作を委託している。山林5haはそのまま所有。

E：80代女性（夫とは死別）で4世代同居。同居の次男は福山に、孫であるその長男は三次に通勤している。大規模農家であったが、水没後はのぞみが丘に60aの農地を保有し、今は耕作委託している。

F：80代女性（夫とは死別）で、長男夫婦と同居している。夫の父が灰塚に

田畑を持っていたが、夫は製造関係の会社を経営していた関係もあり、水没後は農地を保有していない。

（日々の暮らし）
のぞみが丘では、週3回レトロバスが走行するのみなので、車を運転しない女性たちが買物や通院などに不便を感じている。夫や時々帰ってくる子どもに頼ったり、タクシーを利用している。買物については、生協や行商を利用している人もいる。

地域では、とんど、盆踊り、蛍祭り、開村記念日などいろいろな行事が行われており、他出者がそれに合わせて帰ってくることもある。また、コミュニティセンターの趣味のサークル、ふれあいサロン、小学校でのグランドゴルフなどの活動も行われており、老人会の旅行もある。しかし、多くの行事を壮年期から高齢期の人々が担っており、30〜40代はお客様という状況が問題視されている。そのなかで消防団が壮年世代をとりまとめる一つの核となっているようだ。

少子化が進展して、保育園は閉鎖された。自由登校制度により地元の小学校よりも町の中心部の小学校への通学者が増加した。学校統合により、2015年3月に閉校になった灰塚小学校への危機感がすでに語られていた。

自主的に近所の高齢者を集めて茶飲み会を開くなどの自主的な取り組みが行われてきたが、メンバーが減っていく等、日常生活の中にも高齢化の進展による影響が出始めている。

（のぞみが丘について）
のぞみが丘は、日本一の再建地で人の交流が上手にできていると評価する。しかし、高齢化が進み一人ぐらしが多くなってきたことが懸念されている。近くに住む人に身体的、精神的な障害があり、何かあっても近隣ですぐ対応できない状況にあると心配する人もいる。若い子どもや孫が帰ってくることを希望しているが、それが難しいと思う人は多い。また、のぞみが丘では結婚しない40代や50代の男性がおり、結果として少子化が進んでいると

いう指摘もあった。

　移住前の集落では、長い付き合いで形成された近隣関係があった。のぞみが丘で同様な関係を形成するのは難しい。だからこそ女性たちはサークル活動やボランティア活動で結びつきを強めたのだが、活動を支えていた人々が高齢化した。若い人々にはその思いは受け継がれていない。高齢女性の一人は、のぞみが丘をあらわす言葉は「一致団結」と語るが、壮年期の夫婦は「たそがれ」かも知れないという。もう少し住民が減って、木が大きくなって、空家が増えると。

（ダムへの思いなど）

　生活再建地の生活は便利で快適だという思いはある。しかし高齢者には水没地での生活がかけがえのないなつかしいものであることは間違いない。「ダムの生活再建の時には夢があったのでよかった。そのいい夢がつぶれた。そうなることが想像できなかった。もし、ダムがなければ他のことができたと思うけど、他にはできない経験ができたことはよかった」というのが選択の結果ここに残った人の言葉である。

　生活再建地に対しては、「お寺（のような立派な建物）ばっかり建っている」「いいものばかり着ている」と周辺からの逆差別のようなものがあった。今は落ち着いてきているが、「行き詰って倒産した」「お金を借り歩いている」など今までとは逆の噂が始まっている。ここでも、補償を受け取った時、10年もすればお金は無くなると言われたが、その通りになったと語る人もいた。

4. ダムが地域社会にもたらしたもの

4.1　平成の大合併の影響

　移住から20年近くが経過し、生活再建地はコミュニティとしての成熟期を迎えている。しかし、ここからみえるものは成熟というよりは、世代交代が困難である厳しい地域社会の現実であった。補償金を元手に入手した宅地と家屋は、世帯人員の減少とも相まって過大となった。固定資産税や家屋の

維持管理費用が住民の生活を圧迫している。ダム闘争を通じて形成された住民の強固なつながりは、新しいコミュニティ形成に向けた住民の活動を生み出し、女性の社会参加も広がった。しかし、その担い手が高齢化し地域社会の表舞台から退場しつつある。

加えて平成の大合併がダム再建地にも一定の影を落とした。平成の大合併は、「合併過疎」(築山 2013) という状況を周辺に位置する自治体にもたらしたとされるが、広域合併が行われた庄原市、三次市の周辺に位置する旧自治体も例外ではない。さらにダム水没者は旧自治体においては、地域のための犠牲者であり、その人々が集住する再建地への配慮は、自治体行政のなかに引き継がれていくものとなる。ところが、大きくなった合併自治体にとって、生活再建地は周辺地域のわずかな住民がかかわる問題にすぎなくなる。旧自治体の枠を超えて行政職員が移動するとき、ダム建設をめぐる地域の記憶は新しく他地域から入ってきた職員には共有しえないものとなる。

4.2　のぞみが丘では

同盟会の活動を支えてきた70代のリーダーは、のぞみが丘の現状を、「旧自治体の他の集落に比べてまだ活性化している」と語り、その要因として生活インフラが整備された住宅地と農作業がしやすい大区画の農場のメリットをあげる。地域の営農を支えてきた80代のリーダーは、農事組合法人をいち早く設立し、農地の所有者を組織化して農作業を請け負う仕組みを整えた。空地を利用した居住者の楽しみのための果樹栽培と、法人の利益を見越した転作圃場での野菜栽培がはじまり、後者には若い後継者の参画もある。また、再建地内の空家については、当初は自分たちが作り上げたコミュニティに他所者を入居させることへの抵抗が強かったが、高齢化が進む中で新たな住民の入居を求めるようになった。今は三次市や庄原市の不動産業者に委託して、入居希望者を取り継ぐようになっている。統合により廃校になった小学校を三良坂地区の保育所として活用する計画も動き出した。

合併によって新たに浮上したのが、のぞみが丘の生活と農業を支える水利権の問題である。生活基盤として、農業基盤として不可欠な水を、のぞみが

丘では電力でポンプアップしている。その電気代は、住民がせせらぎの管理や草刈を行うことを条件に行政が負担するということで合意されてきた[6]。しかし、合併によりその義務が新自治体に引き継がれる続けるか疑念が出てきているそうだ。合併後の新三次市の最初の市長の父は、かつて三良坂町で、灰塚ダム受入という苦渋の選択をした町長であった。だから、その思いは新市長にも引き継がれるという安心感が地元にはあったようだ。市長が交代し、状況も変化している。

4.3 総領町では

合併後本庁勤務を経て総領支所長に戻ってきた職員[7]は、「ダムの上流部の地域が栄えることはない。総領町の最良の農地は水没した。」と語る。この地域は「過疎を逆手に取る会」の活動舞台でもあり、雇用促進住宅の建設、廃校になった小学校の宿泊交流施設への転用、道の駅の建設など、1980年代から行政主導で地域おこしを進めてきた。さらに、ダム建設にともない多くのプロジェクトが進められ、住民は行政がリーダーシップをとって地域活性化に取り組むことを当然視する＝行政依存の傾向が強まった。合併後、支所の機能は縮小し自治振興区の役割が高まったが、予算面の制約もあり十分な活動ができていないようでもある。

それでも、さらに周辺に位置し空家が増加する集落と比較すれば、田総の里は活気が残っている。敬老会や自治会の活動も50～60代の世代がしっかりと担っている。総領町では、農地が狭小なこともあり、後継ぎだけが地元に残り、あるいはＵターンをし、他の子どもたちは他出することが一般的であったという。広島市には総領町の同郷団体があり、海外移民も排出した。地元に残る後継者は、収入源を兼業に求めながら村用など地域の共同性を維持するメンバーであるために農業を継続してきた。田総の里は農地を持たないことで、兼業農家としての束縛から解放される場所でもあるようだ。ＮＰＯの活動をする、趣味の活動をするという余暇の過ごし方がこの地域では可能となっている。しかし、ほとんどの宅地には充実した家庭菜園がつくられ、農家の遺伝子を伝えている。過疎を逆手に取る会やアースワーク活動で注目

を集めたこの地域が、庄原市の周辺として目立たない地域になりつつあり、ダムが残した遺産をどう活用するかが今後の課題となっている。支所長は、隣接するなかつくに公園（アースワーク公園）の魅力を高めるために、昔の農地を再生した体験農場を整備すると語った。

木屋地区は、谷筋と川筋に分かれて住んでおり、川筋が水没した。川筋の人々は田総の里とのぞみが丘に分かれて住むようになった。水没しなかった谷筋の地域の住民は集落全体として移住することを拒否し、そこに留まった。ダム湖上流の荒廃した景観から少し離れたところに、過疎を逆手の取る会の中心人物で元総領町職員のW氏の住居がある。『里山資本主義』（藻谷2013）でも紹介されていたように、里山の恵みを発見し、活かし、木材をエネルギー源とした生活を実践する現場だ。自然に親しむ生活を子どもたちに教え、予約者には地域の食材をもとにした食事を提供する。しかし、数戸まで減少したこの集落を維持することは容易ではない。

灰塚ダムは、産業化によって中山間地域の人々の生活が田圃と里山の恵みのみでは維持しえないと考えられる状況のなかで建設された。生活再建地では、地域の資源のみには依存しない都市的で便利な生活が始まった。そのなかで、農民として生きてきた祖先の歴史をどう整理し、どう継承するかという課題に、それぞれの人々が対処した結果として３つの生活再建地の現在があるように思われる。里山文化が再評価される時代を支えるためにも、それぞれの地域の解答を引き継ぐ人々をどう育てるかが課題となっている。

注
1) 灰塚ダムは、洪水防止と利水が中心目的であり発電用の利用は行われていない。
2) ダム対策同盟の書記長がダムを最終的に受け入れた理由として語った言葉
3) 同盟会の記念誌『誇りうるふるさとを』作成に際して、会員から投稿された短歌で、同記念誌の補償交渉の中に挿入されている。
4) ダム建設着工よりも前に生活再建地を整備する方式を、地元では灰塚ダム方式と呼んでいる。多くのダムで、ダム着工が生活再建地に先行するため、地元を離れる人が多かったことから、同盟会が生活再建地の整備を先行されることを求めた成果とされる。
5) のぞみが丘の計画には、石丸紀興広島大学教授（当時）のグループがかかわっており、その

助言のもとに建築協定が締結された。
6) この約束は、三良坂町・吉舎町・総領町が建設省の立会のもとに同意したものだが、支払いの継続は公序良俗に反するとか、過去の慣例とは異なるなどの問題が発生している。
7) 同職員は、過疎を逆手に取る会のメンバーであり、灰塚ダム周辺整備やアースワークプロジェクトにも参加していた。合併後は本庁において農林業や観光関係の業務を担当していた。

参考文献・資料

灰塚ダム建設対策同盟会，1998，『誇りうるふるさとを　灰塚ダム闘争30年の記録』
藻谷浩介，2013，『里山資本主義──日本経済は「安心の原理」で動く』角川書店
杉本久未子，1997，「住民運動とオルターナティブな生活構築－対抗的分業の視点から－」同志社社会学研究　創刊号
───，2003，「戦後日本における環境観の変化──開発側と住民運動側のライフコース比較から──」同志社社会学研究　第7号
築山秀夫，2013，「市町村合併と農山村の変動──長野県旧大岡村を事例として──」佐藤康行編『検証・平成の大合併と農山村』農山漁村文化協会

おわりに

西村雄郎

　ここまでグローバル期における日本の地方都市の地域社会構造と住民生活の変容を、日本を代表する重工業都市である呉市と日本の典型的な農業都市である庄原市をとりあげてきた。

　この両市は、近代日本社会の産業化にともなう「都市－農村二局構造」のなかで、明治期以降、庄原市は農林業の生産性の相対的低下にともなう人口流出を一貫して続け、呉市は高度経済成長期まで工業生産を拡大させてきたことで農村地域の流出人口の受け皿となってきた。しかし、グローバル化が進展するなかで、日本の地域社会が「中心－半周辺－周辺」という三重構造をとるに至って、「半周辺」都市と「周辺」都市という位置づけの違いはあるものの、呉市、庄原市はともに産業の停滞・衰退、地域労働市場の縮小、これにともなう人口流出・減少、高齢化の拡大という事態をむかえることになったのである。

　このような事態に対して、広島県は国の政策展開をふまえて、工業立地の再編、農業構造改善、過疎地振興策、市町村合併の促進、などの対応を図ってきた。

　庄原市における農業についてみれば、これまで農業基盤整備事業や構造改善事業など様々な政策的対応がなされながらも、庄原市の農家1戸当たりの平均経営耕地面積は0.97haにとどまり、2000年から2010年の間に農家戸数は1219戸（対2000年比21.7％）減少し、農業就業人口の74.9％が65歳以上という農業者の減少・高齢化がすすみ、この中での耕作放棄地の増加、農業産出額の減少という深刻な状況はつづいている。これを打破するため、庄原市は①担い手の確保、②集落営農を中心とした農地の集積、活用、③農作物の地域ブランド化、六次産業化を図ることを目標に「庄原市農業振

興計画」を立て、「定住社会の実現」、「地域社会の活性化」を図ろうとしているが (庄原市 2012)、その展望は明るいものとはいえない。

　工業立地再編についてみれば、1970年代の中国道開通にともなう三次、庄原地区への新たな工業地域形成、瀬戸内海沿岸に集中した重厚長大産業から先端技術産業への転換を図る「広島中央テクノポリス計画」の展開がみられる。しかし、庄原市についてみれば、立地企業の多くが農家主婦の家計補助的就労に依存した下請け企業であったため、グローバル化にともなう工場の海外移転によって、立地工場の撤退がすすんでいる。また、呉市についても、先端技術産業の立地はすすまず、在来工場の合理化にともなう人員削減や、流通の合理化にともなう卸売事業所の広島市への移転がすすんだ。これらのことは両都市において地域労働市場の縮小を生みだし、若年人口の流出と高齢化を促進させることになった。

　市町村合併についてみれば、呉市は「1) 生活圏の一体化と住民ニーズの多様化がすすむなかで、2) 少子・高齢化、国際化、情報化など社会経済情勢の変化や、自治体の自主性、自立性を尊重し、地域住民自己決定権を拡充していく地方分権という時代の潮流に対応するために、行財政基盤の整備・強化を推進し、3) 総合的な行政主体として迅速・的確な意思決定や事業展開をするため」(呉市・蒲刈町合併協議会：7)、8町を編入合併し、市域を旧呉市の2.倍にあたる353.9 km²まで拡大させている。庄原市も、また、「①備北地域の中核都市の形成、②生活圏の拡大と住民ニーズの高度化に対応できる一体的なまちづくり、③分権型社会を担う行財政基盤の強化」(庄原市・比婆郡5町・総領町合併協議会：1-8) を目的として1市6町で新設合併し、市域面積を広島県総面積の14 %にあたる1,246.7 km²にまで拡大させている。

　この両市の合併目的で強調されているのは、地方分権化にともなう自治体の決定権の拡大、これに対応するための自治体規模の拡による財政基盤の確保と専門的な職員の充実、その中での市役所職員の人員削減と住民サービスの見直しによる合理化、さらに、住民ニーズに対応するための地域住民との協働という図式である。

　庄原市の場合、新設合併後の2007年に自治振興区制度を設立し、これに

沿った地域協働がおこなわれている。8章でみたように自治振興区を中心とするまちづくりのなかには比較的順調に進んでいるものもある。しかし、それを集落レベルでみた場合、9章、11章でみたように集落がおかれている条件の違いによって、集落維持が図られている地域と、集落維持が困難な地域が現れている。しかも、集落維持が図られている地域においても、現時点において集落運営を支えているのは70代のリーダーであり、この後継者として一旦集落を離れた定年帰農者を期待せざるをえないという状況は、今後の集落維持の困難を予想させるものである。

呉市は、2003年に「呉市市民協働推進条例」を施行、翌年の2004年に「呉市市民協働推進基本計画」、2008年に「ゆめづくり地域協働プログラム」を策定し、明治期からの合併などの歴史的経緯をふまえて市内を28地区にわけ、地区ごとに旧来の各種地域団体を包括して「まちづくり委員会（協議会）」を設置し、市民協働を図っている。呉市の「まちづくり委員会（協議会）」活動は地域ごとに偏差があり、一律に論ずることはできないが、2章でみた市街地、6章でみた編入合併地域の地域づくりは、庄原市と同様に60代後半から70代の人が地域リーダーとなっており、その後継者を獲得するのが難しいという状況にある。

さらに、2010年「呉市民の生活と意識調査」[1]の結果をみると、「市民の意見が市政に反映されている」と答えた人5.2％、「市民協働のまちづくりはうまくいっている」とした人6.2％と、市民協働に関する評価は極めて低くなっている。合併に関する評価をみても「広域的なまちづくりがすすんでいる」とした人が7.5％、「合併して良かった」とする人も22.1％にとどまり、しかも両項目とも合併地域の評価の方が低くなっている。さらに、「行政改革によって住民サービスが低下した」とする人は旧呉市域では17.7％にとどまるのに対して、合併地域では39.9％と旧呉市域の2.倍を超える住民が「サービス低下」を感じていることがわかる。これは呉市における地域づくりは行政からの個別地域に対する情報提供や支援が十分なされていないことを示しており、市民協働推進条例で唱う「地域問題を解決するためには，行政の力だけによるのではなく，市民，市民公益活動団体，事業者及び市が相

互の信頼関係を醸成し、それぞれの果たすべき責任と役割を自覚し、対等な立場で協力し、補完し合いながら、パートナーシップによる市民協働のまちづくりを進めていく」(「呉市市民協働推進条例」前文)ことが十分に実現されていないことがわかる。

　このようにみてくると、日本社会の変動のなかで地域再編を求められ、これにさまざまなかたちで対応してきた呉市民、庄原市民は、今日、グローバル化と市町村合併という新たな地域変動に対応していくための新たな営みを求められているといえる。しかし、人口減少、高齢化の進展という現実のなかで、地域衰退をとどめようとする住民の営みは困難なものとなっている。住民の困難を支援すべき自治体は、住民に「それぞれの果たすべき責任と役割を自覚し、対等な立場で協力し、補完し合う」パートナーシップを求めるが、人材も資源も乏しい地域住民に対等なパートナーシップを求めることは、「小さな自治集団が達成できないことを大きな自治団体が支援、補完する」という補完性原理の原義に外れるものと言える。大きな地域再編の圧力の前に、地域解体と言ってもいい危機に、集落レベルの地域社会ばかりでなく地域自治体自身がさらされている現在、地域自治体と住民、そして地域自治体と国の間のパートナーシップのあり方を本来の補完性原理に基づいたものに再構築することが持続可能な地域社会形成のために必要な喫緊の課題と言える。

注
1）この調査の詳細については1章注1）を参照のこと。

参考文献
呉市，2014，「市民協働推進ホームページ」
http://www.city.kure.lg.jp/~siminsei/sosiki.taisei/suisiniinkai.html
岡橋秀典，2004，「過疎山村の変貌」中俣均編『国土空間と地域社会』朝倉書店、
大藤文夫，2009，「地域協働と担い手育成——呉市S地区における地区まちづくり計画策定を事例に——」呉大学『社会情報学研究』vol.15
大藤文夫，2009，「地域協働と地域リーダー——呉市N地区の事例から——」呉大学『社会情報学研究』vol.17
庄原市，2012，『庄原市農業振興計画』

あとがき

　日本社会のグローバル化に伴う構造転換がすすむなか、広島県は平成の大合併により自治体を急減させた。このことが社会的、地理的に周辺に位置する人々の生活にどのような変化を及ぼしたのか。本書は、広島県呉市および庄原市において執筆者達が実施した質問紙調査、インタビュー調査をもとにして編まれている。

　本研究の始まりは西村が2007年～2011年に「国立大学法人広島大学と呉市の包括的連携協力」に基づく研究資金を得て「呉市民の市民意識把握に関する研究」を田中、佐藤、佐々木とともに実施したことに始まる。この後、同時期に田中、杉本などとともに科学研究費補助金によって「瀬戸内・中国山地の農林漁業地域に住まう女性・若者・高齢の研究」を行っていた藤井和佐岡山大学教授から、中国地方の工業地域と農業地域の包括的研究のための連携を求められた西村、佐藤、佐々木が藤井教授を研究代表とする通称「海山科研」に2010年から参加し、広島県内の工業都市である呉市と農業都市である庄原市で実施した調査研究の成果の一部をとりまとめたものが本書である。

　本研究は、呉市調査については「呉市民の市民意識把握に関する研究」資金（「国立大学法人広島大学と呉市の包括的連携協力に基づく研究資金」研究代表：西村雄郎）、庄原市調査については「瀬戸内・中国山地の農林漁業地域に住まう女性・若者・高齢者の生活に関する経験的研究」（平成19年度～平成21年度科学研究費補助金　基盤研究（B）研究代表：藤井和佐）および「環瀬戸内圏農林漁業地域における女性・若者・高齢者の生活原理に関する総合的研究」（平成22～24年度科学研究費補助金　基盤研究（B）研究代表：藤井和佐）（「海山科研」）などの研究資金を得て実施された。

　呉市では広島大学呉コミュニティ調査チーム（代表：西村雄郎）によって、「呉保育所・幼稚園調査2005」「呉保育所・幼稚園児母親調査2006」として

開始され、その後「呉女性調査2007」、「呉専門職女性調査2008（保育士・幼稚園教諭）」、「未就園児母親調査2008」、「蒲刈調査2008」「呉市高齢者調査2009」「呉市民の生活と意識調査　2010」などを実施した。

　また、庄原市では「庄原市高齢者調査　2009」、「西城町・総領町住民調査2010」、「西城町大佐地区集落調査　2011」、「西城町油木地区調査　2012」、「灰塚ダム生活再建地調査　2012」等を実施している。

　調査にあたっては、呉市および庄原市の関係部局や支所の職員の方々をはじめ、社会福祉関係の機関や諸団体、商工会・森林組合など産業関連団体、自治会や自治振興区の方々に資料の提供、長時間にわたる聞き取りへの対応などのご協力をいただいた。両市の住民の方々にもアンケートの回答や自宅での聞き取り調査への応対など多くのご協力をいただいている。心よりお礼を申し上げたい。

　また、今回の執筆からは外れているが、平井順吉備国際大学准教授、横田尚俊山口大学教授、伊藤泰郎広島国際学院大学教授、高畑幸静岡県立大学准教授などにも研究に協力いただいた。さらに、藤井教授をはじめとする海山科研のメンバーの方々からは研究会において貴重なご意見をいただいたことに感謝の意を示したい。そして末尾になってしまったが本書の出版を担当していただいたハーベスト社の小林達也氏にも謝意を表したい。

　　2016年12月

　　　　　　　　　　　　　　　　　　　　　　　　　田中里美・杉本久未子

執筆者紹介

西村　雄郎（にしむら　たけお）　広島大学大学院総合科学研究科　教授
田中　里美（たなか　さとみ）　都留文科大学文学部　教授
杉本　久未子（すぎもと　くみこ）　大阪人間科学大学人間科学部　教授
佐藤　洋子（さとう　ようこ）　高知大学地域協働学部　助教
佐々木　さつみ（ささき　さつみ）　社会福祉法人たまご会　理事

現代地方都市の構造再編と住民生活——————————
広島県呉市と庄原市を事例として

発　行　——2017年3月28日　第1刷発行
定　価　——定価はカバーに表示
　Ⓒ編　者　——西村雄郎
　　　　　　　田中里美
　　　　　　　杉本久未子
　　発行者　——小林達也
　　発行所　——ハーベスト社
　　　　　〒188-0013　東京都西東京市向台町 2-11-5
　　　　　電話　042-467-6441
　　　　　振替　00170-6-68127
　　　　　http://www.harvest-sha.co.jp
印刷・製本　㈱平河工業社
落丁・乱丁本はお取りかえいたします。
Printed in Japan
ISBN978-4-86339-087-4 C1036
Ⓒ NISHIMURA Takeo, TANAKA Satomi and SUGIMOTO Kumiko, 2017

本書の内容を無断で複写・複製・転訳載することは、著作者および出版者の権利を侵害することがございます。その場合には、あらかじめ小社に許諾を求めてください。
視覚障害などで活字のまま本書を活用できない人のために、非営利の場合にのみ「録音図書」「点字図書」「拡大複写」などの製作を認めます。その場合には、小社までご連絡ください。